AFRIKA-STUDIEN Nr. 63

Die Schriftenreihe „Afrika-Studien“ wird herausgegeben vom Ifo-Institut für Wirtschaftsforschung e. V. München in Verbindung mit

Prof. Dr. PETER VON BLANCKENBURG, Berlin
Prof. Dr. HEINRICH KRAUT, Dortmund
Prof. Dr. OTTO NEULOH, Saarbrücken
Prof. Dr. Dr. h. c. RUDOLF STUCKEN, Erlangen
Prof. Dr. HANS WILBRANDT, Göttingen
Prof. Dr. EMIL WOERMANN, Göttingen

Gesamtredaktion:

Dr. phil. WILHELM MARQUARDT, München,
Afrika-Studienstelle im Ifo-Institut

Prof. Dr. HANS RUTHENBERG, Stuttgart-Hohenheim,
Institut für Ausländische Landwirtschaft

IFO-INSTITUT FÜR WIRTSCHAFTSFORSCHUNG MÜNCHEN
AFRIKA-STUDIENSTELLE

Staatlich geplante Produktionsgenossenschaften

Das tunesische Modell
der Unités Coopératives de Production du Nord

(avec un sommaire en français)

Von

BODENSTEDT/ZEUNER/KOBELT

WELTFORUM VERLAG · MÜNCHEN

GEFÖRDERT VON DER FRITZ THYSSEN-STIFTUNG, KÖLN

Library of Congress Catalog Card Number 73—156756
ISBN 3 8039 0049 2
Druck: Druckerei G. J. Manz AG, Dillingen/Donau
Printed in Germany

Überblick über das Afrika-Forschungsprogramm

Das gesamte Forschungsprogramm, das unmittelbar von der Afrika-Studienstelle des Ifo-Instituts oder in Verbindung mit anderen Instituten und Wissenschaftlern durchgeführt wird (vgl. hierzu auch die einleitenden Bemerkungen in Band 1 und Band 2 der „Afrika-Studien"), umfaßte nach dem Stand von Anfang Januar 1971 die nachfolgend genannten Untersuchungen.

Zur Unterrichtung über Änderungen und Ergänzungen sowie über den Gang der Veröffentlichung bringt jeder Band der „Afrika-Studien" eine derartige Übersicht über das Gesamtprogramm. Bis einschließlich Band 18 sind die Titel im Springer-Verlag, Berlin – Heidelberg – New York, erschienen, alle nachfolgenden Bände im Weltforum-Verlag, München, in Zusammenarbeit mit Verlagshäusern in Großbritannien und den Vereinigten Staaten.

Die als Manuskript vervielfältigten Studien (Afrika-Forschungsberichte) sind über die Afrika-Studienstelle des Ifo-Instituts für Wirtschaftsforschung, München, zu beziehen, soweit es sich um ältere Ausgaben handelt. Die neueren Ausgaben (ab 1968) sind ebenfalls über den Weltforum-Verlag erhältlich.

Eine chronologische Übersicht über die bisher erschienenen und noch zu erwartenden Veröffentlichungen befindet sich am Schluß dieses Bandes.

Gesamtwirtschaftliche Studien

a) Tropisch-Afrika

N. Ahmad / E. Becher, Entwicklungsbanken und -gesellschaften in Tropisch-Afrika (erschienen als Band 1)

R. Güsten / H. Helmschrott, Volkswirtschaftliche Gesamtrechnung in Tropisch-Afrika (erschienen als Band 3)

N. Ahmad / E. Becher / E. Harder, Wirtschaftsplanung und Entwicklungspolitik in Tropisch-Afrika (als Manuskript vervielfältigt)

H.-G. Geis, Die Geld- und Banksysteme der Staaten Westafrikas (erschienen als Band 20)

F. Betz (Bearb.), Afrika-Vademecum (Grunddaten zur Wirtschaftsstruktur und Wirtschaftsentwicklung Afrikas), („Afrika-Studien", Reihe „Information und Dokumentation", Band 1)

F. Betz (Bearb.), Entwicklungshilfe an Afrika („Afrika-Studien“, Reihe „Information und Dokumentation“, Band 3)

K. Erdmann, Die Entwicklungshilfe an Afrika – unter besonderer Berücksichtigung der ostafrikanischen Länder (als Manuskript vervielfältigt)

H. Harlander/D. Mezger (Bearb.), Entwicklungsbanken und -gesellschaften in Afrika („Afrika-Studien“, Reihe „Information und Dokumentation“, Band 2)

H. Amann, Operationale Konzepte der Infrastruktur im wirtschaftlichen Entwicklungsprozeß (als Manuskript vervielfältigt)

N. Ahmad, Deficit Financing, Inflation and Capital Formation. The Ghanaian Experience 1960–65 (erschienen als Band 57)

H. Harlander / D. Mezger, Development Banking in Africa – Seven Case Studies (im Druck als Band 65)

b) **Ostafrika**

L. Schnittger, Besteuerung und wirtschaftliche Entwicklung in Ostafrika (erschienen als Band 8)

R. Güsten, Problems of Economic Growth and Planning: The Sudan Example (erschienen als Band 9)

P. v. Marlin, The Impact of External Economic Relations on the Economic Development of East Africa (als Manuskript vervielfältigt)

R. Vente, Economic Planning in East Africa (erschienen als Band 52)

F. Goll, Studie zur Entwicklungshilfe des Staates Israel an Entwicklungsländer. Unter besonderer Berücksichtigung Ost-Afrikas (als Manuskript vervielfältigt)

W. Fischer, Die Entwicklungsbedingungen Ugandas. Ein Beispiel für die Probleme afrikanischer Binnenstaaten (erschienen als Band 41)

H. Hieber, Wirtschaftsstatistik in Entwicklungsländern, dargestellt am Beispiel Ugandas (erschienen als Band 40)

G. Hübner, Volkswirtschaftliche Bedeutung, Umfang, Formen und Entwicklungsmöglichkeiten des privaten Sparens in Ostafrika (als Manuskript vervielfältigt)

M. Yaffey, Balance of Payments Problems in a Developing Country: Tanzania (im Druck als Band 47)

E.-J. Pauw, Das Geld- und Bankwesen in Ostafrika (erschienen als Band 35)

D. Bald, Deutsch-Ostafrika 1900–1914 – eine Studie über Verwaltung, Interessengruppen und wirtschaftliche Erschließung (erschienen als Band 54)

P. v. Marlin (Hrsg.), Financial Aspects of Development in East Africa (Sammelband), (erschienen als Band 53)

Landwirtschaftliche Studien

a) Afrika (exkl. Ostafrika)

H. Klemm / P. v. Marlin, Die EWG-Marktordnungen für Agrarprodukte und die Entwicklungsländer (als Manuskript vervielfältigt)

H. Pössinger, Landwirtschaftliche Entwicklung in Angola und Moçambique (erschienen als Band 31)

J. O. Müller, Probleme der Auftrags-Rinderhaltung durch Fulbe-Hirten (Peul) in Westafrika (erschienen als Band 14)

Ders., Problèmes de l'élevage contractuel des bovins par les pasteurs Foulbe (Peulh) en Afrique occidentale (als Manuskript vervielfältigt)

H. Thorwart, Methoden und Probleme betriebswirtschaftlicher Erhebungen in landwirtschaftlichen Kleinbetrieben Afrikas südlich der Sahara (in Bearbeitung)

R. Bartha, Futterpflanzen der Sahel-Zone Afrikas (in Deutsch, Englisch und Französisch), (erschienen als Band 48)

Ders., Studien zu Fragen der Zebu-Rinderzucht in den Tropen (erschienen als Band 59)

B. Mohr, Die Reiskultur in Westafrika. Verbreitung und Anbauformen (erschienen als Band 44)

E.-S. El-Shagi, Neuordnung der Bodennutzung in Ägypten. Drei Fallstudien (erschienen als Band 36)

W. Roider, Farm Settlements for Socio-Economic Development: The Western Nigerian Case (im Druck als Band 66)

A. Bodenstedt, T. Zeuner und V. Kobelt, Staatlich geplante Produktionsgenossenschaften. Das tunesische Modell (erschienen als Band 63)

b) Ostafrika

1. Zusammenfassende Rahmenuntersuchungen

H. Ruthenberg, Agricultural Development in Tanganyika (erschienen als Band 2)

Ders., African Agricultural Production Development Policy in Kenya 1952–1965 (erschienen als Band 10)

H. Dequin, Agricultural Development in Malawi (als Manuskript vervielfältigt)

H. Kraut / H.-D. Cremer u. Mitarb., Investigations into Health and Nutrition in East Africa (Sammelband), (erschienen als Band 42)

H. Blume, Organizational Aspects of Agro-Industrial Development Agencies – 9 Case Studies in Africa (Tea – Cotton – Oil-Palm) (erschienen als Band 58)

2. *Botanische, tierzüchterische und ökonomische Fragen der Viehhaltung in Ostafrika*

H. LEIPPERT, Pflanzenökologische Untersuchungen im Masai-Land Tanzanias (ein Beitrag zur Kenntnis der Weideverhältnisse in ostafrikanischen Trockengebieten), (als Manuskript vervielfältigt)

H. KLEMM, Die Organisation der Milchmärkte Ostafrikas (als Manuskript vervielfältigt)

K. MEYN, Beef Production in East Africa (als Manuskript vervielfältigt)

H. SPÄTH, Entwicklungsmöglichkeiten der Schweine- und Geflügelhaltung in Ostafrika (in Bearbeitung)

WALTER / DENNIG, Vergleichende Untersuchungen über die Leistungsfähigkeit der nutzbaren Wiederkäuer Kenyas (in Bearbeitung)

H. JAHNKE / A. MATTEUCCI, Trypanosomiasis bei Mensch und Tier in Afrika – die Bekämpfungsmaßnahmen aus ökonomischer Sicht (in Bearbeitung)

3. *Die Organisation bäuerlicher Betriebssysteme in Ostafrika*

D. v. ROTENHAN, Bodennutzung und Viehhaltung im Sukumaland/Tanzania (erschienen als Band 11)

H. PÖSSINGER, Sisal in Ostafrika, Untersuchungen zur Produktivität und Rentabilität in der bäuerlichen Wirtschaft (erschienen als Band 13)

S. GROENEVELD, Probleme der landwirtschaftlichen Entwicklung im Küstengebiet Ostafrikas (erschienen als Band 19)

H. RUTHENBERG (Hrsg.), Smallholder Farming and Smallholder Development in Tanzania – Ten Case Studies (Sammelband, erschienen als Band 24)

M. ATTEMS, Bauernbetriebe in tropischen Höhenlagen Ostafrikas. Die Usambara-Berge im Übergang von der Subsistenz- zur Marktwirtschaft (erschienen als Band 25)

H. RABE, Der Ackerbau auf der Insel Madagaskar unter besonderer Berücksichtigung der Reiskultur (als Manuskript vervielfältigt)

F. SCHERER, Vegetable Cultivation in Tropical Highlands: The Kigezi Example (Uganda), (abgeschlossen)

H.-W. v. HAUGWITZ unter Mitarbeit von H. THORWART, Some Experiences with Smallholder Settlement in Kenya 1963/64 to 1966/67 (im Druck als Band 72)

W. SCHEFFLER, Bäuerliche Produktion unter Aufsicht am Beispiel des Tabakanbaus in Tanzania. Eine sozialökonomische Studie (erschienen als Band 27)

E. BAUM, Die Organisation der Bodennutzung im Kilombero-Tal/Tanzania (als Manuskript vervielfältigt)

R. GOLKOWSKY, Bewässerungslandwirtschaft in Kenya – Darstellung grundsätzlicher Zusammenhänge an Hand einer Fallstudie: das Mwea Irrigation Settlement (erschienen als Band 39)

4. Sonstige Untersuchungen im Zusammenhang mit der landwirtschaftlichen Entwicklung

M. Paulus, Das Genossenschaftswesen in Tanganyika und Uganda, Möglichkeiten und Aufgaben (erschienen als Band 15)

N. Newiger, Co-operative Farming in Kenya and Tanzania (als Manuskript vervielfältigt)

J. Vasthoff, Small Farm Credit and Development – some Experiences in East Africa (erschienen als Band 33)

F. Dieterlen / P. Kunkel, Zoologische Studien im Kivu-Gebiet (Kongo-Kinshasa), (als Manuskript vervielfältigt)

W. Erz, Wildschutz und Wildtiernutzung in Rhodesien und im übrigen südlichen Afrika (als Manuskript vervielfältigt)

M. Bardeleben, Das Genossenschaftswesen im Sudan – seine Kennzeichen, Funktionen und Eignung im Rahmen des sozio-ökonomischen Entwicklungsprozesses (in Bearbeitung)

V. Janssen, Agrarstrukturen in Äthiopien und ihre Implikationen für ökonomisches Wachstum (in Bearbeitung)

Studien über Industrie, Handel und Verkehr

H. Helmschrott, Struktur und Wachstum der Textil- und Bekleidungsindustrie in Ostafrika (erschienen als Band 45)

W. Kainzbauer, Der Handel in Tanzania (erschienen als Band 18)

K. Schädler, Crafts, Small-Scale Industries and Industrial Education in Tanzania (erschienen als Band 34)

H. Reichelt, The Chemical and Allied Industries in Kenya (als Manuskript vervielfältigt)

R. Güsten, Studies in the Staple Food Economy of Western Nigeria (erschienen als Band 30)

G. W. Heinze, Der Verkehrssektor in der Entwicklungspolitik – unter besonderer Berücksichtigung des afrikanischen Raumes (erschienen als Band 21)

H. Amann, Energy Supply and Economic Development in East Africa (erschienen als Band 37)

R. Hofmeier, Der Beitrag des Verkehrswesens für die wirtschaftliche Entwicklung Tanzanias – unter besonderer Berücksichtigung des Straßenverkehrs (als Manuskript vervielfältigt)

T. Möller, Bergbau und regionale Entwicklung in Ostafrika (im Druck als Band 67)

P. ZAJADACZ (Hrsg.), Production and Distribution in East Africa (Sammelband), (im Druck als Band 51)

H. MILBERS, Die Anforderungen an die Verkehrsträger in Ostafrika unter besonderer Berücksichtigung der wirtschaftlichen Expansion dieser Länder (in Bearbeitung)

W. ROIDER, Stand und Probleme der Industrialisierung in Tropisch-Afrika (als Manuskript vervielfältigt)

Soziologische, politische und demographische Studien

A. MOLNOS, Attitudes towards Family Planning in East Africa (erschienen als Band 26)

O. RAUM, The Human Factor in the Development of the Kilombero Valley (als Manuskript vervielfältigt)

O. NEULOH u. Mitarb., Der ostafrikanische Industriearbeiter zwischen Shamba und Maschine (erschienen als Band 43)

H. W. JÜRGENS, Beiträge zur Binnenwanderung und Bevölkerungsentwicklung in Liberia (erschienen als Band 4)

I. ROTHERMUND, Die politische und wirtschaftliche Rolle der asiatischen Minderheit in Ostafrika (erschienen als Band 6)

J. JENSEN, Kontinuität und Wandel in der Arbeitsteilung bei den Baganda (erschienen als Band 17)

W. CLEMENT, Angewandte Bildungsökonomik. Das Beispiel des Senegal (erschienen als Band 23)

H. W. JÜRGENS, Examination of the Physical Development of Tanzanian Youth (als Manuskript vervielfältigt)

Ders., Untersuchungen zur Binnenwanderung in Tanzania (erschienen als Band 29)

A. v. GAGERN, Die afrikanischen Siedler im Projekt Urambo/Tanzania: Probleme der Lebensgestaltung (erschienen als Band 38)

GERKEN / SCHUBERT / BRANDT, Der Einfluß der Urbanisierung auf die Entwicklung ländlicher Gebiete – am Beispiel von Jinja und Umgebung/ Uganda (in Bearbeitung)

E. C. KLEIN, Sozialer Wandel in Kiteezi/Buganda, einem Dorf im Einflußbereich der Stadt Kampala (Band 46)

H. DESSELBERGER, Der Beitrag des Bildungswesens zur wirtschaftlichen Entwicklung eines tropischen Agrarlandes – dargestellt am Beispiel Tanzanias (in Bearbeitung)

J. Muriuki, The Mau-Mau Movement: Its Socio-Economic and Political Causes and Implications upon British Colonial Policy in Kenya and Africa (in Bearbeitung)

U. Weyl, Bevölkerungsentwicklung und Bevölkerungsbewegungen in Malawi unter besonderer Berücksichtigung der zentralen Uferregion des Malawi-Sees (in Bearbeitung)

M. Meck, Population Trends in Kenya and their Implications for Social Services in Rural and Urban Areas (im Druck als Band 69)

Staewen / Schönberg, Kulturwandel und Angstentwicklung bei den Yoruba Westafrikas (erschienen als Band 50)

D. Berg-Schlosser, The Distribution of Income and Education in Kenya: Causes and Potential Political Consequences (als Manuskript vervielfältigt)

G. A. Maguire, UHURU – Tanzanias Weg in die Unabhängigkeit (im Druck als Band 68)

H. u. U. E. Simonis (Hrsg.), Problems of Socio-Economic Change in Dual Economies – The Zambian Example (im Druck als Band 71)

Rechtswissenschaftliche Studien

H. Fliedner, Die Bodenrechtsreform in Kenya (erschienen als Band 7)

H. Krauss, Die moderne Bodengesetzgebung in Kamerun 1884–1964 (erschienen als Band 12)

G. Spreen, Stand der Rechtsetzung in Ostafrika (in Bearbeitung)

K. v. Sperber, Public Administration in Tanzania (im Druck als Band 55)

F. v. Benda-Beckmann, Rechtspluralismus in Malawi, Geschichtliche Entwicklung und heutige Problematik (erschienen als Band 56)

Wirtschaftsgeographische Studien

W. Marquardt, Natur, Mensch und Wirtschaft in ihren Wechselbeziehungen am Beispiel Madagaskars (in Bearbeitung)

H.-O. Neuhoff, Gabun – Geschichte, Struktur und Probleme der Ausfuhrwirtschaft eines Entwicklungslandes (erschienen als Band 16)

H. D. Ludwig, Ukara – Ein Sonderfall tropischer Bodennutzung im Raum des Victoria-Sees. Eine wirtschaftsgeographische Entwicklungsstudie (erschienen als Band 22)

R. Jätzold / E. Baum, The Kilombero Valley/Tanzania: Characteristic Features of the Economic Geography of a Semihumid East African Flood Plain and its Margins (erschienen als Band 28)

A. J. Halbach, Die Wirtschaft Südwestafrikas, eine wirtschaftsgeographische Studie (als Manuskript vervielfältigt)

J. A. Hellen, Rural Economic Development in Zambia, 1890–1964 (erschienen als Band 32)

K. Engelhard, Wirtschaftsräumliche Gliederung Ostafrikas (in Bearbeitung)

K. Gerresheim, Luftbildauswertung in Ostafrika (Versuch einer Bestandsaufnahme), (als Manuskript vervielfältigt)

J. Schultz, Agrarlandschaftliche Veränderungen in Tanzania: Ursachen, Formen und Problematik landwirtschaftlicher Entwicklung am Beispiel des Iraqw-Hochlandes und seiner Randlandschaften (erschienen als Band 64)

W. Magura, Entwicklung der Landwirtschaft in den Bantu-Gebieten Süd- und Süd-West-Afrikas (als Manuskript vervielfältigt)

H. Schiffers, Die Sahara und ihre Randgebiete. Darstellung eines Naturgroßraumes (dreibändig, im Druck als Band 60, 61 und 62)

Bibliographien und Sonstiges

D. Mezger / E. Littich, Wirtschaftswissenschaftliche Veröffentlichungen über Ostafrika in englischer Sprache. Eine Bibliographie des neueren englischsprachigen Schrifttums mit Inhaltsangaben (als Manuskript vervielfältigt)

A. Molnos, Die sozialwissenschaftliche Erforschung Ostafrikas 1954–1963 (erschienen als Band 5)

B. Heine, Status and Use of African Lingua Francas (erschienen als Band 49)

M. Bohnet, Wissenschaft und Entwicklungspolitik. Zur Frage der Anwendung von Forschungsergebnissen (als Manuskript vervielfältigt)

M. Bohnet / H. Reichelt, Applied Research and its Influence on Economic Development. The East African Case (im Druck als Band 70)

A. Halbach, Aspekte der Industrialisierung in Tropisch-Afrika. Eine kommentierte Aufsatzbibliographie (als Manuskript vervielfältigt)

I. Teil

Die wirtschaftliche und soziale Ausgangssituation bei der Gründung von Produktionsgenossenschaften in Tunesien

Das Beispiel der „Unités Coopératives de Production du Nord“

Mit 25 Tabellen und 4 Übersichten
von

A. Andreas Bodenstedt
und
Tim H. Zeuner

Vorwort

Die beiden hier vorgelegten Arbeiten über einen Sektor des tunesischen Genossenschaftswesens entstanden in den Jahren 1967–1969. Nach Abschluß der Felderhebungen, deren Ergebnisse in diese Analysen eingegangen sind, haben in Tunesien innen- und wirtschaftspolitische Veränderungen stattgefunden, von denen auch die Produktionsgenossenschaften berührt wurden.

Im Januar 1968 und um die Jahreswende 1968/69 fielen zwei Gegner des einflußreichen Planungs-, Wirtschafts- und Bildungsministers A. Ben Salah in Ungnade. Die politische Hausmacht des Verfechters einer totalen sozialistischen Vergenossenschaftlichung der Landwirtschaft schien gestärkt und führte im Frühjahr 1969 eine noch intensivere Kampagne für die Gründung von Genossenschaften durch.

Gleichzeitig wuchsen jedoch die Unsicherheit und die Unruhe der Bauern, und vor allem im Sahel von Sousse kam es wieder mehrfach zu Zusammenstößen. Die reicheren Bauern, die nunmehr auch zum Beitritt gezwungen wurden, nahmen in vielen Genossenschaften die Führung in die Hände. Das wiederum war nicht im Sinne der Partei.

Im Herbst 1969 kam jedoch die Gruppe der rechtstendierenden Parteimitglieder und Gegner A. Ben Salahs zum Zuge: Der Minister mußte öffentlich zugeben, daß die Tunesier das Prinzip der Enteignung ablehnen. Im September fielen die Würfel: Der Rat der Republik beschloß, die Genossenschaftskampagne sofort zu beenden und den nach Januar 1969 zum Beitritt gezwungenen Mitgliedern ihren Austritt freizustellen.

Gleichzeitig wurde Ben Salah schrittweise seiner Ämterfülle und Macht beraubt und ihm die Verantwortung für einen fehlerhaften und politisch untragbaren Wirtschaftskurs zugeschoben. Diese Auseinandersetzung endete mit dem Schauprozeß gegen einen der früher mächtigsten Männer Tunesiens und seiner Verurteilung im März 1970. Viele seiner Parteigänger in den Verwaltungen fielen mit ihm.

Die Regierung hat damit die Konsequenzen aus einer ideologisch begründeten, aber psychologisch verfehlten und wirtschaftlich ungesunden Kollektivierungspolitik gezogen und wieder ihre Bewegungsfreiheit erlangt. Daß der den Genossenschaftsmitgliedern des letzten Jahres freigestellte Rückzugsweg auch von anderen Unzufriedenen zur Reprivatisierung ihres Bodeneigentums benutzt wurde, ist verständlich. Neue Genossenschaften wurden nicht mehr gegründet;

die Verkündigung einer allgemeinen Agrarreform stellt das Volk zufrieden. Die meisten, wenn auch nicht schlechthin alle Produktionsgenossenschaften des Nordens sind inzwischen aufgelöst worden. Auch früher schon war den schlecht wirtschaftenden U.C.P.s mehrfach die Umwandlung in staatliche Gesellschaften angedroht worden, die in einem oder anderen Falle nun auch vollzogen wird.

Die vorliegenden Untersuchungen, deren Hauptaufgabe die Beschreibung ist, verlieren damit keineswegs an Bedeutung, weil die Frage, inwieweit das tunesische Beispiel auch in anderen Ländern anwendbar ist, unberührt bleibt.

Der Weg, der in Tunesien gewählt wurde, entsprang hauptsächlich politischen Überzeugungen, die man rational zu erklären suchte. Eine Änderung der Ansichten wäre folglich nur eine Bestätigung der Untersuchung, daß nicht der optimale Weg gewählt wurde.

Abschließend möchten wir noch unseren Dank Herrn Dr. W. Marquardt, Vorstandsmitglied des Ifo-Instituts für Wirtschaftsforschung, München, aussprechen, der die Veröffentlichung der Untersuchung ermöglichte sowie der Fritz Thyssen-Stiftung in Köln, die den Druck finanzierte.

V. Kobelt T. H. Zeuner A. Bodenstedt

Stuttgart-Hohenheim Heidelberg

Oktober 1970

Inhaltsverzeichnis

Verzeichnis der Tabellen

Verzeichnis der Übersichten

Verzeichnis von Fremd- und Fachwörtern sowie Abkürzungen

AK	Arbeitskräfte
bulbail	traditionelle tunesische Teilpacht-Vertragsform
chef de foyer	Haushaltungs-Vorstand
colon	europäischer Siedler oder Einwanderer der Kolonisationsperiode
co-indivisaire	Teilhaber an Eigentumsrechten, Mit-Besitzer, aber nicht immer Mit-Bewirtschafter
douar	Siedlung, Ortschaft, Gruppe von s. gourbis
exploitation	(landwirtschaftlicher) Betrieb (landwirtschaftliche) Nutzung
exploitation directe	Selbstbewirtschaftung
exploitation indirecte	Bewirtschaftung durch andere
petite exploitation	Kleinbetrieb
grande exploitation	Großbetrieb
exploitant	Bewirtschafter, Landwirt, Bauer
petit exploitant	Kleinbauer
famille	Gruppierung mehrerer s. foyers unter einem „chef de famille“
fellah	Fellache, arabisches Wort für Kleinbauer
fermage	Verpachtung, auch: Pachtzins
foyer	Familie (Kern~), hier gedacht als bestehend aus Eltern, Kindern und ggf. Angehörigen einer 3. Generation
gourbi	einheimische Behausung aus gestampftem Lehm, Hütte
groupe familial	Durch Abkunft und Erbteilung zusammengehörige Gruppe von s. familles, z. B. Eltern und alle selbständigen und unselbständigen Familien ihrer Kinder und ggf. auch Kindeskinder und Seitenverwandte
habous	Grundstücke, deren Einnahmen nach dem Willen des Erblassers einer Erbengemeinschaft zufließen oder einer gemeinnützigen religiösen Stiftung
henchir	Grundstückseinheit, die u. U. einer Siedlungs- oder Familieneinheit insgesamt zugeordnet ist (Domäne, Gut, Liegenschaft)
indivision	Ungeteiltheit, ungeteiltes gemeinschaftliches Bodeneigentum einer s. famille oder s. groupe familial
extrême indivision	absolute Ungeteiltheit, auch bei Heirat und Wegzug keine Ausnahme duldend
à l'indivis	ungeteilt, im ganzen, gemeinschaftlich (bewirtschaftet, verpachtet usw.)
journalier	Tagelöhner
khammès	Teilpächter, Bewirtschafter gepachteten Bodens gegen Naturalzins ($^4/_5$ Bodeneigentümer, $^1/_5$ khammès)
location	allgemein: Pacht, Zupacht
mechtar	s. douar
melk	im „Privateigentum“ befindliches Land nach traditionell maghrebinischer Auffassung
metayage	Halbpacht, Teilpacht, Teilbau (Verpachtung gegen Ernte-Anteil in Naturalien) s. khammès. Sonderformen sind mogharsa, dharsa, bulbail, Cherka-bel-Dohor

mise en valeur	Auswertung, Nutzbarmachung, Erschließung, Urbarmachung
mode de faire valoir	Bewirtschaftungsform, -weise
noyau domanial	staatlicher Kernbetrieb (einer s. U.C.P.)
U.C.P.	Unité Coopérative de Production du Nord = Genossenschaftliche Produktionseinheit des Nordens
VE	Versorgungseinheit, auf durchschnittlichen Nahrungsbedarf umgerechnete Zahl von Personen
vivification	Nutzung, auch Erschließung des Bodens (traditioneller Begriff)
ZGV	Zugvieh in Großvieh-Einheiten

A. EINFÜHRUNG: AUFGABENSTELLUNG UND FORSCHUNGSMETHODE

Die Erhebungen zu der vorliegenden Untersuchung wurden im Auftrag der „Forschungsstelle für Agrarstruktur und Agrargenossenschaften der Entwicklungsländer e. V." in Heidelberg von den Verfassern in der Zeit vom April bis Juni 1968 durchgeführt. Auf Grund einer Informationsreise nach Marokko, Algerien und Tunesien, die Herr Dr. von MURALT im Auftrage der Forschungsstelle im Frühjahr 1966 unternommen hat, lag bereits ein vorläufiger Bericht über die 1962 in Tunesien eingeleitete Gründung von landwirtschaftlichen Produktionsgenossenschaften vor. Dabei handelt es sich um die Verschmelzung von Großbetrieben, die sich ehemals im Besitz von Ausländern befanden – vorwiegend von Franzosen, aber auch von Italienern –, mit einer größeren Zahl von angrenzenden Kleinbetrieben des „traditionellen Sektors" zu einer neuen betriebswirtschaftlichen Einheit, die man als „Unité Coopérative de Production" (U.C.P.), d. h. als landwirtschaftliche Produktionsgenossenschaft bezeichnet[1].

Die Frage, ob es sich bei den „Unités Coopératives de Production" unter Umständen um ein Modell handelt, das auch für andere Entwicklungsländer Bedeutung erlangen könnte, ließ es daher angebracht und notwendig erscheinen, daß sich die Forschung rechtzeitig und eingehend mit diesen Neugründungen beschäftigt, und zwar besonders deshalb, weil zum gegenwärtigen Zeitpunkt eine Untersuchung über die Ausgangssituation und die Gründungsphase der genossenschaftlichen Produktionseinheiten noch möglich erscheint. In absehbarer Zeit dürfte jedoch diese Möglichkeit, bedingt allein durch das mangelhafte Erinnerungsvermögen der beteiligten Bauern und durch eine

1 Der Begriff Produktionsgenossenschaft soll hier und im folgenden im Sinne der von O. SCHILLER vorgeschlagenen Definition verstanden werden, da diese den internationalen Vergleich wesentlich erleichtert; s. O. SCHILLER: Die genossenschaftliche Produktionsförderung in der Landwirtschaft der Bundesrepublik Deutschland. In: Zeitschrift für das gesamte Genossenschaftswesen, Bd. 13 (1963), S. 181–196.
In der vorliegenden Studie werden die Begriffe „Produktionsgenossenschaft" für „Unité Coopérative de Production" und „Dienstleistungsgenossenschaft" für „Coopérative de Service" benutzt. Der Terminus „Genossenschaft" bezieht sich auf das gesamte genossenschaftliche System Tunesiens und nur, wenn der Zusammenhang keine Fehldeutung erlaubt, auch auf die beiden vorgenannten speziellen Genossenschafts-Typen.

unvollständige einschlägige Literatur aus jener Zeit, wohl nicht mehr gegeben sein.

Der Direktor der Forschungsstelle, Prof. Dr. O. SCHILLER (†), unternahm im Frühjahr 1967 eine Reise nach Tunesien, um festzustellen, ob für die Durchführung einer solchen Untersuchung geeignete Voraussetzungen gegeben seien. Über die Ergebnisse dieser Beobachtungsreise hat Prof. SCHILLER einen Bericht veröffentlicht[2]. Im übrigen liegen über die tunesischen Produktionsgenossenschaften des Nordens von tunesischen und ausländischen Autoren einige Publikationen vor.

Ein glücklicher Umstand ermöglicht es, die im gleichen Zeitraum von Dr. KOBELT durchgeführte betriebswirtschaftliche Studie für das Institut für ausländische Landwirtschaft an der Universität Hohenheim zusammen mit unserer Untersuchung zu veröffentlichen. Im Unterschied zu der betriebswirtschaftlichen Themenstellung war es die Aufgabe der Verfasser der vorliegenden Arbeit, die sozio-ökonomische Lage der Mitglieder und die Sozial- und Agrarstruktur in der Ausgangssituation, d. h. beim Beginn der Begründung der Produktionsgenossenschaften zu erforschen.

Die Untersuchung gliederte sich zeitlich in drei Phasen. Zunächst versuchten die Bearbeiter, allgemeine Informationen in Gesprächen zu sammeln, die mit Beamten des Landwirtschaftsministeriums, der Grundbuch- und Genossenschaftsbehörde sowie in wissenschaftlichen Instituten (Centre d'Etudes et de Recherches Economiques et Sociales; Institut des Belles Lettres Arabes, Bureau de Recherches Sociologiques, Institut Ali Bach Hamba) geführt wurden. Die dabei zutage tretende Unklarheit, die dem Begriff des „traditionellen Sektors" der Landwirtschaft anhaftet, machte ein umfangreiches Quellenstudium notwendig. Die daraus gewonnenen Hypothesen wurden anschließend durch Felderhebungen in sechs Genossenschaften überprüft. Die Auswahl dieser Genossenschaften erfolgte so, daß sie nach Gesamtgröße und Herkunft der Flächenanteile (apports fonciers) sowie nach Zahl und Zusammensetzung des Mitgliederkollektivs als typisch bezeichnet werden können. Die Betriebe sollten außerdem aus den ersten Jahren der Genossenschaftsgründungen stammen, da nur bei diesen schon Erfahrungswerte vorliegen können, um gesellschaftliche und wirtschaftliche Wandlungsprozesse festzustellen. Um den Einfluß zufälliger Unterschiede zu verringern, wurden pro Gründungsjahr zwei U.C.P.s ausgewählt. Vier der sechs Genossenschaften sind der von Dr. KOBELT bearbeiteten Stichprobe entnommen, nämlich aus dem Gouvernorat Jendouba die Genossenschaften Es Sâada und El Amal, aus dem Gouvernorat Le Kef die Produktionseinheit Ennchem und aus dem Gouvernorat Béjà die Genossenschaft El Kharouba, sowie zusätzlich noch Ed Dakhlia und Er Rhiad.

---

2 O. SCHILLER: Die landwirtschaftlichen Produktionsgenossenschaften in Tunesien. In: Zeitschrift für das gesamte Genossenschaftswesen, Bd. 18, H. 2/3 (1968), S. 204–208.

In jeder Genossenschaft wurden, sofern vorhanden, Buchführungsunterlagen ausgewertet und je 50% der Mitglieder nach Zufallsprinzip (Listenauswahl) befragt. Der Fragebogen wurde in solchen Genossenschaften erprobt, die nicht in die Stichprobe einbezogen worden sind.

Die Absicht, eine auf Grund der vorgenossenschaftlichen Grundeigentumsverhältnisse geschichtete Stichprobe von Mitgliedern zu befragen, wurde nach eingehender Prüfung der Planungsunterlagen für die Gründung von U.C.P.s aufgegeben. Diese aus den Akten des Grundbuchamts und nach den Messungen der Planungsingenieure aufgestellten Listen der „ayants droits" (Miterben) verzeichnen zwar die Landanteile von Genossenschaftsmitgliedern, aber sehr häufig als flächenmäßig umgerechnete, nach islamischem Erbrecht festgelegte Prozentualanteile der Erben am gemeinsamen Eigentum. Ferner wird die Anzahl der Miterben nur in einigen und nicht in allen Planungsstudien genannt, die angegebene Personenzahl bezieht sich nur auf die jeweilige Parzelle einer bestimmten Katasternummer und nicht auf das gesamte in eine Genossenschaft eingebrachte oder auf das übrige Land der Erbengemeinschaft. Eine weitere Komplikation liegt darin, daß für verschiedene Parzellen eine verschieden große Anzahl von Mitinhabern und – je nach Verwandtschaftsgrad zum Erblasser – verschieden große Prozentualanteile genannt wurden. Die Verfasser stellten bei ihren Erhebungen z. B. fest, daß für eine einzige Parzelle 81 Eigentümer in der Grundrechtsstudie verzeichnet waren. Einer der 81 ist Mitglied in der fraglichen Genossenschaft, die eingebrachte Parzelle 0,2 ha groß. Es liegt auf der Hand, daß solche Zahlenangaben für die gestellte Aufgabe nicht relevant sein konnten, nämlich Rückschlüsse auf die tatsächlichen Nutzungsrechte und die wirtschaftliche Lage der Mitglieder vor der Genossenschaftsgründung zu ziehen[3]. Eine Stichproben-Auswahl auf Grund der Kriterien von Landeigentum, Genossenschaftsanteil oder früherer Betriebsgröße erschien aber nicht nur aus den angeführten Gründen unmöglich. Der Besitz für sich allein genommen ist nicht entscheidend für die Motivation der Mitglieder.

Das komplexe Kriterium für eine solche Auswahl ist vielmehr die Höhe und Zusammensetzung des Einkommens der Gesamtfamilie aus landwirtschaftlicher und nichtlandwirtschaftlicher Tätigkeit.

Da diese Daten nicht verfügbar sind, mußten sie zunächst in einer Zufalls-Stichprobe erhoben werden, innerhalb derer dann Korrelationen zu Einstellungen und Verhaltensweisen gesucht werden können.

Die Höhe des Familien-Einkommens war nicht mittels Befragung festzustellen und mußte daher ersetzt werden durch eine Kombination der Einkommenszusammensetzung mit allgemeinen Aussagen über den Lebensstandard.

---

3 Die Verfasser fanden diese Annahme durch ihre Erhebungen gerechtfertigt. Auf Anfrage wurde von Beamten des Landwirtschaftsministeriums, des Statistischen Amtes, von tunesischen Wissenschaftlern und vom Direktor des Grundbuchamtes, M. Chebil, der Sachverhalt ebenfalls bestätigt.

Wie oben bereits angedeutet wurde, beruht das methodische Vorgehen aber nicht nur auf der Nicht-Verwendbarkeit der Grundeigentumsdaten, sondern auch auf grundsätzlichen Erwägungen.

Das Neuartige an dem tunesischen Genossenschaftsmodell besteht ja in dem Versuch, Kleinbetriebe des sog. „traditionellen Sektors" der Landwirtschaft dadurch der Modernisierung zu erschließen, daß man sie mit modern bewirtschafteten und weitgehend mechanisierten Großbetrieben zu großflächigen Produktionseinheiten verbindet.

Der Begriff „traditioneller Sektor der Landwirtschaft" kann u. E. nur in seiner spezifischen Deutung als Grundbegriff der tunesischen Agrarpolitik verstanden werden[4]. Er erhält seinen Sinn aus der Gegenüberstellung zum sog. „modernen" Sektor, worunter im Falle Tunesiens eine ganz bestimmte, aus besonderen Bedingungen historisch entstandene Art der landwirtschaftlichen Produktion zu verstehen ist, nämlich die von Franzosen und Italienern (colons), zum Teil auch von ausländischen Kapitalgesellschaften eingerichteten vollmechanisierten Großbetriebe mit extensiver Monokultur des Hartweizens, daneben auch mit Monokultur des Weinbaus und von Olivenplantagen. Diesem Sektor und den darin erscheinenden Formen und Kombinationsweisen der Produktionsfaktoren Boden, Kapital und Arbeit sind auch diejenigen tunesischen Großbetriebe zuzurechnen, die die Methoden der colon-Landwirtschaft übernommen haben. Diejenigen Agrarproduzenten, die nicht fähig oder willens waren, dieses System zu übernehmen, werden nun unter dem Residualbegriff „traditionell" erfaßt, ohne daß dieser Terminus inhaltlich bestimmt ist. Er gewinnt auch nicht an Klarheit durch gewisse assoziativ mit den Worten „modern" und „traditionell" verbundene Werturteile. Daher wurden auch andere Unterscheidungen vorgeschlagen, z. B. „entwickelte" gegenüber „unterentwickelte" Landwirtschaft, Landwirtschaft der „guten" gegenüber der der „schlechten Böden", oder „reiche" und „arme" Landwirtschaft. Die Unklarheit wird offensichtlich, wenn man bedenkt, daß unter diesen Residualbegriff mindestens drei regional und produktionstechnisch verschiedene Arten von Landwirten und Landwirtschaft fallen:

---

4 Aus der Vorstellung der Agrarstruktur als basierend auf dem Gegensatz von „moderner" und „traditioneller" Landwirtschaft geht für die Planungstechniker ein ganzes Programm hervor: die traditionelle Landwirtschaft zu modernisieren. A. ZGHAL: Changement de Systèmes Politiques et Réformes des Structures Agraires en Tunisie. In: Revue Tunisienne de Sciences Sociales. 5e année, No. 12, Janvier 1968, S. 27. (Im folgenden zitiert als ZGHAL: Systèmes Politiques.) O. SCHILLER nennt als Kennzeichen des traditionellen Sektors die Kleinbetriebsstruktur und deren Begründung durch traditionelle Formen der Agrarverfassung. Diese Kriterien erscheinen uns jedoch nicht hinreichend, wie aus der Diskussion der tunesischen Verhältnisse in dieser Studie hervorgeht. Vgl. O. SCHILLER: Kooperation und Integration im landwirtschaftlichen Produktionsbereich. 2. erweiterte Auflage, Frankfurt (Main) 1970, S. VI.

- Die Bauern mit intensiver Landwirtschaft in den Küstenbezirken von Bizerte, Tunis, Cap Bon und Sousse. Sie sind gekennzeichnet durch Seßhaftigkeit, feste Dorfgemeinschaften (les villageois), Aufgeschlossenheit für Moderne und Erziehung. Colons sind kaum eingedrungen in diese Gebiete, speziell nicht in den Sahel von Sousse.
- Die Bauern im Norden Tunesiens mit Betrieben von weniger als 40 ha, oft nur bis zu 5 ha. Sie konnten nicht an Mechanisierung denken, übernahmen aber die Monokultur des Weizens. Um sie geht es bei den U.C.P.s.
- Die Nomaden des Zentrums und Südens von Tunesien, deren Seßhaftmachung u. a. das Programm der „cellules de mise en valeur“ gilt.

In jüngster Zeit erst haben Geographen, Soziologen und Wirtschaftswissenschaftler, vor allem E. Makhlouf[5], versucht, den traditionellen Sektor betriebswirtschaftlich und soziologisch zu definieren. Auf diesen Arbeiten baut die vorliegende Untersuchung auf, um die sozio-ökonomische Situation der in U.C.P.s erfaßten Landbevölkerung und ihre Motivationslage gegenüber der staatlichen Kooperationsbewegung zu analysieren. Dabei muß die Verzahnung zwischen Eigentums- bzw. Besitzverhältnissen, Bodennutzung und Betriebstypen dargestellt werden, weiterhin die Familienstruktur. Aus beiden Untersuchungslinien resultiert die Erwerbsstruktur der ländlichen Bevölkerung, die die Grundlage für die Analyse der sozio-ökonomischen Lage bildet.

5 E. Makhlouf: Structures Agraires et Modernisation de l'Agriculture dans les Plaines du Kef. Les unités coopératives de production. Cahier du C.E.R.E.S., Série Géographique, No. 1, Janvier 1968, Tunis. (Im folgenden zitiert als Makhlouf: Structures Agraires.)

B. ZIELE UND VORAUSSETZUNGEN DER GRÜNDUNG DER GENOSSENSCHAFTLICHEN PRODUKTIONSEINHEITEN

I. Planung als Instrument der tunesischen Agrarpolitik

Nachdem Tunesien im Jahre 1956 die formelle Unabhängigkeit erreicht hatte, stellte sich in diesem wenig industrialisierten, weitgehend von der landwirtschaftlichen Produktion abhängigen Land[1] die Frage nach den Grundprinzipien der Agrarpolitik. Die erste Etappe (1956–1961) ist gekennzeichnet durch eine Einstellung, die viele Beobachter als zum klassischen Liberalismus hinneigend bezeichnen. Treffender erscheint jedoch die Beurteilung von A. Zghal:

„Die politische Führung in ihrer Gesamtheit hatte weder zum klassischen Liberalismus noch zum sozialistischen System marxistischer Prägung Vertrauen. Außer einigen, die fest an die Nützlichkeit der Planung glaubten, scheint die Mehrzahl der politisch Aktiven in den ersten fünf Jahren der Unabhängigkeit keine genaue Vorstellung von dieser Frage gehabt zu haben." [2]

Die Ernennung des ehemaligen Generalsekretärs der tunesischen Gewerkschaftsbewegung U.G.T.T., Ben Salah, zum Minister für Planung und Finanzwesen im Jahre 1961 – am Vorabend der algerischen Unabhängigkeit[3] – markierte die Epoche der Hinwendung der staatlichen Politik zum System der „totalen, aber nicht totalitären" Planung[4] auf allen Gebieten, und damit auch in der Agrarpolitik.

Im Rahmen dieser Planung, die sich auf agrarpolitischem Gebiet die „Modernisierung der traditionellen Landwirtschaft" innerhalb des Zehnjahres-Perspektiv-Planes zum Ziel gesetzt hatte, ist das Programm der Genossenschaftskampagnen und als ein Teil davon die Einrichtung der „Genossenschaftlichen Produktionseinheiten des Nordens" (Unités Coopératives de Production du Nord = U.C.P.) zu verstehen. Dieser besondere Typ landwirtschaftlicher Pro-

---

1 Ashford rechnet mit über 3 Mio. von der Landwirtschaft lebender und mit 1,5 Mio. in der Landwirtschaft tätiger Menschen – von rund 4,5 Mio. Gesamtbevölkerung. In: D. Ashford: The Organization of Cooperatives and the Structure of Power in Tunisia. Mimeo., 1966, S. 10.

2 A. Zghal: Systèmes Politiques. S. 26.

3 Ashford macht auf diesen Zusammenhang aufmerksam; a.a.O., S. 4.

4 Formulierung im wirtschaftlichen Bericht auf dem U.G.T.T.-Kongreß Sept. 1956. Zit. bei A. Zghal: a.a.O., S. 26.

duktionsgenossenschaften wurde auf der Grundlage von ausführlichen Regionalstudien der natürlichen und wirtschaftlichen Bedingungen für die landwirtschaftliche Produktion im Norden Tunesiens[5], mit deren Erstellung man verschiedene französische Planungsbüros betraute, entworfen. Man begann in ausgewählten Regionen. Das Endziel war, die gesamte landwirtschaftliche Nutzfläche Nord-Tunesiens in genossenschaftlichen Produktionseinheiten oder in mechanisierten privaten Großbetrieben zu nutzen, wobei die Privatbetriebe von „coopératives de service" [6] erfaßt werden sollten.

Tabelle 1. **Entwicklung der U.C.P. 1962 bis 1967 in Zahlen**

Jahr	Zahl der U.C.P.	Zahl der Mitglieder	Gesamtfläche	LN
1962 1963	97	6 587	74 226 ha	59 191 ha
1964	50	3 288	39 799 ha	28 819 ha
1965	69	5 237	71 571 ha	55 792 ha
1966	89	8 628	122 815 ha	97 850 ha
1967	36	4 516	48 903 ha	41 460 ha
Insgesamt	341	28 256	357 314 ha	283 112 ha

Quelle: Unveröffentlichte Aufstellung des Sous-Secrétariat d'Etat à l'Agriculture, 1968.

II. Zielsetzungen für die Gründung der Produktionseinheiten

Das oberste Ziel dieser agrarpolitischen Richtung umschreibt A. Zghal folgendermaßen:

„Die Entscheidung für das Planungssystem im Jahre 1960 war keine ideologische Entscheidung, um die Grundbesitz- oder Händlerbourgeoisie zu vernichten, sondern es war die Wahl einer *Entwicklungs-Technik,* die vor allem zum Ziel hat, die Nation aufzubauen, d. h. die sozialen und regionalen Ungleichheiten zu verringern, die den sozialen Frieden gefährden könnten, wobei die industrielle Bourgeoisie mit einer vorteilhaften Einstellung rechnen konnte." [7]

5 Gemeint ist damit die durch Monokultur des Weizens gekennzeichnete Region zwischen Dorsale und den Küstenregionen von Bizerte und Cap Bon, im wesentlichen die Gouvernorate von Béjà, Jendouba (Souk-el-Arba) und Le Kef.

6 Zur Terminologie „coopératives de service" und „Dienstleistungsgenossenschaften" s. O. Schiller: Kooperation und Integration im landwirtschaftlichen Produktionsbereich. 2. erweiterte Auflage, Frankfurt (Main) 1970, S. 9.

7 A. Zghal: Décolonisation et Nouvelle Dynamique de la Construction Nationale. In: Revue Tunisienne de Sciences Sociales. (Im folgenden zitiert: Revue Tun. de Sc. Soc.), No. 10, 4e année, août 1967, S. 83.

Innerhalb der Kennzeichnung als Entwicklungs-Technik kann man im einzelnen folgende Zielsetzungen unterscheiden:

1. Ziele *wirtschaftlicher* Art

   Steigerung der landwirtschaftlichen Gesamtproduktion durch Intensivierung und Diversifizierung des Anbaus – bei gleichzeitiger Verringerung der Monokultur des Weizens – durch Schaffung rentabler Großbetriebe mit Vollmechanisierung, die nach Grundsätzen rationaler Planung geleitet werden.

2. Ziele *sozialer* Art

   Schaffung und Erhaltung fester Arbeitsplätze auf dem Lande, um der Arbeitslosigkeit zu begegnen; Garantierung fester Einkommen und Integration von wirtschaftlichen (sub)marginalen Existenzen in die moderne Großbetriebs-Landwirtschaft; Gewährung von besseren hygienischen und Wohnverhältnissen sowie von angemessenen Ausbildungsmöglichkeiten.

3. Ziele *sozial-psychologischer* Art

   „Modernisierung", d. h. Veränderung der traditionellen Einstellung und Wertbegriffe, die als „Bremsen der Entwicklung" angesehen werden; Abbau der traditionellen Familienzwänge zugunsten einer freien Entfaltung des einzelnen in der Ehe und Kleinfamilie; Entwicklung des Geistes der Zusammenarbeit (Kooperation!), der Opferwilligkeit für das allgemeine, d. h. nationale Wohl und der Demokratisierung der Entscheidungen.

Alle diese Zielsetzungen kumulieren letztlich wieder in einer politischen Perspektive, nämlich der Mobilisierung der ländlichen Bevölkerung für das Interesse und die Erhaltung der Nation durch das allumfassende Prinzip der Genossenschaft. Die als Beleg angeführten Zitate sind nur als Beispiele anzusehen, doch die wesentlichen Gedanken wiederholen sich in einer für einen Ein-Parteien-Staat typischen Weise.

Zu 1. „Die Entwicklung der Landwirtschaft als ein Instrument des wirtschaftlichen und sozialen Fortschritts betrachtet muß in dem Sinne vor sich gehen, daß wir hohe Erträge pro Mann und pro Hektar anstreben." [8]

Zu 2. „Denn außer ihrem rein landwirtschaftlichen, kommerziellen oder industriellen Ziel verfolgen die Genossenschaften Grundsätze moralischer und sozialer Art." [9]

Zu 3. „Wenn der Staat, der in der Lage ist, die Situation zu überblicken, Maßnahmen beschließt, die die Beschränkung gewisser Grundrechte notwendig machen, ... dann nur, weil er durch unumgängliche Gründe des allgemeinen Interesses dazu geführt wird ... (Das Individuum) muß davon überzeugt sein,

---

8 Abdelmajid Chaker, Landwirtschaftsminister. In: Terre de Tunisie, No. 9, Juin 1963, S. 7.

9 Habib Bourguiba: Vor dem 1. Nationalen Genossenschafts-Seminar, 15. 7. 1963. In: Voie Coopérative, Sonderheft, S. 5.

daß das Opfer, das es annimmt, indem es auf einige Freiheiten verzichtet, im Interesse dieses Staates liegt.“ [10]

Zusammenfassend:

> „Um den Aufschwung unserer Landwirtschaft zu sichern, um die Ausbildung der ländlichen Bevölkerungsmassen zu beschleunigen, können verschiedene Wege eingeschlagen werden; das genossenschaftliche System ist eines davon: Es bietet eine ganze Skala verschiedener Aktionsmöglichkeiten an, die einander ergänzen und es erlauben, auf allen Ebenen zu gleicher Zeit zu arbeiten.“ [11]

III. Voraussetzungen für die Gründung der Produktionseinheiten

Die Analyse der vorauszusetzenden und vorhandenen Produktionsfaktoren folgt der üblichen betriebswirtschaftlichen Gliederung in Boden, Kapital und Arbeit. Da von vornherein nicht daran gedacht worden ist, voll- oder teilmechanisierte Großbetriebe über 40 ha in tunesischer Hand in die Produktionsgenossenschaften einzubeziehen (sog. moderner oder semimoderner Sektor der tunesischen Landwirtschaft), ergeben sich zwei Arten von Ländereien für die Genossenschaften:

1. Die ehemals in ausländischem „colon“-Eigentum befindlichen, enteigneten, verstaatlichten und dem „Office des Terres Domaniales“ (O.T.D.) unterstehenden Flächen, die in der Zeit zwischen Unabhängigkeit und U.C.P.-Gründung als Staatsgüter oder in privater Pacht bewirtschaftet worden sind, wobei oftmals die vom colon zugepachteten Flächen auch unter staatlicher Verwaltung in Pacht behalten worden sind. Dieses Land ist durchweg von besserer Bodenqualität, hat eine günstige Lage und Verteilung der Niederschlagsmengen. Abgesehen von einigen Fällen, in denen man Genossenschaften nur aus den Anteilen der Mitglieder zu bilden versucht hat, stellen diese Staatsländereien den Grundstock (noyau domanial) der meisten U.C.P. dar.
2. Die Eigenländereien der Genossenschaftsmitglieder, soweit sie nicht 40 ha übersteigen, die als „melk“-Land, d. h. Privateigentum bezeichnet werden. In die Produktionsgenossenschaften wird jedoch nur derjenige Teil des Eigenlandes einbezogen, der in der Nähe des ehemaligen colon-Eigentums liegt, d. h. die gleichen Eigenschaften wie dieses aufweist [12]. Die in ungün-

---

10 Habib Bourguiba: Rede am 27. 10. 1961, zit. bei Micaud: Tunisia. The Politics of Modernization. 1964, S. 182 ff.

11 Abdelmajid Chaker, Landwirtschaftsminister. In: Terre de Tunisie, No. 9, Juin 1963, S. 7.

12 Der sog. Perimeter.

stiger marginaler oder Hanglage befindlichen, niederschlagsmäßig benachteiligten Böden geringerer Qualität, die zudem oft in Freiteilbarkeit zersplittert oder in Familienunteilbarkeit (extrème indivision) erhalten sind, bleiben aus betriebstechnischen Gründen ausgeschlossen [13].

3. Die von der Genossenschaft zugepachteten Flächen. Die Zupacht spielte im ersten Stadium der U.C.P.-Gründungen eine große Rolle, jetzt hat man sie praktisch fallengelassen.

Gebäude, Maschinen und anderes Inventar (cheptel mort), soweit es auf dem großflächigen Genossenschaftsbetrieb verwendet werden kann, entstammt dem ehemaligen colon/O.T.D.-Betrieb und Neukäufen bzw. Neu-Errichtungen (Maschinen, Gebäude, Brunnen).

Das lebende Kapital setzt sich zusammen aus a) demjenigen Vieh, das die Mitglieder in die Genossenschaft eingebracht haben oder das die Genossenschaft dazuerworben hat (bétail coopératif), und b) dem gemeinsam gehaltenen, aber privat genutzten Vieh der Mitglieder (bétail des coopérateurs), für dessen Haltung die Mitglieder eine Gebühr entrichten müssen. In diesem Zusammenhang sind auch die manchmal beträchtlichen Baumbestände auf dem Eigenland der Mitglieder zu erwähnen, vor allem Oliven-, Zitrus- und andere Obstbäume. Sie werden bei der Bewertung des eingebrachten Landanteils mit veranschlagt.

Im Rahmen des dritten Produktionsfaktors, der Arbeitsleistung, kommen neben Saison- und Tagelöhnern vor allem die Genossen selbst in Frage. Der Direktor und das Beratungspersonal (agents techniques) sind Angestellte der Genossenschaft, d. h. hier: des Staates. Dabei lassen sich drei Gruppen von Mitgliedern unterscheiden:

1. Ehemalige permanente colon/O.T.D.-Arbeiter, die meistens über eine Qualifikation als Fahrer oder Mechaniker verfügen. Sie stellen etwa 10% der Mitglieder dar.

---

13 Diese den Modell-Charakter des tunesischen Beispiels leider von vornherein beeinträchtigende Einschränkung ist eine der wesentlichsten Folgerungen, die E. Makhlouf in seinem Buch „Structures Agraires et Modernisation de l'Agriculture dans les Plaines du Kef“ (1968) zieht. Sie wird von H. Attia und A. Zghal zustimmend wiederholt und zitiert:
„Die Landkarte der Genossenschaften bleibt auf diese Weise beschränkt auf die alten Kolonisations-Ebenen, wo die bäuerliche Bevölkerung von den modernen Anbaumethoden teilweise beeinflußt war. Andererseits bleibt die wirklich traditionelle Bauernschaft, zurückgedrängt auf die von kolonialen Niederlassungen weit entfernten Hänge, zumindest zur Zeit und in ihrer großen Mehrheit, außerhalb des genossenschaftlichen Bereichs und der Möglichkeiten einer Einbeziehung in eine intensive Landwirtschaft.“ H. Attia: L'Evolution des Structures Agraires en Tunisie depuis 1962. In: Revue Tun. de Sc. Soc., No. 7, 3e année, Nov. 1966, S. 50.

2. Arbeits- und Landlose, die in den Arbeitslosenlagern (chantiers de chomage) in jüngster Zeit als Genossenschaftsmitglieder angeworben wurden, um die Arbeitskapazität zu erhöhen.
3. Mitglieder, deren in Individual- oder Familieneigentum befindliche Ländereien zum Teil oder gänzlich auf dem Gebiet der zu gründenden Genossenschaft liegen und von ihnen als Genossenschaftsanteil eingebracht werden, wobei sie sich zur Arbeitsleistung verpflichten. Neben diesen gibt es noch diejenigen Mitglieder, die zwar Land einbringen, aber keine Arbeit leisten (z. B. das Familienoberhaupt, während die Söhne arbeiten). Das hat zu der – offiziell nicht sanktionierten – Unterscheidung von „aktiven“ und „nichtaktiven“ Mitgliedern geführt.

Als wesentliche Voraussetzung erwies sich das Vorhandensein von funktionsfähigen Großbetrieben. Die Erhaltung der arrondierten Flächen der Großbetriebe als Kernstück und die Einbeziehung der im Umkreis liegenden parzellierten Klein- und Mittelbetriebe zur Bildung einer – genossenschaftlich organisierten – größeren Produktionseinheit ist das eigentlich Neuartige an diesem Beispiel. Eine solche Kombination zwischen Großbetrieb und Kleinbesitz ist nach unserer Kenntnis bisher nicht woanders durchgeführt worden, denn selbst in kommunistischen Ländern wurde durch die Bodenreform der sog. „Großgrundbesitz“ zunächst zerschlagen, d. h. in oft nicht lebensfähige Kleinbetriebe aufgeteilt, und diese wurden anschließend wieder kollektiviert[14].

14 Vgl. zu diesem Abschnitt auch die Ausführungen von V. Kobelt über Planungstechnik und speziell über Agrarplanung. In: Planung und Planrealisierung in der Landwirtschaft Tunesiens; S. 115–117.

C. DIE AGRAR- UND SOZIALÖKONOMISCHE AUSGANGSSITUATION

I. Besitzverhältnisse

Keine Darstellung der tunesischen Landwirtschaft versäumt, auf die grundlegende Bedeutung der Grundbesitzverhältnisse in der Agrarstruktur hinzuweisen. Ebenso häufig findet man auch Hinweise auf „die außerordentliche Verwirrung des Grundbesitzsystems“ [1]. Die Kenntnis der Besitzstruktur ist jedoch von grundlegender Bedeutung für die Analyse der vorgenossenschaftlichen Situation der Bauern, denn die Zusammenlegung von Groß- und Kleinbesitz und die Festlegung von Eigentumstiteln an dem eingebrachten Land sind die entscheidenden Voraussetzungen für die Gründung von Produktionsgenossenschaften. Da es nicht in der Absicht und der Möglichkeit dieser Untersuchung lag, eigene Erhebungen zur Grundbesitzfrage anzustellen, können wir nur versuchen, aus den unterschiedlichen Meinungen in den bisherigen Veröffentlichungen vorläufige Schlußfolgerungen zu ziehen, die als Grundlage für weitere Arbeiten dienen können.

Die Frage nach der bodenrechtlichen Situation stellt sich dabei unter zwei Aspekten:

1. Wie sind die Rechtsauffassungen vom Bodeneigentum, d. h. die typischen Denk- und Ordnungsvorstellungen, die im Laufe der Zeit und in verschiedenen Sozialverfassungen, u. U. in Konkurrenz zueinander, bestanden haben und noch bestehen?

---

1 H. SETHOM: La Vie Rurale de la Tunisie Contemporaine. Etude Historique et Géographique. In: Cahiers de Tunisie. 14e année, Nos. 53–56, 1966, S. 189. (Im folgenden zitiert als: La Vie Rurale de la Tunisie Contemporaine.) A. ZGHAL spricht von einer „sehr großen Verschiedenheit der Rechtssätze, die die Formen der Landbesitznahme regeln“. Systèmes Politiques, S. 11. BUTHAUD nennt dies „extrême confusion des droits“. Introduction à l'Etude des Problèmes Humains de l'Immatriculation Foncière en Tunisie. In: Cahiers de Tunisie. 1e année, Nos. 3–4, 1953, S. 229. (Im folgenden zitiert als: Introduction à l'Etude.)
Der Aufgabenstellung dieser Arbeit entsprechend werden in der Terminologie die Begriffe Boden-, Land- und Grundeigentum sowie -besitz nicht im juristischen Sinne streng unterschieden. In der soziologischen Literatur hat sich das Wort „Besitzstruktur“ eher eingebürgert als „Eigentumsstruktur“.

2. Wie (von wem) wurden und werden die Rechtsauffassungen auf ein bestimmtes Stück Land angewendet, d. h. welche Formen der Fixierung des Rechtsstandes gibt es (mündliche Absprache, Sitte und Überlieferung, schriftliche Festlegung)? Auch hierbei muß man damit rechnen, daß mehrere Formen in Konkurrenz auf dasselbe Stück Land angewendet wurden oder werden.

Beide Faktoren bestimmen die Besitzstruktur zeitlich und räumlich. Für das Verständnis der grundrechtlichen Problematik der Produktionsgenossenschaften ist daher die Erläuterung der Besitzstruktur in drei Zeiträumen wichtig:

1. die islamisch-gewohnheitsrechtliche Epoche,
2. der europäisch-kolonialistische Zeitraum,
3. die tunesisch-postkoloniale Entwicklung.

1. Die islamisch-gewohnheitsrechtliche Besitzstruktur

Hinter der immer wieder beredeten „Vielfalt“ der Rechtsformen für die Bodennutzung gibt es eine fundamentale Regel des islamischen Rechts: „Der Boden gehört demjenigen, der ihn durch seine Arbeit zum Leben zu bringen versteht.“ [2]

Wir können darin die konkrete Anwendung einer Auffassung sehen, die das menschliche Recht am Boden als vom göttlichen Recht abgeleitet, diesem untergeordnet und bei Fortfall einer eigenen Begründung als hinfällig ansieht. Die Einfachheit der Formel gibt aber Anlaß zu einer Mannigfaltigkeit von Auslegungen. Der Maßstab der „vivification“ kann in regelmäßiger oder unregelmäßiger Bestellung, in der Abgrenzung und Einfriedigung [3], in dauernder Bepflanzung oder gar erst in der Anlage von Bewässerungseinrichtungen [4] gesehen werden. Es gibt so etwas wie eine Intensitäts-Skala der Bodennutzung (mise en valeur), die möglicherweise im Zusammenhang steht mit dem Grad der Seßhaftigkeit der Bevölkerung. Hierin scheint uns einer der Gründe für die oftgenannte Unklarheit und Unsicherheit des privaten Bodeneigentums (melk) zu liegen. Ein weiterer Grund ergibt sich aus der Frage, wem dann die nicht im Sinne einer der angegebenen Maßstäbe genutzten Ländereien „ge-

2 A. Zghal: Systèmes Politiques, S. 11. Poncet nennt diese Formel die „konstitutive und schöpferische Grundlage des realen Rechts auf Besitz und Nutzung des Bodens“. Notes sur la Vie Rurale dans l'Est du Maghreb Contemporain. In: Cahiers de Tunisie, 11e année, Nos. 41–42, 1963, S. 86. (Im folgenden zitiert als: Notes sur la Vie Rurale.)

3 So grenzt Poncet selber ein: a.a.O.

4 H. Sethom nennt als „terres vivifiées“: die Obst- und Gemüsegärten von Ost-Tunesien und die Oasen, wo der Besitz im allgemeinen nach der Zahl der Bäume (Sahel) oder der Zisternen (Oase) gemessen wird und nicht nach der Oberfläche. In: La Vie Rurale de la Tunisie Contemporaine, S. 189.

hören“, die sog. „terres mortes“ [5]: Das abgeleitete menschliche Recht auf Bodeneigentum wird hier auf seiten der Kollektivität der Gemeinschaft gesehen. Damit kommen wir in den Bereich der gewohnheitsrechtlichen Auffassung von Obereigentum.

Unbestelltes (d. h. unbestellbares oder für mehr als drei Jahre nicht bestelltes) Land gehörte dem Stamm, sobald und solange dieser ein bestimmtes Territorium besetzt hielt. Der Stammesführer, der auch Privateigentümer war oder sein konnte, übte im Namen der islamischen Glaubensgemeinschaft auf diesen Ländereien das Recht aus, ihre Nutznießung an Einzelpersonen und Familien zu vergeben. Erfolgte diese Nutznießung ständig und im Sinne einer der angegebenen Maßstäbe für „vivification“, so wurde es von den Bewirtschaftern als Eigentum angesehen, wofür sie der Gemeinschaft eine Entschädigung [6] zahlen mußten. Entfiel die Nutznießung aus freien Stücken des Bewirtschafters oder konnte er sie nicht mehr garantieren wegen ungünstiger Umstände (Klima, Feinde), so trat die Gemeinschaft wieder in ihre Kollektivrechte ein.

Es leuchtet ein, daß diese islamische Rechtsauffassung und ihre Anwendungsmodalitäten je nach den Umständen zu einer Fülle von unterschiedlichen Bodeneigentumsformen führen, in denen die drei Grundformen des oberherrlichen, kollektiven und privaten Eigentums über- und nebeneinander existieren. Vor allem Poncet hat versucht, hier Klarheit zu schaffen, indem er die Veränderungen und die Koexistenz verschiedener Eigentumstitel herausarbeitete [7].

a) „Das kollektive und das individuelle Eigentum finden sich jeweils auf der Ebene, wo sie notwendig erscheinen durch die Produktionsbeziehungen.“ [8] So, wie die intensive Nutzung dem Boden den Stempel des Privateigentums aufdrückt (= melk), so kann das gleiche Land im Falle von Gefahr wieder der gemeinsamen Sorge anheimfallen und damit wieder zu Kollektiveigentum werden. Dann „erscheint die Gemeinschaft wieder in Form gegenseitiger Hilfeleistungen, verschiedener Solidaritätsaktionen . . ., ja das Eigentum selbst wird wieder kollektiv“ [9].

b) Ein solches System kann nur dann funktionieren, wenn der Zusammenhalt der Gruppe auf geringer Rollendifferenzierung und Homogenität der sozialen Struktur beruht. Durch soziale Differenzierung bildet sich eine

5 „Die terres mortes sind diejenigen Ländereien, die nichts hervorbringen und niemandes Eigentum sind.“ (Ein stets wiederholtes Zitat aus M. Pouyanne: La Propriété Foncière en Algérie. Paris 1895 und Alger 1900, S. 20–21.

6 „droit d'entrée“, vgl. dazu A. Zghal: Systèmes Politiques, S. 11 und J. Poncet: La Colonisation et l'Agriculture Européenne en Tunisie depuis 1881. Paris/La Haye 1962, S. 49 ff.

7 Allerdings ist dabei das „linke politische Engagement“ des Autors im Auge zu behalten.

8 J. Poncet: Notes sur la Vie Rurale. S. 88.

9 —: S. 88.

Oberschicht heraus, die zwischen dem Führer der Gemeinschaft und den Landbewirtschaftern steht und stark genug ist, dem Souverän die Abtretung von Land(Nutzungs-)rechten abzuzwingen, die aus dem Obereigentum des Führers und nicht aus der Rechtsauffassung von der „vivification“ abgeleitet sind.

Je stärker die Rechte des Souveräns und der von ihm mit Landtiteln ausgestatteten Notabeln geltend gemacht werden können (Abgaben, Pachtzahlung, Hand- und Spanndienste, Steuern), desto deutlicher wird, wie das Privateigentum aus „vivification“ rechtlich koexistiert mit dem Obereigentum.

In diesen Zusammenhang gehören auch die „habous“-Ländereien, d. s. Grundstücke, die vom Besitzer in eine Stiftung zugunsten einer religiösen Institution umgewandelt und dadurch unteilbar, unveräußerlich und nicht konfiszierbar gemacht wurden. Auch auf solchen zum Teil sehr umfangreichen Ländereien, die vor allem in Mittel- und Südtunesien verbreitet waren, wurde die Auffassung vom Privateigentum der „djeddari“ (Bewirtschafter) angewendet.

Der von PONCET eingeführte Begriff des „Getreide-melk“-Landes[10] (melk céréalier) trifft ausschließlich für den uns hier interessierenden Norden Tunesiens zu. PONCET und SETHOM verstehen darunter die mit ein- oder zweijähriger Brache extensiv genutzten Getreideanbauflächen, im Durchschnitt von geringerer Ausdehnung als die habous- oder Domanial-Ländereien, auf denen das melk-Recht des Bodenbewirtschafters nicht so eindeutig ist wie in den intensiv genutzten Oasen oder Küstengebieten. PONCET sieht hierin eine schwächere Variante des Privateigentums des Bewirtschafters, SETHOM[11] hingegen eine Variante des Obereigentums, d. h. den Besitzanspruch des nicht selbstwirtschaftenden städtischen Landbesitzers, neben dem dann ansässige Bewirtschafter und Teilbauern (khammès) als auf einer Stufe stehend erscheinen. In einem Bericht der „Officiers des Affaires Indigènes“, 1887, werden fast alle Bewohner von Galaat el Andleuss als „khammès einiger reicher Grundbesitzer in Tunis“ bezeichnet, obwohl sie eigentlich melk-Landbewirtschafter gegen Abgabe oder Landarbeiter unter einem Gutsverwalter waren[12]. Diese Bodeneigentumsklasse kehrt wieder bei BUTHAUD[13] als „moyenne propriété“.

Eine weitere Komplizierung der Grundstückssituation folgt aus der Anwendung der islamischen Erbrechtsgrundsätze. Danach stehen den Kindern und

---

10 J. PONCET: La Colonisation et l’Agriculture Européenne en Tunisie depuis 1881. S. 49 ff. und Notes sur la Vie Rurale. S. 79–93.

11 H. SETHOM: La Vie Rurale de la Tunisie Contemporaine. S. 187–212.

12 M. EL AOUANI: Structure Agraire d’un Village Côtier du Nord-Est de la Tunisie: Galaat et Andleuss. In: Revue Tun. de Sc. Soc., No. 3, Juin 1965, S. 79. (Im folgenden zitiert als M. EL AOUANI: Structure Agraire d’un Village Côtier.)

13 E. BUTHAUD: Introduction à l’Etude. S. 229.

der Frau des Erblassers gleiche Teile des hinterlassenen Landes zu – mit der Konsequenz einer zunehmenden Zersplitterung der Parzellen. Dem wirkt scheinbar eine zweite Tendenz entgegen, die zur Erhaltung der Einheit des Familieneigentums. Die Eigentumsansprüche der Erben werden oft nur als Rechtstitel angesehen, in Wirklichkeit wird das geteilte Land im ganzen bestellt, meist von einer oder mehreren Personen aus der Erbengruppe. Andererseits wird aber nicht ohne Grund so oft auf BUTHAUDS Zitat hingewiesen: „L'indivision est le régime juridique, la division c'est la vie." [14]

Tabelle 2. **Das Ausmaß der Flurzersplitterung in den Gouvernoraten Béjà und Jendouba 1961/62**

Bei einer Parzellenanzahl von	entfallen auf die Betriebsgrößen (BG) in ha	% der Betriebe in Béjà	Jendouba	mit einer durchschnittlichen Parzellengröße in ha Béjà	Jendouba
1	alle BG	*23*	*17*	47,3	10,9
2 bis 5	0– 20	*86*	*95*	1,6	1,6
	20–100	*8*	*4*	13,1	9,4
	über 100	*6*	*1*	116,0	116,0
	alle BG	*47*	*46*	8,9	4,0
6 bis 10	0– 20	*77*	*90*	0,9	0,8
	20–100	*20*	*10*	5,3	3,6
	über 100	*3*	*0*	53,3	34,6
	alle BG	*17*	*22*	3,3	1,8
11 und mehr	0– 20	*75*	*70*	0,7	0,4
	20–100	*22*	*25*	1,8	2,3
	über 100	*3*	*5*	9,9	18,7
	alle BG	*13*	*15*	1,1	2,1

Quelle: Service des Enquètes Statistiques, Structure Agraire du Gouvernorat Béjà, ebenso: Souk-el-Arba, 1961–62. (Im Text wird für Souk-el-Arba der neue offizielle Name Jendouba benutzt.)

Grund- und Vererbungsrecht werden schließlich aber noch überlagert durch das traditionelle Grundstücksverkehrsrecht. Es ist gekennzeichnet durch das Fehlen schriftlicher Formen und eines Hypotheken-Systems [15]. Verkäufe und Schenkungen finden schriftlos statt, durch mündliche Erklärung vor einem Notar. Dessen Eigenschaft als Zeuge des Übereignungsaktes wird für wesentlicher gehalten als eine schriftliche Festlegung. Bei der immer wieder bezeugten großen Mobilität des Bodens, d. h. zahlreichen Pacht- und Kaufvorgängen,

14 E. BUTHAUD: De l'Utilisation des Documents Cadastraux en Tunisie pour l'Etude du Paysage Rural. In: IBLA, 13e année, 2e trim., No. 50, 1960, S. 161.
„Die rechtliche Indivision unter den Erben ist nur theoretisch; im Inneren jedes henchir, jeder Domäne, jedes Erbteils, sei es noch so klein, gibt es stets Teilung – rein vorläufige Nutzungsteilung – aber auf jeden Fall Teilung." a.a.O.

15 E. BUTHAUD: Introduction à l'Etude. S. 229.

ist es nicht erstaunlich, daß die juristische Erbteilung, die reale gemeinschaftliche Bewirtschaftung, die individuelle Veräußerung von Parzellentiteln und die verschiedenen Pachtformen zu jener Situation führten, die den unter dem Protektorat einwandernden Franzosen als „extreme Verwirrung“ der Besitzverhältnisse erschien. Mit gutem Grund also, nämlich um die Voraussetzungen für eine rationale Verwaltung zu schaffen, aber auch mit Berechnung ihres eigenen Vorteils bei der „Landnahme“ gingen sie daran, das System europäischer Grundbuchführung einzuführen.

2. Einführung des europäisch-kolonialistischen Bodenrechts

Mit Abschluß des Protektoratsvertrages von Bardo am 12. 3. 1881 traten die Franzosen als Interessenten auf dem tunesischen Grundstücksmarkt auf. Sie fanden vor allem im landwirtschaftlich interessanten Norden nicht etwa riesige, nur hin und wieder von wandernden Stämmen durchzogene Flächen vor wie die Einwanderer in Amerika und Australien, sondern eine zwar nach ihren Begriffen verwirrende, aber jedenfalls auf festen Besitzansprüchen ruhende Bodenverteilung. Landnahme setzte also Eigentumsübertragung voraus, und zu diesem Zweck mußten entsprechende gesetzliche Grundlagen geschaffen werden[16]. Bereits 1885 begann die Protektoratsregierung mit dem Versuch, die undurchsichtige Situation auf dem Sektor des Landeigentums mit Maßnahmen zu bereinigen, die aus dem französischen Grundrecht und europäischen Vorstellungen vom Privateigentum hergeleitet waren.

In zweierlei Hinsicht stellt der Prozeß der Individualisierung und Registrierung von Landeigentum eine wesentliche Voraussetzung für die Entwicklung des sog. „modernen Sektors“ der tunesischen Landwirtschaft dar:

a) Es liegt auf der Hand, daß ein solches Registrierungsverfahren zugunsten einer Partei die übrigen Parteien mit koexistierenden Besitzansprüchen benachteiligen mußte. In der Regel mußte der Eigentumstitel demjenigen zugesprochen werden, der den im Sinne europäischer Vorstellungen „besseren“ Besitznachweis liefern konnte (Dokumente, Zeugen). Das war zweifelsohne eher der Obereigentümer, Notabel, Konzessionär als der kleine, ungebildete Bewirtschafter[17]. Nicht nur khammès, sondern auch djeddari mußten nun vom Land weichen, was im islamischen Bodenrecht nicht möglich war.

b) Stärker noch rekrutierte sich die Armee der „fellahs sans terre“ aber aus denjenigen Bewirtschaftern, die von den veränderten Umständen ge-

16 Vgl. Art. „Bodenrecht“ von E. W. Müller. In: Entwicklungspolitik, Handbuch und Lexikon, Hrsg.: H. Besters und E. E. Boesch, Sp. 1041–1044.

17 H. Sethom: La Vie Rurale de la Tunisie Contemporaine. S. 191.

zwungen wurden, ihr Land an den ausländischen Siedler zu verkaufen[18]. Obwohl bereits die Protektoratsregierung damit begann, habous-Land aufzusiedeln, kamen die colon-Erwerbungen überwiegend aus melk-Land. BARDIN und BUTHAUD haben diesen Prozeß in seinen Einzelheiten beschrieben[19]. Die colons, zumeist Absolventen der Ecole des Hautes Etudes und interessiert am Aufbau von mechanisierten Großbetrieben, versuchten durch Kauf und Pacht ihre Flächen zu arrondieren. Pachtvorschußzahlungen in Form von landwirtschaftlichen Produkten, gekoppelt mit Krediten, führten zur Verschuldung des fellahs an den colon und dann zur endgültigen Eigentumsübertragung. Die einheimischen Bewirtschafter wurden somit gezwungen, ihre guten Parzellen dem colon zu überlassen und ihre eigene Landwirtschaft immer mehr an den Rand der Hügelketten auf steinige und wertlose Böden zu verlegen, deren topographische und juristische Grenzen nach oben hin nicht festliegen. In der gleichen Richtung wirkte sich die Agrarreform von 1892 aus, in der kollektiv bewirtschaftete Flächen zu Staatsdomänen erklärt und dann in Siedlerbetriebe aufgeteilt wurden: Großbetriebe für colons (100–150 ha) und Kleinbetriebe am Rande für Landarbeiter auf den colon-Betrieben (10–15 ha).

Auf diese Weise akkumulierten sich in der Zeit von 1881 bis 1892 443 000 ha und nach der Agrarreform noch einmal rund 400 000 ha landwirtschaftlicher Nutzfläche im Besitz von ausländischen colons und Gesellschaften, die natürlich als erste mit dem größten Gewinn die Regelungen des neuen europäischen Grundrechts für sich in Anspruch nahmen[20]. (Der Großgrundbesitz umfaßte

---

18 J. PONCET: Notes sur la Vie Rurale. S. 92. Als Beispiel sei folgender Fall genannt: Ein Angehöriger des tunesischen landwirtschaftlichen Beratungsdienstes erwarb 1949 von einem fellah ein 2 ha großes Stück Land, das noch für fünf Jahre an einen colon verpachtet war. Mit Hilfe eines Kredites wollte er die Pachtsumme ablösen. Als er dies dem colon mitteilte, wurde ihm erklärt, der colon habe die betreffende Parzelle bereits gekauft. Während der Tunesier einen Kaufvertrag besaß, hatte der colon keinen. 14 Tage später jedoch wies er nicht nur Kaufvertrag, sondern auch die neue Grundbucheintragung vor. Eine gerichtliche Anfechtungsklage des Tunesiers wurde verschleppt bis 1956 (der colon besaß einen eigenen Anwalt, der Anwalt des Tunesiers mußte Gefängnisstrafen wegen nationalistischer Agitation verbüßen). Erst nach der Unabhängigkeit wurde der Besitzstand nach dem ursprünglichen Kaufvertrag hergestellt (mündliche Auskunft des Betroffenen).

19 E. BUTHAUD: Introduction à l'Etude.
P. BARDIN: Le Cadastre de la Haute Vallée de la Medjerda. In: Cahiers de Tunisie, 1re année, Nos. 3–4, 1953, S. 274 ff. (Im folgenden zitiert als: Le Cadastre de la Haute Vallée de la Medjerda.)

20 J. PONCET faßt die Folgen des neuen Grundstücksrechtes so zusammen: „Die Auflösung der Bindungen, die die Menschen untereinander und ihre Gemeinschaften mit dem ererbten Land verbanden, eine Folge dieser Individualisierung des Besitzes und der Bewirtschaftung, in der man fälschlicherweise einen entscheidenden Fortschritt zu sehen geglaubt hatte, hat dramatische Formen angenommen, da die dermaßen proletarisierten und desozialisierten Existenzen

aber nur $^2/_3$ bis $^3/_4$ der Großbetriebsflächen, der Rest war Pachtland.) Die tunesischen Bauern waren verständlicherweise weniger an der Grundbucheintragung interessiert, so daß die oben beschriebenen traditionellen Verhältnisse des Ober- und melk-Eigentums, des Familienbesitzes und des schriftlosen Grundstücksverkehrs bis in jüngste Zeit neben den grundbuchmäßig eingetragenen Ländereien existierten. Auch im Grundbuch eingetragene Parzellen werden weiterverkauft, verpachtet oder sonstwie veräußert, ohne entsprechende Änderungen in der Eintragung vornehmen zu lassen. „Es ist daher notwendig, das Studium der Grundbuchunterlagen zu vervollständigen durch die unmittelbare Felderhebung und die Überprüfung der landwirtschaftlichen Betriebe.“ [21]

Dieses ist praktisch für die in die U.C.P aufgenommenen Bauern und ihre Betriebe nicht mehr möglich, so daß von hier aus kein Zugang zur Rekonstruktion der Verhältnisse vor 1961 gewonnen werden kann.

Auf den nicht im Grundbuch eingetragenen Böden nahm die Mobilität eher noch zu als ab, denn mit der Ausbreitung der modernen Großflächenlandwirtschaft wurde der kleine Betrieb immer unrentabler, und der Widerstand gegen Verpachtung und Verkauf immer geringer [22]. Im Endeffekt kam diese Mobilität den Großbetrieben zugute und vergrößerte die Zahl der Kleinstbetriebe, die nur einen unzureichenden Beitrag zu den Lebensbedürfnissen der Familie liefern.

3. Die postkoloniale Reform der Besitzstruktur

Während in der traditionellen Rechtsauffassung das Landeigentum eine ökonomische Funktion zugunsten von Stamm, Sippe und Familie hatte, brachte die koloniale Zeit die Vorstellung vom absoluten individuellen Gebrauch des Privateigentums zu eigenem Gewinn und Nutzen am Land. Es verwundert daher nicht, daß die unabhängige tunesische Regierung nach 1956 weder der einen Auffassung – im restaurativen Sinne – noch der anderen – im liberalkapitalistischen Sinne – allein zu folgen versuchte. Aus einer zunächst unklaren Situation der Koexistenz des Privateigentumbegriffes mit einer vagen Vorstellung von Genossenschaftlichkeit entwickelte sich die Rechtsauffassung von der „sozialen Funktion“ des Privateigentums. Da das private oder kollektive Eigentum oftmals nicht in gleich angemessener Weise den Anforderungen der Bodennutzung und der sozialen Stabilisierung Rechnung trägt, hielt die Regierung eine Reihe von Einschränkungen des freien Grundstücksverkehrs für notwendig.

---

keinen Platz mehr auf genügend produktivem Land finden konnten.“ Notes sur la Vie Rurale. S. 93.

21 M. El Aouani: Structure Agraire d'un Village Côtier. S. 88.

22 P. Bardin: Le Cadastre de la Haute Vallée de la Medjerda. S. 273.

Wenn sie andererseits jedoch Privateigentum am Boden erlauben und anerkennen wollte, so mußte sie auch eine gesetzliche Möglichkeit schaffen, außerhalb des langwierigen kostspieligen Verfahrens[23] der Grundbucheintragung („titre bleu“ nach der Blaukopie für den Eigentümer genannt) den tatsächlichen vivificateurs-Bewirtschaftern zu einem gesicherten Besitztitel zu verhelfen. Das geschah 1959[24] mit der Einführung des „certificat de possession“ („titre rosé“)[25]. Nach Ablauf von fünf Jahren ist das solchermaßen erfaßte Grundstück voll immatrikulationsfähig.

Diese Tendenz zur Schaffung und Sicherung von Privateigentum am Lande wurde für kurze Zeit auch ausgenutzt, um neues Eigentum durch Ansiedlung ehemaliger Großbetriebs- oder Kollektivflächen herzustellen (z. B. im unteren Medjerda-Tal, sog. „lotissements“, auf Vorschlag der französischen Planungsorganisation S.E.R.E.S.A.). Das Schwergewicht der landwirtschaftlichen Reformen lag jedoch – unter Umgehung des privaten Sektors – in Projekten zur Erschließung von Kollektivländereien, deren Besitzstatus nicht privatrechtlich geklärt war. „In der Praxis, auf der örtlichen Ebene, bedeutete diese Politik die Weiterführung von Bodenaufwertungsprojekten, die vom kolonialen System kurz vor der Unabhängigkeit unternommen worden waren, durch nationale Führungskräfte (und mit einer neuen Terminologie).“[26]

Neue Ansätze kamen mit den beiden Großprojekten des „Office de l’Enfida“ und des „Office de la Medjerda“ hinzu und schließlich mit der Ansiedlung von Bauern in den „cellules de mise en valeur“ südlich von Kairouan. Erst mit dem Einsetzen der Planungsphase in der Agrarpolitik ab 1961 kristallisierte sich aus diesen Versuchen ein umfangreiches Programm heraus, die „genossenschaftliche Formel“, die auf dem Gebiet der Bodeneigentumsrechte das Fazit aus der bisherigen Entwicklung zieht: Großbesitz muß aus betriebswirtschaftlichen Gründen erhalten bleiben, Kleinbesitz und mittlere Besitzgrößen (10–40 ha) werden kollektiviert bzw. bleiben sich selbst überlassen[27].

---

23 Die Kosten stehen in keinem Vergleich zum Wert des Besitzes. Ebenda, S. 278.

24 Schon 1926 wurde das „droit d’occupation“ auf Antrag bestätigt, wovon aber nur wenige Bauern Gebrauch machten; daraus entstand 1957 „melk pur et simple“. El Aouani: Structure Agraire d’un Village Côtier. S. 83.

25 Nach dem 1951 bereits eingeführten „titre possessoir“. P. Bardin: Le Cadastre de la Haute Vallée de la Medjerda. S. 278.

26 A. Zghal: Systèmes Politiques. S. 21.

27 Dieselbe Folgerung zog Bardin aus dem Monokultur-Prinzip der colons vor 1951. In: Le Cadastre de la Haute Vallée de la Medjerda. S. 273.

II. Bodennutzung

1. Das vorkoloniale System

Die Kenntnis der Organisationsformen der Bodennutzung in der vorkolonialen Epoche ist äußerst mangelhaft. Die vielen Überreste römischer und vorrömischer Kulturen lassen zwar auf ein System des permanenten Feldbaues schließen, doch fehlt es an Quellen, um stichhaltige Aussagen treffen zu können. Wir müssen uns daher auf den Zeitraum gegen Ende des 19. Jahrhunderts und auf die Werke von MONCHICOURT[28], GAGNIAGE[29], PONCET[30] u. a. und deren Analyse von MAKHLOUF[31] beschränken.

Sicher gab es im Gebiet der heutigen Produktionsgenossenschaften kein einheitliches Bodennutzungssystem. Nomadismus, Semi- und Teilnomadismus, Transhumanz[32] und Feldwirtschaften waren wohl gleichermaßen anzutreffen. Das Gebiet um Goubellat, le Gafour, la Mohammedia und le Fahs war als Weidegebiet der Transhumanz vorbehalten. Die Region des Haut Tell bezeichnet MAKHLOUF als „ein relativ reiches Land mit mehr oder weniger regulärem Getreidebau und guten Weiden, ein Land der Transhumanz und vor allem ein Land durchziehender Herden“[33]; Bewässerungsfeldbau, mit Gemüsebau und Dauerkulturen, fand sich und findet sich noch vor allem in den Küstenregionen.

Für den größten Teil des Nordens ist anzunehmen, daß bis zum und während des 19. Jahrhunderts ein Übergang vom Semi-Nomadismus zur Transhumanz mit Trockenfeldbau stattgefunden hat. Regionale Unterschiede ergaben sich durch unterschiedliche Niederschläge, durch verschiedene Bodenqualitäten und vor allem durch die Unterschiede in der Besitzstruktur. Die große Bedeutung der Weide geht aus den „Monographies Militaires“[34] hervor. Die dort enthaltenen Zahlenangaben bestätigen, daß nur etwa ein Drittel des bebaubaren Landes mit Getreide bebaut wurde, während der Rest der Beweidung diente. Daraus wäre abzuleiten, daß die Transhumanz mit Getreidebau und zwei- bis mehrjähriger Grasbrache tatsächlich die Landwirtschaft im Gebiet der

---

28 CH. MONCHICOURT: La Région du Haut Tell en Tunisie. Paris, 1913.

29 J. GAGNIAGE: Les Origines du Protectorat Français en Tunisie (1861–1881).

30 J. PONCET: La Colonisation et l'Agriculture Européenne en Tunisie depuis 1881. Paris, 1962.

31 E. MAKHLOUF: Structures Agraires.

32 Nach den Definitionen von K. DITTMAR: Allgemeine Völkerkunde. Braunschweig 1956 (Transhumanz = fester Wohnsitz, Ackerbau und Weidebetrieb durch Hirten).

33 E. MAKHLOUF: Structures Agraires. S. 46, nach MONCHICOURT: La Région du Haut Tell. 1913.

34 Monographies Militaires, Archives Militaires des Territoires d'Outre-Mer, Chateau de Vincennes, ausgewertet von E. MAKHLOUF: a.a.O.

Produktionsgenossenschaften des Nordens geprägt hat. Unterschiedliche Bodenverhältnisse bedingen eine räumliche Gliederung von Weideland und Ackerland. MAKHLOUF[35] führt aus, daß die schweren, hydromorphen Böden der meisten Ebenen für die traditionellen Bodenbearbeitungsgeräte nicht geeignet gewesen und deshalb als natürliche Weiden genutzt worden seien. Es scheinen also folgende Nutzungsformen bestanden zu haben:

a) Getreidemonokultur (Gerste, Weizen) auf leichteren Böden, mit meist zweijähriger Grasbrache;
b) natürliches Weideland in den Ebenen mit schweren Böden und den nicht ackerfähigen Bergzonen und
c) geringer Gemüse- und Obstbau in unmittelbarer Nähe der Wohnstätten.

Die Kombination dieser Nutzungsformen wurde durch Transhumanz möglich. Die Weidenutzung konnte neben dem System der Transhumanz aber auch durch Teil-, Semi- und Voll-Nomadismus erfolgen.

2. Die modernen Großbetriebe

Die großbetriebliche, mechanisierte Bewirtschaftung der großen Ebenen wurde im wesentlichen durch die komplizierten und unklaren Besitzverhältnisse zum Ende des 19. Jahrhunderts ermöglicht. Die unmittelbare Folge dieser Nutzungsweise war die Verknappung des Weidelandes der ursprünglichen Nutznießer. Die Rinderbestände wurden daher durch Schafe und Ziegen ersetzt. Dies und die Ausdehnung des Getreidebaus in den Ebenen hatte eine Überweidung der Bergregionen und der restlichen Weiden in den Ebenen zur Folge. Zunehmende Degradierung der Böden in diesen Regionen und die Zerstörung der Waldbestände waren die unausbleiblichen Ergebnisse dieses Strukturwandels. Getreidebau und Viehwirtschaft als kombiniertes Nutzungssystem wurden weitgehend desintegriert. Die Brachflächen konnten nach der Einführung der einjährigen Schwarzbrache nicht mehr als Weideland genutzt werden.

Die Ausdehnung der großflächig betriebenen Monokulturen ging rasch vonstatten und hatte bis zum Jahre 1950 einen Umfang von 1 365 000 ha erreicht. Auf den tunesischen Norden entfielen 850 000 ha dieser Fläche, davon rund 550 000 ha in europäischen Händen (1956). Die durchschnittliche Betriebsgröße der europäischen Farmen betrug 240 ha, diejenige der tunesischen 100 ha. Der Anteil der Großbetriebe über 200 ha an der Gesamtfläche aller Betriebe ist beträchtlich.

Insgesamt bewirtschafteten also 15,3% der Bewirtschafter (= 1524) mit Betrieben über 200 ha einen Anteil von 68,3% der Gesamtfläche unter sog. moderner Bewirtschaftung (= 932 000 ha). Diese Verhältnisse waren auch

35 E. MAKHLOUF: a.a.O., S. 48, 49 und 128.

Tabelle 3. **Großbetriebe in Tunesien 1950**

Landwirtschaftliche Nutzfläche in ha	Anteil in %	Betriebsgrößenklasse	Zahl der Bewirtschafter absolut	in %
540 000	*39,4*	200–1000 ha	1 359	*13,7*
392 000	*28,9*	über 1000 ha	165	*1,6*
932 000	*68,3*	über 200 ha	1 524	*15,3*
1 356 000	*100,0*	alle BG	etwa 10 000	*100,0*

Quelle: FAO-Zensus von 1950, zit. bei E. Makhlouf: La Modernisation de l'Agriculture en Tunisie. Colloque de la Géographie Maghrebine, C.E.R.E.S., hektographiertes Manuskript, Tunis, 1967, S. 3 (im folgenden zitiert als E. Makhlouf: La Modernisation de l'Agriculture).

im Weinbau und in der Olivenkultur zu finden. Schon 1946 waren 2 Mio. Olivenbäume in europäischem Besitz und 1953 gehörten 22 000 ha unter Weinkultur von insgesamt 36 000 ha europäischen Landwirten[36]. Der überwiegende Flächenanteil entfiel jedoch auf den Getreidebau. Insgesamt wurden bis zur Gründung der Produktionsgenossenschaften des Nordens 750 000 ha Getreide mit modernen Methoden angebaut gegenüber 700 000 ha des sog. „traditionellen" Sektors[37].

Die einjährige Schwarzbrache, die von den europäischen Landwirten eingeführt wurde, übernahmen auch die größeren tunesischen Grundbesitzer. Ebenso fand die Mechanisierung bei den Tunesiern großen Anklang. Auf die rund 1 400 000 ha des sog. „modernen" Sektors kamen im Durchschnitt 0,11 PS/ha. Das entsprach einem mittelstarken Traktor für je 150 ha. Die vollmechanisierten Großbetriebe mit modernen Maschinen kamen auf einen Maschinenbesatz von 0,20 bis 0,25 PS/ha. Betriebe ohne eigenes Maschinenkapital bewirtschafteten ihr Land mit Hilfe von Lohnmaschinen. Selbst die Form der reinen Pachtbetriebe ohne eigene Maschinen war zu finden. Insgesamt wurden nach 1962 über 600 000 ha im Norden Tunesiens ganz oder teilweise mit Lohnmaschinen bewirtschaftet.

Der Arbeitskräftebesatz der mechanisierten Betriebe war denkbar gering. Oft genügte eine qualifizierte Arbeitskraft für eine Fläche von 100 ha. Der Gesamtdurchschnitt betrug 1 AK für 30 bis 40 ha[38]. Der Zeitbedarf für Be-

36 E. Makhlouf: La Modernisation de l'Agriculture. S. 4 ff.

37 République Tunisienne, Sécrétariat d'Etat au Plan et aux Finances: Plan Triennal, 1962–64, S. 367.

38 H. Ruthenberg nennt 2,5 AK pro 100 ha. In: Organisationsformen der Bodennutzung und Viehhaltung in den Tropen und Subtropen, dargestellt an ausgewählten Beispielen. In: Handbuch der Landwirtschaft und Ernährung in den Entwicklungsländern, Bd. 1, Die Landwirtschaft in der wirtschaftlichen Entwicklung, Ernährungsverhältnisse. Hrsg.: P. von Blanckenburg und H. D. Cremer, Stuttgart, 1967, S. 150. (Im folgenden zitiert als Ruthenberg: Organisationsformen.)

stellung, Saat und Ernte liegt in Betrieben mit zusätzlichem Olivenbau bei höchstens 4 Monaten pro Jahr[39].

Folgende Anbausysteme waren auf den europäischen und tunesischen Großbetrieben gegeben:

- Getreide – Brache, mit 50% der Fläche,
- Getreide – Brache, mit schwankenden Anteilen an Olivenbeständen,
- Getreide – Brache mit Olivenkulturen und Weinbau,
- Getreide – Brache, mit unterschiedlichen Flächenanteilen unter Weinbau,
- die obigen Systeme mit verschieden großem Anteil an Futterflächen und Viehzucht und
- reine Oliven- bzw. Weinpflanzungen.

Die Getreideerträge verringerten sich fast kontinuierlich. Während in der Zeit von 1920 bis 1925 noch rund 15 bis 20 dz Weizen je ha geerntet wurden, sank der Ertrag bis 1960 auf rund 10 dz/ha ab[40].

Tabelle 4. **Ertragsvergleich bei Weizenproduktion**
(dz/ha)

Jahr	Durchschnittliche Weizenerträge: eines französischen colon-Betriebes (550 ha) in der Ebene von Zaafrane [a]		der europäischen Betriebe in Tunesien [b]		in Kanada [c]	in der UdSSR [c]
	Hartweizen	Weichweizen	Hartweizen	Weichweizen	Weizen	Weizen
1940–44	18,8	16,7	8,7	11,7		
1945–49	17,7	15,1				
1948–53					12,8	8,4
1950			10,1	11,0		
1950–54	13,5	11,9				
1955–60	12,9	9,8				
1962/63					14,2	10,5

Quellen zu:

[a] E. Makhlouf: Structures Agraires. S. 70.
[b] —: a.a.O.
[c] FAO: Production Yearbook. Vol. 19, 1965, S. 39.

Die Besitzer der Großbetriebe hatten die Möglichkeit, sinkende Flächenerträge durch Zukauf und Zupachtung auszugleichen. Auf diese Weise wurden zwar die Betriebseinheiten größer, andererseits aber die Weideflächen für den sog. traditionellen Sektor weiter dezimiert.

39 E. Makhlouf: La Modernisation de l'Agriculture. S. 14 f.

40 „Die Durchschnittserträge der gesamten modernen Landwirtschaft haben niemals 15 dz/ha überschritten und dieser Durchschnitt hat nicht aufgehört zu fallen, bis er 10–11 dz/ha in den letzten Jahren erreichte." E. Makhlouf: La Modernisation de l'Agriculture. S. 11.

Die Gesamtstruktur der Bodennutzung führte zu einer außerordentlich geringen Besiedlungsdichte des nördlichen Raumes. Die großen Ebenen wurden praktisch menschenleer. Während die Gesamtbevölkerung Tunesiens zwischen 1921 und 1956 um 80% zunahm, stieg jene der Getreide- und Olivenzonen im allgemeinen nur um 25 bis 50%. MAKHLOUF nennt eine neuere Untersuchung, derzufolge die Bevölkerungsdichte je qkm zwischen 20 Einwohnern in der Ebene und 70 bis 100 Einwohnern je qkm in den Bergregionen und den degradierten Zonen schwankt. Gelegentlich hat nach dieser Untersuchung die Bevölkerung sogar abgenommen. Die Äußerungen lassen darauf schließen, daß sich sowohl in der Bevölkerungsstruktur als auch in der Sozial- und Agrarstruktur des ländlichen Raumes im Norden Tunesiens ein bedeutsamer Wandel vollzogen hat.

3. Die traditionelle Landbewirtschaftung bis zu den Genossenschaftsgründungen

Unter „traditioneller Landbewirtschaftung" wird hier nicht die vorkoloniale Landwirtschaft verstanden, sondern die Bewirtschaftung jener Flächen, die nicht zu den ehemaligen colon-Betrieben (den jetzigen „terres domaniales") oder zu den als „modern" bezeichneten tunesischen Mittel- und Großbetrieben über 40 ha gehörten und noch gehören. Dieser Sektor der Landwirtschaft, d. h. seine Boden- und Kapitalausstattung, die von ihm abhängigen Menschen, ihre Tätigkeit und Einstellungen, ihre Sozialstruktur und ihre produktionstechnischen Methoden, wird in der Literatur über tunesische Landwirtschaft als „traditionell" bezeichnet. MICAUD[41] definiert die beiden Sektoren auf Grund der folgenden Merkmale:

„Traditioneller Sektor"	*„Moderner Sektor"*
75% der Bevölkerung.	Großflächige Verkaufsproduktion von Getreide und Wein.
Subsistenz-, nicht marktorientiert, seit dem Mittelalter kaum verändert.	Einige Obst- und Olivenplantagen.
500 000 Bauern produzieren weniger als 25% des Sozialproduktes und haben weniger als 1/3 des Weizenertrages pro ha der modernen Betriebe.	Rund 1000 Europäer besitzen 1/3 mehr Land als die tunesischen Kleinbauern.

MAKHLOUF[42] bringt eine ähnliche Ansicht zum Ausdruck: „Nach dem Zweiten Weltkrieg ... existieren in der Landwirtschaft Tunesiens zwei ökonomische

41 C. MICAUD u. a.: Tunisia. The Politics of Modernization. Pall Mall Press. London 1964, S. 168 ff.

42 E. MAKHLOUF: La Modernisation de l'Agriculture. S. 2.

Realitäten: Ein Teil der Landwirtschaft setzt moderne technische Betriebsmittel und bedeutendes Kapital ein und produziert fast ausschließlich für den Markt, während ein anderer Teil ... archaische Mittel benutzt, wenig oder nichts für den Markt produziert und mit seinen Erträgen weit davon entfernt ist, das Niveau des ersteren zu erreichen ... Im allgemeinen werden diese Erscheinungen als traditionelle und moderne Landwirtschaft bezeichnet."

Diese Darstellungen lassen vermuten, daß die Hauptträger des traditionellen Sektors selbstwirtschaftende, im herkömmlichen Sinne „traditionelle" Bauern auf eigener Scholle sind, die in kleinen Betrieben auf Grund ihrer veralteten und unrentablen Anbautechniken entsprechend weniger produzieren als ihre modernen Nachbarn (und die deshalb durch moderne Produktionsgenossenschaften in die rationalisierte Landwirtschaft integriert werden sollen!).

KOOLS[43] Auffassung geht in Richtung des bodenständigen und konservativen Bauern: „Für den Fellah hat sein individuelles Grundeigentum überragende Bedeutung; im Kreise seiner Dorfnachbarn verhilft es ihm zu Respekt und Ansehen."

CUISENIER[44] stellt die beiden Sektoren nach betriebswirtschaftlichen Kriterien, nämlich nach Eigentum, Bewirtschaftung und Arbeitswirtschaft gegenüber.

Übersicht 1. **Die beiden Sektoren der tunesischen Landwirtschaft**

Kriterien	Moderner Sektor	Traditioneller Sektor
Eigentum		
Eigentümer sind:	Juristische Personen, natürliche Personen. Geringer Anteil an Miterben und anderen Familienmitgliedern.	Natürliche Personen, großer Anteil von Miterben und anderen Familienmitgliedern.
Bewirtschaftung		
Bewirtschafter sind:	Direktoren, Besitzer, Eigentümer.	Eigentümer, Pächter, Teilbauern (khammès).
Arbeitswirtschaft		
Arbeitskräfte sind:	Verwalter, Vorarbeiter, Mechaniker, Traktoristen, Tagelöhner, Viehpfleger.	Tagelöhner, Schäfer, Viehhirten, Familienkräfte.

Quelle: siehe Fußnote 44.

Für unsere Betrachtung ergeben sich daraus folgende Fragen für die sinngemäße Anwendung des Begriffes „traditioneller Sektor":

43 R. G. A. KOOL: L'Agriculture Tunisienne – Analyse d'une Economie en Voie de Modernisation. Wageningen 1963. S. 157.

44 J. CUISENIER: Le Sous-Développement Economique dans un Groupement Rural: Le Djebel Lansarine. In: Cahiers de Tunisie, 6e année, Nos. 23–24, 1958, S. 228.

a) Welche Organisationsform der *Bodennutzung* wird auf den nicht in Großbetrieben erfaßten Flächen angewandt?
b) Welche Bedeutung haben *Teilbau und Verpachtung* und wer sind die Pächter?
c) Wo und in welchem Umfang berühren und beeinflussen sich die beiden Sektoren bereits in vor-genossenschaftlicher Zeit?

a) Bodennutzung in traditionell wirtschaftenden Betrieben

Davon ausgehend, daß die vorkoloniale Organisationsform der Trockenfeldbau in Verbindung mit Transhumanz war (s. oben S. 41 ff.), ergaben sich theoretisch für die Bauern nach der Einbuße der großen Weideflächen der Ebenen zwei alternative Konsequenzen: Intensivierung des Feldbaus bei gleichzeitiger Verringerung der Viehbestände oder Erschließung und Nutzung neuer Flächen. Die Intensivierung des Feldbaus ist im wesentlichen über die Einschränkung der Brache erfolgt. Der ausschließliche Getreideanbau blieb vorherrschend, ja wurde durch die koloniale Monokulturlandwirtschaft noch verstärkt, ein Fruchtfolgesystem mit anderen Kulturen fand keinen Eingang in die bäuerliche Landwirtschaft.

Die Verringerung der Viehbestände dauerte bis etwa 1920 an. Während zu Beginn der Kolonialisierung pro Einwohner vier bis acht Schafe (je nach regionalen Bedingungen) gezählt wurden[45], waren es im Jahre 1921 nur noch 3,3 im Durchschnitt. Die Rinderbestände nahmen von rund 0,6 Großvieheinheiten je Einwohner bis auf 0,37 im Jahr 1921 und 0,27 im Jahr 1956 ab. Im gleichen Zeitraum erhöhte sich z. B. im Caidat von Le Kef die absolute Zahl der Schafe von 60 774 auf 121 149, diejenige der Ziegen von 3500 auf 110 838[46]. Die Ursachen dieser Umstrukturierung – Nutzung des absoluten Schaf- und Ziegenfutters in bisher nicht beweideten Hangregionen – und die Konsequenzen dieser Veränderungen sind bekannt: Die Verlegung der Weide von den Ebenen in die Berge und die dadurch ausgelöste Verarmung und Erosion der Böden sowie die Zerstörung der Forstbestände führten schließlich so weit, daß im Jahr 1956 ein Teilverbot der Ziegenzucht erlassen wurde. Die Abnahme und anschließende Stagnation der Rinderbestände führte schließlich zu einem Zugkraftproblem, das erst seit dem Zweiten Weltkrieg durch den Einsatz von Lohnmaschinen gelöst werden konnte.

Die Annahme, daß neue Flächen erschlossen und genutzt worden sind, finden wir in der Literatur bestätigt. Makhlouf[47] stellt fest, daß die tunesischen Bauern sich auf der Suche nach neuem Weide- und Ackerland in die bisher

45 E. Makhlouf: Structures Agraires. S. 419.
46 —: a.a.O., S. 161. (Nach „Annuaires Statistiques" bis 1935, ab 1940 nach „Registres des Impôts Fonciers".)
47 E. Makhlouf: La Modernisation de l'Agriculture en Tunisie. S. 6.

kaum genutzten Hangregionen zurückgezogen haben. Ehemalige Weideflächen wurden zu Ackerland und die bisher schwach oder gar nicht beweideten Ödländereien und Waldflächen wurden überweidet. Es sei daher nur logisch, exakter und der Wirklichkeit entsprechend, nicht mehr von moderner und traditioneller, sondern von der Landwirtschaft der Ebene und jener der Hangregionen zu sprechen, insbesondere, weil diese erst durch die Einführung der colon-Landwirtschaft entstanden sei[48].

„Über die Wirtschaftsweise dieser unterentwickelten Landwirtschaft gibt die Monographie über das Leben eines Weilers[49] von BARDIN ausgezeichnete Auskunft. Ihm ist die folgende Beschreibung eines mittleren Betriebes von 25 ha entnommen: Der Betriebsleiter starb 1940. Seine Witwe und die drei Söhne bewirtschafteten den Betrieb weiter. Insgesamt sind mit den übrigen Familienmitgliedern 15 Personen vom Betriebsertrag zu ernähren. An Zugkräften stehen zwei Paar Ochsen, ein Pferd und ein Maultier zur Verfügung.

Im Oktober lockern die Söhne mit je einem Gespann und dem traditionellen Holzpflug mit eiserner Spitze die Felder in der Nähe des Weilers, um sie für die Saat vorzubereiten. Anschließend wird zunächst die Gerste gesät, die wegen der guten Bodenqualität in der Nähe des Gehöftes rasch aufgeht und dann als Viehfutter dient. Das Vieh hatte während des Sommers jegliches Grünfutter entbehren müssen. Nach der Gerste wird Hartweizen gesät. Die Saat erfolgt von Hand, breitwürfig. Die eingesäte Fläche kennt niemand genau. Eine Berechnung kann nur über die Saatmenge pro ha erfolgen, wobei durchschnittlich 90 bis 130 kg Getreide je ha zugrunde gelegt werden. So berechnet, wurden auf dem Betrieb in diesem Jahr (einem ‚guten' Jahr, da es im Oktober geregnet hatte) rund 18 ha Getreide angebaut. Zusätzlich wurden 2 dz Pferdebohnen ausgesät.

Die Saat dauert bis Mitte Dezember. Danach herrscht praktisch Arbeitslosigkeit und die wirtschaftlichen Verhältnisse zwingen zu einem Nebenerwerb. In unserem Falle betätigt sich ein Sohn als Viehhändler, indem er mit einigem Bargeld auf dem einen Markt etwas Vieh kauft und es zum nächsten Markt zum Wiederverkauf bringt. Manchmal geht der zweite Sohn mit ihm. Der jüngste, elfjährig, bleibt zu Hause. Auf diese Weise vergeht der Winter.

Im April reicht das Futter (die mehrmals beweidete Gerstenparzelle) nicht mehr aus, um das Vieh zu ernähren. Die Ochsen werden deshalb zu einem entfernten Verwandten in eine Region getrieben, die noch einige Weidemöglichkeit bietet. Ende Mai beschäftigen sich die Söhne mit der Anlage eines Dreschplatzes, der anschließend eingezäunt wird. Die Ernte beginnt im Juni. Zunächst werden die Pferdebohnen gedroschen, danach die Gerste und anschließend der Hartweizen. Zur Zeit der Ernte sind alle Bewohner des Weilers versammelt. Der Drusch erfolgte bis Ende des Zweiten Weltkrieges durch den Tritt der Tiere. Danach brachte der Lohnmähdrusch gewaltige Neuerungen. Auch unser Betrieb läßt nun so dreschen. Die Gebühren sind

---

48 MAKHLOUF legt besonderen Wert auf diese Feststellung: „Der moderne Sektor entwickelte sich, aber seine Entwicklung führte nicht zu einer Verringerung des traditionellen Anbaus, sondern im Gegenteil: Dieser entwickelte und dehnte sich um so schneller aus, je ärmer und unfruchtbarer die Böden waren, die er erfaßte." E. MAKHLOUF: S. 6.

49 P. BARDIN: La Vie d'un Douar. Essai sur la Vie Rurale dans les Grandes Plaines de la Haute Medjerda, Tunisie. Paris/La Haye 1965, S. 33–86. (Im folgenden zitiert als P. BARDIN: La Vie d'un Douar.)

ein Zehntel des gedroschenen Gutes oder die entsprechende Summe in barem Geld. Nur bei der in nächster Nähe des Gehöftes liegenden Parzelle wird noch auf die alte Weise geerntet und gedroschen, das Gerstenstroh dient als Pferdefutter, da es weicher als Weizenstroh ist. Ende Juli sind alle mit der Ernte verbundenen Arbeiten getan. Vom Gesamtertrag (60 dz) gehen 6 dz für den Mähdrusch ab. 6 dz werden für die khammès (die in einem Teilbausystem arbeitenden Arbeitskräfte für die Ernte) benötigt. Die verbleibenden 48 dz werden an die Familienmitglieder verteilt. Bis zum Ende des Sommers und der neuen Anbauperiode herrscht relativer Wohlstand. Die Söhne besuchen Hochzeiten, Märkte; Frauen und Kinder beschäftigen sich mit dem Vieh. Der hier beschriebene Betrieb hält außer dem Zugvieh drei Kühe, deren Nachzucht, einen Esel, ein Paar alter ausgedienter Ochsen, eine Stute mit Fohlen, ein altes Maultier und zehn Schafe. Das Vieh wird von Frauen und Kindern durch die Felder getrieben. Es ernährt sich von Stroh und dem absoluten Futter an Wegerändern, im Flußbett und, sofern vorhanden, von Brachflächen.

Der Umfang der Brache wechselt von Jahr zu Jahr. Im Gegensatz zu der vorkolonialen Epoche und zu den modernen Großbetrieben findet keine regelmäßige Brache auf der Hälfte der Getreidefläche mehr statt. Vorkommende Rotationen sind:

Gerste – Gerste – Brache
Weizen – Weizen – Brache
Weizen – Gerste – Brache und
Gerste – Gerste – Gerste – Brache.

Die Entscheidung über den Umfang der Brache wird von Jahr zu Jahr von neuem gefällt. Sie hängt davon ab, wie die Niederschläge verteilt sind und wieviel Saatgut zur Verfügung steht. Wir finden also am Beispiel dieses Betriebes unsere Hypothese bestätigt, daß durch den Strukturwandel eine Intensivierung des Feldbaus auf Kosten der Brache und der Weide stattgefunden hat."

In diesem Zusammenhang ist hinzuweisen auf den – mit europäischen Verhältnissen verglichen – verhältnismäßig geringen Arbeitszeitaufwand in den familiären Kleinbetrieben mit vorwiegendem Getreideanbau. Saatfurche, Aussaat und Ernte stellen kurzfristige Arbeitsspitzen dar. Da das Vieh vorwiegend von den Frauen und Kindern versorgt wird, ist die Arbeitskapazität der Männer nur zu einem Bruchteil im eigenen Betrieb beansprucht. RUTHENBERG[50] errechnet z. B. nach Angaben von KOOL für einen 8-ha-Betrieb eine Beanspruchung von 100 auf 600 verfügbare Arbeitstage pro Jahr.

b) Pacht- und Teilbauwirtschaften

Die ausländische Aufkaufs- und Pachtpolitik führte im Verein mit den traditionellen Rechtsauffassungen dazu, daß das nicht bereits in colon-Eigentum befindliche Land einer hohen Grundstücksmobilität unterworfen wurde. Die Bedeutung der Verpachtung ist dabei besonders groß.

Als Faustzahlen für den Landbedarf kann man die von BARDIN[51] genannten Größen annehmen: Für die Ernährung der Familie müssen durchschnittlich

50 H. RUTHENBERG: Organisationsformen. S. 152 f.
51 P. BARDIN: La Vie d'un Douar. S. 36.

2 ha Ackerland je Erwachsenen und 1 ha je Kind zur Verfügung stehen. Infolge der Landverknappung und der Erbteilungen reichen die verfügbaren Flächen für diese Mindestforderung nicht mehr aus.

Wenn die Sicherung des Familieneinkommens durch Eigenproduktion angestrebt wird und es möglich erscheint, pachten die Betriebe Land zu, um das Nährflächenpotential zu vergrößern.

Schwerwiegender für die Veränderung der Agrar- und Sozialstruktur ist aber die Verpachtung, wenn das Bodeneigentum für den Familienunterhalt unzureichend erscheint und daher andere Einkommensquellen vorgezogen werden. Eine Verpachtung von Besitzanteilen erhöht das Familieneinkommen nicht gegenüber der Selbstbewirtschaftung, sondern mildert nur im Falle der Geldpacht das Ernterisiko. Nichtlandwirtschaftlicher Haupterwerb wird dann für die männlichen Familienmitglieder unvermeidbar, wie z. B. Kleinhandel, Baugewerbe, Lumpenhandel und andere Gelegenheitsarbeiten. Aber nicht nur die Eigentümer von zu kleinen Flächen (sog. micro-fellahs) verpachten Land, auch für die mittleren Eigentümer stellt die Pacht ein besser abgesichertes Einkommen dar, das nicht vom Risiko der schlechten oder gar ausbleibenden Ernte abhängig ist.

Ein dritter wichtiger Grund für Verpachtung ist das Zugkraftproblem. In den meisten Fällen fehlt das nötige Kapital, um ein Paar Ochsen, ein Pferd oder auch ein Maultier für den Zug des Holzpfluges anzuschaffen. Selbst wenn es gelingt, die tierische Zugkraft bereit zu halten, ergibt sich das schwierige Problem, das Gleichgewicht zwischen der notwendigen Futterbeschaffung und dem Ackerbau zu finden, da die Flächen so knapp geworden sind. „Die fellahs haben mehr und mehr Mühe, das agro-pastorale Gleichgewicht, auf welchem die einheimische Wirtschaftsweise beruht, aufrechtzuerhalten. Drei schwer erfüllbare Forderungen ergeben sich für den kleinen Landwirt:

- Genügend Grasbrache für die Weide seiner Tiere zu bewahren,
- die Brache andererseits zu bearbeiten, um einen etwas besseren Ertrag zu erzielen und
- soviel Getreide anzubauen, daß für die dringendsten Bedürfnisse der Familie einige Säcke zum Verkauf übrigbleiben.

Je geringer die Fläche, um so unbarmherziger stellen sich diese Forderungen . . .“ [52]

Neben der Familie auf dem dargestellten Betrieb leben noch fünf weitere Familien im Douar. Sie alle haben Land verpachtet bis auf die Hofparzelle, wo man etwas Gerste, seltener auch etwas Gemüse anbaut. Dadurch ergibt sich eine Trennung von Besitz- und Bewirtschaftungseinheiten. Die Besitzeinheiten werden ganz oder teilweise in andere Bewirtschaftungseinheiten integriert.

52 P. Bardin: La Vie d’un Douar. S. 42.

Die daraus entstehende komplexe Betriebsstruktur der heutigen tunesischen Landwirtschaft und die eigentümlichen Kennzeichen des sogenannten traditionellen Sektors lassen sich annäherungsweise aus einem Vergleich der Besitzgrößen- und Betriebsgrößenstatistiken ablesen[53]. Danach wird wesentlich mehr Land in Großbetrieben bewirtschaftet als in Händen von Großgrundbesitzern ist. Doch auch das Gegenteil ist der Fall: z. B. große Ländereien werden stückweise in Anteilspacht vergeben.

Der Umfang der Verpachtung wird aus dem verfügbaren Zahlenmaterial deutlich. Der Anteil der pachtweise bewirtschafteten Fläche ist in den verschiedenen Betriebsgrößenklassen unterschiedlich hoch.

Tabelle 5. **Bewirtschaftete Fläche und Pachtlandanteil**

	Nordtunesien	Untersuchungsraum [a]
Bewirtschaftete Fläche (ha)	1 910 000	1 076 500
Davon Pachtfläche (ha)	629 000	300 900
Pachtfläche in % der bewirtschafteten Fläche	*32*	*28*

[a] Die drei Gouvernorate Béjà, Jendouba und Le Kef.

Quelle: Sécrétariat d'Etat au Plan et aux Finances: Service des Enquêtes Statistiques, Structure Agraire du Gouvernorat Béjà; desgl. Souk-el-Arba, 1961/62; desgl. Le Kef, 1962.

Tabelle 6. **Pachtlandanteil in drei Gouvernoraten nach Betriebsgrößen**

Betriebsgröße	Anteil des Pachtlandes (in % der gesamten LN)		
	Béjà	Jendouba	Le Kef
0– 20 ha	*23*	*20*	*17*
20–100 ha	*33*	*21*	*16*
über 100 ha	*43*	*31*	*31*

Quelle: wie Tabelle 5.

53 Dieser Ansatz ist gemacht worden (für das Gouvernorat Le Kef) von E. Makhlouf: Structures Agraires. S. 130 ff. und El Aouani: Structure Agraire d'un Village Côtier. S. 97 ff.

Vgl. z. B. folgendes Zitat: „Die Beispiele sind zahlreich und enthüllen wieder dieselbe Tatsache, der heutige Großbesitz, der selbst bewirtschaftet wird, gehört meistens großen Landwirten, die riesige Pachtländereien bestellen. Die Vergrößerung dieser Besitzeinheiten ist neueren Datums und eine Folge der Pachtverträge. Große Familienbesitzeinheiten werden verpachtet, geteilt, verkauft. Auch Klein- und mittlere Besitzer, deren Zahl auf einem winzigen Familienbesitz zu groß ist, die unfähig sind, das gesamte Land zu bestellen oder ganz einfach von den großen Pachtvorauszahlungen geködert sind, haben ebenso einen Teil ihres Grundbesitzes verpachtet und wurden anschließend verführt oder meistens gezwungen zu verkaufen." E. Makhlouf: a.a.O., S. 137.

Aus den Zahlen wird ersichtlich, daß die zupachtenden Betriebe in erster Linie die großen Betriebe über 100 ha, d. h. die mechanisierten Getreideanbaubetriebe sind. Die Unterschiede in den einzelnen Gouvernoraten hängen u. a. mit der Geländegestaltung zusammen. Im Gouvernorat von Béjà trifft man auf die besten Böden und größten ebenen Flächen; der höhere Pachtanteil, insbesondere bei den Betrieben über 100 ha, mit 43% der bewirtschafteten Fläche ist dadurch erklärbar. In bergigen Gebieten mit armen Böden hingegen bestand offensichtlich geringeres Interesse daran, Land zuzupachten.

Neben der Pacht spielt auch der Teilbau eine gewisse Rolle. Üblicherweise wird das System des „bulbail" angewandt: Ein Drittel des Ertrages bleibt dem Eigentümer, ein Drittel fällt dem Maschinenagenten bzw. Zugkraft- und Saatgutlieferanten zu, und ein Drittel bleibt dem tatsächlichen Bebauer des Landes. Bei diesem System hat der Eigentümer ein Drittel des Saatgutes zu stellen. Daneben findet das „Cherka bel Doohor" Anwendung: Der Grundeigentümer stellt die Hälfte des Saatgutes, der Bewirtschafter stellt die Arbeits- und Zugkräfte und die andere Hälfte des Saatgutes. Die Ernte wird nach Abzug eines Zehntels, das den khammès zufällt, zu gleichen Teilen geteilt. Die Partner dieser Verträge sind fast ausschließlich die tunesischen und europäischen Großbetriebe, die auch als Pächter auftreten. Allerdings werden bei der Pacht solche Flächen bevorzugt, die sich im gemeinschaftlichen Eigentum einer Erbengemeinschaft befinden. Die Unsicherheit der Rechtsansprüche führt bald zwischen den Eigentümern zu Auseinandersetzungen, die im Verkauf der Parzellen an die Pächter resultieren.

c) Der Einfluß der Mechanisierung auf die traditionelle Landbewirtschaftung

Das Beispiel der mechanisierten Großbetriebe blieb nicht ohne Einfluß auf die mittleren und kleinen Betriebe in deren Umgebung. Zweifellos stellte das System des Trockenfeldbaus mit vorwiegender Monokultur des Weizens ein Betriebssystem dar, das für die Einführung der Mechanisierung besonders gut geeignet war. Makhlouf führt in diesem Zusammenhang aus:

„Die Getreide-Monokultur war nicht das Kennzeichen einer bestimmten Gruppe von Landwirten; das Anbausystem charakterisierte die Gesamtheit der Bauern, große und kleine, moderne und traditionelle, tunesische und ausländische. Nur die Betriebsgröße, ein gewisser Düngerverbrauch, das Ausmaß der jährlich brachliegenden Flächen unterschieden den großen vom kleinen, den modernen vom traditionellen Landwirt. Die „moderne" Arbeitsweise war nicht mehr eine spezifische Technik der Groß-Landwirte. Die Landmaschinen der letzteren pflügten, säten und ernteten für kleine und große Bauern in dem Maß, wie die Topographie ihrer Felder es zuließ." [54]

---

54 E. Makhlouf: Nouveau Dualisme de l'Agriculture Tunisienne. Coopératives Agricoles de Production et Grandes Exploitations privées. In: Revue Tun. de Sc. Soc., 4e année, No. 9, Mars 1967, S. 30.

Man darf also eine hohe Bereitschaft der Bauern voraussetzen, ihr Land mit Hilfe von Maschinen zu bewirtschaften oder bewirtschaften zu lassen. Das verfügbare Zahlenmaterial bestätigt diese Voraussetzung.

Tabelle 7. **Maschinenanwendung im tunesischen Norden (1962)**

Landwirte	Anzahl der Bewirtschafter	%	Ackerfläche (ha)	%
ohne Maschinenanwendung	49 900	*67*	473 000	*28*
mit Lohnmaschineneinsatz	15 000	*20*	290 000	*18*
mit eigenen und Lohnmaschinen	4 600	*6*	390 000	*23*
mit eigenen Maschinen	5 200	*7*	521 000	*31*
Insgesamt	74 700	*100*	1 674 000	*100*

Quelle: République Tunisienne, Sécrétariat d'Etat au Plan et aux Finances, Service des Enquêtes Statistiques, 1962, zitiert bei E. Makhlouf: La Modernisation de l'Agriculture. S. 7.

Aus diesen Zahlen wird deutlich, daß insgesamt 33% aller Landwirte des tunesischen Nordens moderne Maschinen zur Bewirtschaftung einsetzen. Diese Landwirte bewirtschafteten 72% der ackerbaufähigen Flächen. Besonders beachtlich ist, daß ein Fünftel aller Landwirte die Bestellung, Saat und Ernte auf ihrem Land mit Hilfe von Traktoren und Mähdreschern im Lohneinsatz von benachbarten Großbetrieben oder Lohnunternehmen durchführen ließen. Der Anteil der Landwirte, die keine Maschinen zur Bewirtschaftung ihres Landes benutzten, ist mit 67% relativ hoch. Allerdings haben diese Landwirte nur einen Flächenanteil von 28% der gesamten landwirtschaftlichen Nutzfläche zur Verfügung. Die Vermutung liegt daher nahe, daß ein beträchtlicher Anteil der „traditionellen" Landwirte nur einen Teil ihres Landes selbst und ohne Maschinen bewirtschafteten, andere Teile ihres Betriebes auf Grund von Vertragsvereinbarungen aber maschinell bewirtschaften ließen. Hierbei handelt es sich neben der Verpachtung an Großbetriebe auch um Teilbauverträge, wobei die Maschinenanwendung in die bestehenden Systeme integriert wurde.

Die betriebswirtschaftliche Problematik der Bodennutzung durch Trockenfeldbau führte in modernen wie traditionellen Betrieben zu ähnlichen Strukturmerkmalen[55].

a) Durch das Fehlen einer intensiven Düngeranwendung wird die Bodenfruchtbarkeit nachhaltig gefährdet. Die gedüngten Flächen sind in allen Betriebsgrößen minimal.

55 H. Ruthenberg: Organisationsformen. S. 152 f.

Tabelle 8. **Anteil der gedüngten Flächen in Prozent an der LN im Gouvernorat Béjà nach Betriebsgrößen**

Betriebsgröße	% der mit Mist gedüngten Fläche	% der mit Mineraldünger gedüngten Fläche
0– 20 ha	*12*	*5*
20–100 ha	*7*	*8*
über 100 ha	*2*	*24*
Insgesamt	*5*	*18*

Quelle: République Tunisienne, Sécrétariat au Plan ex aux Finances, Service des Enquêtes Statistiques: Structure Agraire du Gouvernorat Béjà, 1961–62.

b) In Großbetrieben und in Kleinbetrieben, in den letzteren verursacht durch das Entstehen der ersteren, fehlt die zur Regeneration der Ertragsfähigkeit notwendige mehrjährige Wald-, Busch- oder Grasbrache.

c) Die Erträge hängen in erster Linie von der Regelmäßigkeit der Niederschläge ab und nicht von der Bodenbearbeitung. Die Unsicherheit der Erträge ist in beiden Sektoren gegeben.

Die Unzulänglichkeit des Systems liegt auf der Hand: Mangelnde Bodenbindung, Raubbau, Abhängigkeitsverhältnisse, soziale Unsicherheit, Verarmung und Abwanderung konnten nicht ausbleiben. In den vierziger Jahren hat deshalb die französische Protektoratsverwaltung Maschinengenossenschaften gegründet, die auch kleine Betriebe versorgen konnten. Diese „Sociétés Indigènes de Prévoyance“ (später „Sociétés Tunisiennes de Prévoyance“) arbeiteten mit sehr gutem Erfolg und erfreuten sich bei den Bauern besonderer Beliebtheit[56]. Dies kam auch bei der Befragung von 150 Mitgliedern der neuen Produktionsgenossenschaften zum Ausdruck.

In der folgenden Tabelle wird aufgeführt, wieviel Prozent der befragten Mitglieder vor den Genossenschaftsgründungen mehr oder minder regelmäßig Maschinen zur Bewirtschaftung verwendeten.

Der äußerst hohe Anteil der Bauern, die maschinell gewirtschaftet haben, bedeutet jedoch nicht, daß die Bauern gleichzeitig selbstwirtschaftende Grundeigentümer waren. Vor allem jene, die nur kleine Flächen zur Verfügung hatten, überließen die Bewirtschaftung anderen:

„Der kleine oder mittlere Landwirt der Ebene oder der unteren Hangregionen ... hat oft die Bewirtschaftung seiner ebenen Grundstücke einem mechanisierten Großbetrieb überlassen, weil er der Auffassung war, es sei besser, dieses Land modern

56 Siehe hierzu P. Bardin: Les Groupements Coopératifs de Motoculture des Sociétés Tunisiennes de Prévoyance dans la Haute Vallée de la Medjerda. In: Bulletin Economique de la Tunisie, Tunis, Mai 1949, Vol. 28, S. 22 ff.
Vgl. dazu auch W. Plum: Sozialer Wandel im Maghreb. S. 118.

Tabelle 9. **Maschinenverwendung in bäuerlichen Betrieben**
(in Prozent aller Betriebe)

Genossenschaft	Verwendung von Traktoren	Davon zusätzlicher Einsatz von Mähdreschern
El Amal	*65,5*	*17,2*
Es Sâada	*63,2*	*31,6*
Ennchem	*50,0*	*25,0*
Ed Dakhlia	*7,1*	–
Er Rhiad	*21,7*	*13,0*
El Kharouba	*10,8*	*5,4*

Quelle: Eigene Erhebungen.

bewirtschaften zu lassen, sich mit einem Drittel der Ernte zufriedenzugeben und in den Arbeitslagern zu arbeiten oder mit dem Holzpflug einige Hektar Rodeland in den Bergen zu bebauen, an denen kein großer Landwirt Interesse hatte.“ [57]

Der in den Statistiken ausgewiesene Anteil des Pachtlandes an den in Nord-Tunesien bewirtschafteten Flächen bestätigt diese Aussage in vollem Umfange. Das Ausmaß der Mechanisierung der Landwirtschaft der Ebenen Nord-Tunesiens zeigt, wie stark die ehemals traditionelle Landnutzung durch moderne Anbautechniken beeinflußt wurde. Jene Ländereien, die nicht an europäische oder tunesische Großbetriebe verpachtet wurden, sind zumindest seit dem zweiten Weltkrieg überwiegend mit Hilfe von Lohnmaschineneinsatz maschinell bewirtschaftet worden. Bis zur Gründung der U.C.P. im Jahr 1962 wurden 72% der gesamten landwirtschaftlichen Nutzfläche Nord-Tunesiens, sei es durch Verpachtung an moderne Betriebe, sei es durch Leihen oder Lohneinsatz von Traktoren und Mähdreschern, mit Hilfe moderner landwirtschaftlicher Maschinen bewirtschaftet.

Das Ausmaß der Mechanisierung auf dem Sektor der traditionellen kleinbetrieblichen Landwirtschaft hat dazu beigetragen, daß viele Bauern ohne Sträuben in die neuen Produktionsgenossenschaften eingetreten sind. Mit Maschinen waren sie seit langer Zeit schon vertraut, und ebenso war das zeitliche oder teilweise Überlassen des Landes zur Bewirtschaftung an andere eine altgewohnte Gepflogenheit, bei welcher in den meisten Fällen über die Parzellengrenzen hinweg gepflügt und gefahren wurde. Der Einfluß der Mechanisierung auf die traditionellen Landbewirtschafter wirkte sich daher für die Gründung und Funktionsfähigkeit der Produktionsgenossenschaften günstig aus.

57 E. Makhlouf: La Modernisation de l’Agriculture. S. 9.

III. Sozialstruktur

Aus den vorangegangenen Abschnitten sind bestimmte juristische und betriebswirtschaftliche Kriterien zur Definition des „traditionellen Sektors“ der tunesischen Landwirtschaft abgeleitet worden. Islamisch-gewohnheitsrechtliche und europäische Auffassungen vom Grundeigentum haben sich überlagert. Durch den Einfluß der europäischen Siedler ist ein großer Teil der Anbaufläche aus dem traditionellen Denkrahmen herausgelöst und als „moderner Sektor“ verselbständigt worden. Die nachkoloniale Phase brachte eine Rückkehr zur Auffassung von der „sozialen Funktion“ des Eigentums, die es erlaubt, von Staats wegen in die privatrechtlich gesicherten Besitzverhältnisse einzugreifen. Aus wirtschaftlichen Erwägungen heraus werden diese Eingriffe aber auf den enteigneten Teil des „modernen“ und den kleinbäuerlichen Teil des „traditionellen“ Sektors beschränkt.

Die vorkolonialen Bodennutzungssysteme haben da, wo sie mit seßhaftem Bauerntum verbunden waren, der Kolonisation standgehalten. Wo diese Voraussetzung nicht gegeben war, haben Europäer sich des Bodens bemächtigt und die fellahs auf Randgebiete geringerer Fruchtbarkeit verdrängt. Die von Europäern geleiteten Monokulturbetriebe wurden zum modernen Sektor der tunesischen Landwirtschaft, während die verbleibenden oft mit unzureichenden Mitteln bestellten Flächen häufig nicht einmal die Familienversorgung garantieren konnten. Durch Pacht, Mechanisierung und Ausbreitung der Monokultur wurde jedoch, wo immer es möglich erschien, die Bewirtschaftungsform der Restflächen derjenigen der Großbetriebe angeglichen.

Die Arbeitshypothese, daß aus dem vorgenossenschaftlichen Besitzstand Rückschlüsse auf die Bereitschaft zur genossenschaftlichen Kollektivierung gezogen werden können, ist nicht verwendbar. Einerseits ist es wegen des Auseinanderfallens von Besitz- und Betriebseinheiten nicht möglich, ein eindeutiges Klassifikations-Schema aufzustellen, zum anderen müssen wir feststellen, daß im Einzugsgebiet der U.C.P. keineswegs durchgängig von einer primär landwirtschaftlich orientierten Erwerbsform und -mentalität gesprochen werden kann.

Wir haben daher einen anderen Weg gewählt, um die sozio-ökonomische Lage der Genossenschaftsmitglieder mit einem überall anwendbaren Maßstab zu messen. Dieser Maßstab ist die Erwerbs- und Einkommensstruktur der ländlichen Familien. Grundlegend für diesen methodischen Ansatz sind die Ergebnisse aus Erhebungen im kleinbäuerlichen Milieu Indiens[58] und Hinweise in der auf Tunesien bezogenen Literatur[59].

---

58 A. Bodenstedt, K. H. Junghans, T. Zeuner: Typische Verfahrensweisen in landwirtschaftlichen Beratungsprojekten und ihre Wirkung auf die Adoptions-

Es sollen daher im folgenden dargestellt werden:

- die Form und Aufgaben der (ländlichen) Familie in Tunesien,
- mögliche Formen der Einkommensstruktur und ihre Häufigkeitsverteilung im Untersuchungsgebiet und in den Genossenschaften,
- Rückschlüsse auf die Motivationslage bei der Genossenschaftsgründung in den davon betroffenen Familien.

1. Die traditionelle Familienverfassung

Die soziale Einheit, der die Erträge aus Besitz und Landarbeit (und anderen Einkommensquellen) zufallen, ist die Familie. Angesichts der Fülle von Aussagen erscheint es heute möglich, der tunesischen – und im weiteren Sinne auch der maghrebinischen oder arabischen Familie bestimmte wiederkehrende (idealtypische) Strukturmerkmale zuzuschreiben[60]. In ihrem Aufbau ist die „groupe familial" mit einem Kegel oder einer Pyramide zu vergleichen, deren Spitze von einem gemeinsamen Vorfahren gebildet wird. Darunter stehen nebeneinander mehrere „familles" mit je einem „chef de famille" als ihrem Oberhaupt. Die „familles" wiederum gliedern sich in „foyers" (annähernd unserem Begriff der Kernfamilie entsprechend, da im Prinzip aus zwei Generationen bestehend) unter je einem „chef de foyer".

Dieses patriarchalisch geordnete System soll prinzipiell von jeder Vermischung mit anderen parallel angeordneten Systemen durch Heirat freigehalten werden, daher das Gebot der Endogamie: Die Söhne sollen die Töchter des väterlichen Onkels heiraten (Kusinen 1. Grades), in zweiter Linie die Kusinen

---

bereitschaft der Bauern. Vervielf. Manuskript. Forschungsstelle für Agrarstruktur und Agrargenossenschaften der Entwicklungsländer e. V., Heidelberg 1968.
A. Bodenstedt: Das Problem der Anwendbarkeit von Grundbegriffen der Innovations- und Kooperationsforschung in landwirtschaftlichen Entwicklungsprojekten. In: Zeitschrift f. ausländ. Landwirtschaft, Jg. 9, H. 4, Dez. 1970, S. 333–347.
—: Integration of motivations, of project approach and of evaluation research in developing countries. In: Law and State. A biannual collection of recent german contributions to these fields. Vol. 2, 1971, p. 48–65.

59 C. Chaulet: L'Utilisation des Données Numériques en Sociologie Rurale Tunisienne: La Région d'Enfidaville. In: Cahiers de Tunisie, Nos. 21–22, 1er–2e Trim., 1958, S. 43–88. (Im folgenden zitiert als Chaulet: La Région d'Enfidaville.)
M. El Aouani: Structure Agraire d'un Village Côtier. S. 71–108.
Y. Alouane: Attitudes et Comportements des Coopérateurs dans deux Unités de Production du Nord. In: Etudes de Sociologie Tunisienne, Vol. 1, No. 1, Tunis 1968, S. 81–164.

60 Z. B. die Arbeiten von A. Demeerseman im Literaturverzeichnis und Nr. 11 der Revue Tun. de Sc. Soc. mit dem Protokoll des Seminars über „Les Mutations Actuelles de la famille du Maghreb", Dec. 1966. Darin zur Modellvorstellung: S. 11.

2. Grades. Heute folgen diesem Prinzip noch zwischen 30 und 50% aller Heiraten (außer im Sahel)[61]. Die Einheit und Geschlossenheit der Familie drückt sich auch in der Siedlungsgemeinschaft („mechtar“ und „douar“) aus, Ansammlungen von Lehmhütten und Steinhäusern abseits der großen Verkehrswege, oft auf halber Höhe der vegetationsarmen Hügelketten. Nicht ganz eindeutig ist dieser auf den gemeinsamen Vorfahren bezogenen Siedlungsgemeinschaft auch eine Bodeneinheit zuzuordnen, der „henchir“ [62].

Die „groupe familial“ ist offensichtlich bis in die Gegenwart hinein die lebenskräftigste soziale Einheit der tunesischen Gesellschaft geblieben, da sie sich auf der vergleichsweise nüchternen Vorstellung von der Einheit der wirtschaftlichen Interessen gründet: „Die gemeinsamen und ungeteilten Familiengüter – soweit Privateigentum noch nicht aufgetaucht ist –, habous-Besitz[63], private waqfs sind überall verstreut; dies alles hat die organische Einheit der Familie zementiert und ihr eine wirtschaftliche Infrastruktur gegeben.“ [64] Der Grundbesitz einer groupe familial beträgt im Normalfall 100 oder mehrere hundert ha, von denen den Erbteilungsregeln entsprechende Anteile auf die familles und Unteranteile an die foyers entfallen. Gestützt auf den gemeinsamen Besitz, übt die Familie für alle ihre Angehörigen die wichtigsten wirtschaftlichen Funktionen aus: Sie ist zugleich Ausbildungsstätte, Stellenvermittlung, Bank, Sozialversicherung und Altersversorgungskasse. Auf Grund dieser fundamentalen Bedeutung ist sie zugleich Vorbild für alle ihren eigenen Bereich transzendierenden sozialen Beziehungen geworden: „... waren die Sippen die am deutlichsten hervortretenden Gruppierungen im Staat, indem dieser mit einer von ihnen verschmolz und die Gruppen dazu neigten, sich wie Familien zu organisieren.“ [65]

Ihren stärksten Einfluß übt die groupe familial auf die Gesellschaft dadurch aus, daß sie Ausgangs- und Bezugspunkt der Wertvorstellungen ist, an deren Spitze die Werte der Autorität, des Gehorsams gegenüber dem Älteren (bzw.

---

61 A. Zghal: Système de Parenté et Système Coopératif dans les Campagnes Tunisiennes. In: Revue Tun. de Sc. Soc., 4e année, Oct. 1967, No. 11, S. 100. In der Regel heiratet von drei Brüdern einer eine Kusine 1. Grades, einer eine Kusine 2. Grades und einer ein familienfremdes Mädchen. (Im folgenden zitiert als A. Zghal: Système de Parenté.)

62 E. Buthaud z. B. nennt den „henchir“ einen „vagen und unpräzisen Begriff“. Vgl. De l'Utilisation des Documents Cadastraux en Tunisie pour l'Etude du Paysage Rural. In: IBLA, 13e année, No. 50, 1950, S. 157, Anmerkung 7; P. Bardin beschreibt ihn hingegen genau; vgl. zu diesem Abschnitt die ausgezeichneten Schilderungen in: La Vie d'un Douar.

63 Nicht nur Land, sondern auch Häuser, Möbel oder Schmuckstücke können zu „habous“ erklärt werden, um eine dauernde Verbindung zwischen Vor- und Nachfahren herzustellen. A. Bouhdiba: Point de Vue sur la Famille Tunisienne Actuelle. In: Revue Tun. de Sc. Soc., 4e année, No. 11, Octobre 1967, S. 13.

64 —: a.a.O.

65 A. Bouhdiba: Point de Vue sur la Famille Tunisienne Actuelle. In: Revue Tun. de Sc. Soc., 4e année, No. 11, Octobre 1967, S. 25.

dem Mann) und der Zentralität aller Aktivitäten stehen, die ein institutionalisiertes System sozialer Kontrolle garantieren. Neben diesen und von ihnen abzuleitenden Werten nennt ZGHAL noch zwei weitere: Die Geringschätzung aller sozialen Beziehungen, die auf Tausch beruhen (Endogamie als institutionalisierte Verbindung von Frauentauschbeziehungen: „ein Tropfen (gemeinsamen) Blut(es) ist mehr wert als tausend Schmeicheleien"; und die Wünschbarkeit einer gewissen Unstabilität der gesellschaftlichen Beziehungen, die sich in Isolierung und in dualistischen Feindseligkeiten, zu gegebener Zeit aber auch in Manifestationen gemeinsamen Geistes mit Verwandten, anderen Stämmen, Völkern und Glaubensgenossen äußern können[66].

Sowohl die Protektoratsperiode wie die Politik der neuen tunesischen Regierung haben diese Familienstruktur erschüttert. Liquidation von Kollektiv- und habous-Land sowie Flurbereinigung haben dazu beigetragen[67]. Welche Rolle die Genossenschaftsbildung dabei spielt, soll im folgenden noch untersucht werden.

2. Sozio-ökonomische Lage und Erwerbsstruktur

(Eigen-Landwirtschaft, Pacht und nicht-landwirtschaftlicher Erwerb)

Familienverfassung und wirtschaftliche Lage überschneiden sich in der Einkommens- oder Erwerbsstruktur. Eine wichtige untere Grenze für dieses Kriterium ist das „Existenzminimum" für die jeweilige Familieneinheit, das CHEREL als „Ausdruck der ständigen Bedürfnisse und eine der möglichen Lösungen zu deren Befriedigung" bezeichnet[68]. Es leuchtet ein, daß der innerfamiliäre Ausgleich der Einkünfte in der Großfamilie eine ursprüngliche und überzeugende Möglichkeit ist, dieses Existenzminimum abzusichern. Wird der gemeinsame Familiengrundbesitz nach dem Prinzip der „indivision" bewirtschaftet, eventuell auch teilweise gegen festes Entgelt verpachtet, so steht der Familie ein Basis-Einkommen aus landwirtschaftlicher Eigenproduktion zur Verfügung. Außerdem werden Arbeitskräfte für außerlandwirtschaftlichen Erwerb freigesetzt, so daß im allgemeinen auch erwerbslose und arbeitsunfähige Familienmitglieder sozial gesichert sind. Es ist jedoch klar, daß diese Sicherung oft an der genannten unteren Grenze des Existenz-Minimums liegt.

Dieser Sachverhalt ändert sich, je weiter der Prozeß der Auflösung der Großfamilie in Kernfamilien (Eltern und unverheiratete Kinder) und der Aufteilung der Landanteile in selbständige Bewirtschaftungseinheiten fortschreitet.

66 A. ZGHAL: Système de Parenté.
67 A. BOUHDIBA: a.a.O., S. 17.
68 J. CHEREL: De Qui s'Agit-il? ou La Mise en Valeur Agricole, Problème d' Ensembles Humains. In: Cahiers de Tunisie, 8e année, Nos. 29–30, 1.–2. Trim., 1960, S. 19.

Eine Verschlechterung tritt ein, wenn die landwirtschaftliche Erwerbsgrundlage aus Eigenproduktion nur noch aus Klein- oder gar Zwergbetrieben besteht, die auch der Kleinfamilie keine genügende Versorgung mehr bietet, so daß Neben- oder gar Haupterwerb aus unselbständiger landwirtschaftlicher oder aus außerlandwirtschaftlicher Arbeit (u. U. bei gleichzeitiger Verpachtung des eigenen Grundbesitzes) notwendig werden. Eine Verbesserung der Einkommenslage ist festzustellen, wenn ein gesichertes Einkommen aus selbständiger, Angestellten- oder Beamtentätigkeit bezogen wird, oder wenn der landwirtschaftliche Betrieb durch Zupacht arrondiert werden kann. Diese Fälle sind keine Ausnahme, wobei die Zupacht entweder durch „métayage" (Teilbau) größerer colon-Betriebsflächen oder mehrerer Zwergbetriebsflächen geschehen kann.

Im Kapitel über die sog. „traditionelle" Landwirtschaft sind die Folgen der Grundstücksmobilität für die Besitz- und Betriebsgrößenstruktur der ländlichen Gebiete Nord-Tunesiens dargestellt worden. An Hand der folgenden schematischen Übersicht sollen nun die Konsequenzen dieser Verfassung für die Einkommenssicherung der ländlichen Familien besprochen werden.

Von der Betriebsgröße her betrachtet, stellt sich die Situation folgendermaßen dar:

1. Großbetriebe (über 100 ha) entstehen fast ausschließlich aus
   a) Großbesitz (über 100 ha) in Selbstbewirtschaftung,
   b) Groß- und Mittelbesitz (über 50 ha) in Selbstbewirtschaftung und Zupacht (fermage) von Parzellen aus Zwerg- und Kleinbesitz, seltener durch Zupacht eines geschlossenen Mittel- oder Kleinbesitzes.
2. Mittelbetriebe (10–50 ha und 50–100 ha) bestehen in der Regel aus
   a) selbstbewirtschaftetem Mittelbesitz und Zupacht (fermage) von Parzellen aus Zwerg- und Kleinbesitz,
   b) selbstbewirtschaftetem Kleinbesitz (5–10 ha) und Zupacht im Teilbauvertrag aus Großbesitz, seltener aus Mittel- und Kleinbesitz,
   c) aus reinen Teilbauverträgen am Großbesitz.
3. Kleinbetriebe (5–10 ha) sind zusammengesetzt aus
   a) Kleinbesitz unter Zupacht von Zwergbesitz im Teilbau,
   b) reinen Teilbauverträgen am Großbesitz.
4. Zwergbetriebe (bis 5 ha) sind Zwergbesitz, selten ausreichend für Familieneinkommen durch Selbstbewirtschaftung.

Von der Besitzverteilung her betrachtet, ergibt sich dagegen folgendes Bild:

1. Zwergbesitz (0–5 ha) wird im allgemeinen selbst bewirtschaftet, vor allem, wenn es sich um Pflanzungen oder Gemüsekulturen handelt. Die Selbstbewirtschaftung von Getreideland liefert dagegen einen so geringen Anteil zum Familien-Einkommen, daß diese Parzellen bzw. der ganze Besitz häufig im Teilbausystem verpachtet werden – bei günstiger Lage in einem

Übersicht 2. **Zusammenhang von Besitz, Pacht und Einkommen – Wege zur Nutzbarmachung von Bodeneigentum**

Mögliches Einkommen aus		Einkommen aus	Mögliches Einkommen aus	
anderen Einkünften	durch *Zupacht* entstehender Betriebsgröße	*Eigennutzung* oder andere Bewirtschaftungsweise	nach *Verpachtung* verbleibender Betriebsgröße	anderen Einkünften
		5 ha Zwergbetrieb (unzureichend)	–	landw. oder außerlandw. Haupterwerb (selten zureichend)
–	arrondierter Mittelbetrieb	Geldpacht/Teilpacht	–	Haupterwerb plus Pacht (knapp zureichend)
festes Gehalt (Beamter)	oder Klein- bzw. Mittelbetrieb (zureichend)	desgl.: teilweise mit Eigennutzung von Olivenpflanzung	Zwergbetrieb	Haupterwerb plus Pacht (knapp zureichend)
		5–20 ha Kleinbetrieb	–	Nebenerwerb (knapp zureichend)
	arrondierter Mittelbetrieb	Teilpacht (teilweise)	Kleinbetrieb	Nebenerwerb (knapp zureichend)
	arrondierter Mittelbetrieb	Teilpacht (vollständig)	–	Haupterwerb plus Pacht (knapp zureichend)
		20–50 ha Mittelbetrieb (indivision)	–	innerfamiliärer Ausgleich (zureichend)
	Mittelbetrieb	Teilpacht (vollständig)	–	Haupt- oder Nebenerwerb plus Pacht
	arrondierter Großbetrieb	Geldpacht (teilweise)	Mittelbetrieb	Pacht
		50–100 ha bäuerlicher Mittel- bzw. Großbetrieb	–	(zureichend)
	Mittel-/Großbetrieb bzw. arrondierter Großbetrieb	Geldpacht	–	Haupt- oder Nebenerwerb
		über 100 ha Großbetriebe	–	
Nebenerwerb	Kleinbetriebe (khammès)	Teilpacht	–	Pachteinkünfte

Quelle: Eigene Erhebungen.

Großbetrieb auch in Geldpacht[69]. Da die Zahl der Zwergbetriebe jedoch höher ist als die der entsprechenden Besitzer und das gesamte selbstbewirtschaftete Land mehr ist als dasjenige in der Besitzklasse 0–5 ha, müssen auch größere Familienbesitzeinheiten in Zwergbetriebseinheiten aufgesplittert sein oder größere Besitzer soviel Land verpachten, daß ihr eigener Betrieb in eine niedrigere Betriebsgrößenklasse fällt. Die Parzellenzersplitterung ist sehr groß: In Jendouba haben 6310 Zwergbetriebe im Durchschnitt 4 bis 5 Parzellen von etwa 60 a Umfang; in Béjà sind es 5240 Zwergbetriebe mit durchschnittlich 3 bis 4 Parzellen von etwa 72 a Umfang.

2. Kleinbesitz (5–20 ha) kann bereits eine – wenn auch sehr knappe und unzuverlässige – Grundlage des Familieneinkommens durch Selbstbewirtschaftung darstellen, wobei Verpachtung an Großbetriebe einen Teil dieses Einkommens garantiert. Auch in dieser Klasse ist die Zahl der Betriebseinheiten größer als die der Besitzeinheiten und das direkt bestellte Land mehr als das in Besitz befindliche. Auch hier müssen also die Aufteilung größerer Familienbesitz- in kleinere Betriebseinheiten oder die Verpachtung aus den höheren Besitzklassen im Spiele sein. Andererseits erhöhen Besitzeinheiten von 5–20 ha durch Zupacht oft die Zahl der Betriebe in der nächsten oder gar übernächsten Betriebsgrößenklasse über 20–50, 50–100 ha[70]. Eine Anzahl von Betrieben sind reine Pächterbetriebe (Teilbau, khammès), hervorgehend aus Großgrundbesitz, oder zusammengesetzt aus den obengenannten Anteilen von Zwergbesitzeinheiten. Die Statistiken weisen aus, daß von der Gesamtheit der Bewirtschafter solcher Klein- und Zwergbetriebe 63% (Béjà) und 36% (Jendouba) den Hauptteil ihrer Arbeitszeit der landwirtschaftlichen Produktion widmen. Dieser große Unterschied läßt eine Verallgemeinerung für Nord-Tunesien nicht zu. Die Annahme dürfte aber gerechtfertigt sein, daß die meisten chefs de foyer mit nichtlandwirtschaftlichem Haupterwerb Zwergbetriebe bewirtschaften (37% bzw. 64%).

3. Mittlerer Besitz (20–100 ha) tendiert dazu, sich durch Zupacht, und zwar Geldpacht, von Parzellen aus Klein- und Zwergbesitz zu größeren Betriebseinheiten zu arrondieren (über 100 ha). Dieser Vorgang der Akkumulie-

---

69 „Im allgemeinen sind die kleinen bäuerlichen Besitzer auch Kleinlandwirte. Allerdings muß man festhalten, daß die ganz kleinen Besitzer ihr Land nicht selbst bewirtschaften. Sie geben es in Teilpacht, da sie keine Mittel haben, es selbst zu bestellen. In diesem Fall behält der Kleinbesitzer die bepflanzten Grundstücke (Oliven) und gibt nur das Ackerland ab." M. El Aouani: Structure Agraire d'un Village Côtier. S. 98.
„Die kleinen Landwirte bestellen 1–2 ha im Durchschnitt mit Getreide auf winzigen Parzellen und mit traditionellen Mitteln. Ihre Getreideproduktion ist für den Familienkonsum bestimmt, garantiert diesen jedoch nur für einen kleinen Teil des Jahres." M. El Aouani: a.a.O., S. 103.

70 M. El Aouani: Structure Agraire d'un Village Côtier. S. 98.

rung von Land in den größeren Betriebseinheiten ist überall, aber regional verschieden stark, wirksam. Damit ist die Grundlage zu einem ausreichenden Familieneinkommen aus Landwirtschaft gegeben; allerdings kann auf Grund der bereits notwendigen Mechanisierung der Betriebsinhaber ersetzt werden durch einen Verwalter und damit frei sein für städtisches Leben und eventuell auch Erwerb. Die statistischen Angaben von 83% (Béjà) und 86% (Jendouba) für diejenigen Familien, die überwiegend eigene landwirtschaftliche Produktion betreiben, dürften diesen Tatbestand verschleiern.

Andererseits kommen auch die Fälle vor, wo Besitzeinheiten von 50 bis 100 ha in einem oder zwei geschlossenen Anteilen zum Teilbau an khammès vergeben werden, die dann in die nächstniedrigere Betriebsgrößenklasse einzustufen sind, oder wo der größere Teil an Großbetriebe verpachtet wird, so daß der Rest ebenfalls in die niedere Betriebsgrößenklasse gerät.

Tabelle 10. **Zusammenhang von Besitz und Betrieb in den Ebenen von Le Kef**

Betriebsgröße	Besitz %	Zupacht %
50– 100 ha	*75*	*25*
100– 200 ha	*72*	*28*
200– 300 ha	*61*	*39*
300– 500 ha	*52*	*48*
500–1000 ha	*68*	*32*
über 1000 ha	*33 (45)*	*67 (55)*

Quelle: E. Makhlouf: Structures Agraires. S. 134. Die Zahlen in Klammern sind davon abweichende Angaben: a.a.O., S. 139.

Tabelle 11. **Anteil von Großbetrieben in Prozent aller Betriebe und Flächen**

	Großbetriebe (über 50 ha)	Fläche
Galaat [a]	*5*	*57*
Le Kef (B'cheik) [b]	*10*	*66*
Jendouba [c]	*3,5*	*57*
Béjà [c]	*8*	*39*

Quellen zu:

[a] M. El Aouani: Structure Agraire d'un Village Côtier.

[b] E. Makhlouf: Structures Agraires.

[c] Service des Enquêtes Statistiques: Structure Agraire du Gouvernorat Béjà, desgl. Souk-el-Arba.

4. Grundsätzlich gilt für Großbesitz (über 100 ha) das gleiche wie für mittleren Besitz: Aufteilung in kleinere Pachtbetriebe einerseits – vor allem von Gemüseland in Teilbau –, Vergrößerung durch Zupacht („location") andererseits. Die zweite Tendenz überwiegt hier jedoch und wird durch Zukauf fortgesetzt. Spezifisch für die Bewirtschaftung von Großbetrieben ist die geschlossene Verpachtung (fermage) an einen Pächter, der u. U. mehrere solcher Betriebe zusammenpachtet, während dem eigentlichen Besitzer nur die Pachteinkünfte zufließen. Die Zahl solcher nicht selbstwirtschaftenden Besitzer macht in Jendouba 2500 und in Béjà 3500 aus (6% bzw. 7% der landwirtschaftlichen Bevölkerung).

Hypothetisch können wir daraus für die Einkommenslage und Erwerbsstruktur von ländlichen Familien mit landwirtschaftlich genutztem Grundbesitz folgende Typologie ableiten:

Übersicht 3. **Einkommenslage**

	Einkünfte aus Selbstbewirtschaftung	Einkünfte aus anderen Quellen	Versorgungsgrad unzureichend	Versorgungsgrad knapp zureichend	Versorgungsgrad zureichend	Versorgungsgrad gut
a	Zwergbetriebe bis 5 ha		×			
	Kleinbetriebe 5–20 ha			×		
	Mittelbetriebe 20–50 ha				×	
b	Mittelbetriebe 20–50 ha	Pacht			×	
c	Zwergbetriebe bis 5 ha	khammès, journaliers, außerlandwirtschaftliche Tätigkeit		×		
	Kleinbetriebe 5–20 ha	khammès, journaliers		×		
	Kleinbetriebe	Beamter, Angestellter			×	
	Mittelbetriebe 20–50 ha	außerlandwirtschaftliche Tätigkeit				×
	Einkünfte aus Grundbesitz durch Verpachtung	**Einkünfte aus anderen Quellen**				
d	bis 5 ha (fermage, métayage)	journalier oder außerlandwirtschaftliche Tätigkeit		×		
	5–20 ha (fermage)	außerlandwirtschaftliche Tätigkeit			×	
	20–50 ha (fermage)	außerlandwirtschaftliche Tätigkeit				×

Quelle: Eigene Erhebungen.

In die „Unités Cooperatives de Production du Nord“ werden nach den Richtlinien nur diejenigen Personen, ihre Angehörigen mit Ländereien aufgenommen, die mehr als ein – regional unterschiedlich – festgesetztes Minimum an Land, jedoch weniger als 40 ha besitzen, wenn die Einkünfte der groupe familial, die nicht aus selbständiger landwirtschaftlicher Tätigkeit entspringen, eine bestimmte Grenze unterschreiten. Im Rahmen dieser Untersuchung haben wir es daher zu tun mit

a) Familien, die überwiegend oder ganz von selbständiger landwirtschaftlicher Tätigkeit leben.

Das sind z. B. in dem von El Aouani beschriebenen Dorf Galaat 46%[71], im Gouvernorat Jendouba 41%, im Gouvernorat Béjà 68% aller landwirtschaftlich tätigen Familien[72]. Soweit es sich um Zwerg- und Kleinbetriebe handelt, ist anzunehmen, daß diese Familien in einem Zustand chronisch mangelhafter Versorgung leben. Dazu El Aouani in seiner Untersuchung im Dorf Galaat el Andleuss: „Das heißt nicht, daß für diese ganze sozio-professionelle Kategorie die landwirtschaftlichen Einkünfte genügend seien. Im Gegenteil: Unter diesen ‚Bauern‘ finden wir eine Mehrheit von kleinen Landwirten, die einfach nicht über Hilfsquellen aus anderen Tätigkeiten verfügen, um ihren Lebensstandard zu verbessern.“[73] Derselbe Autor schätzt, daß etwa 20% der Landwirte aus ihrem Betrieb genügend Einkünfte erzielen können, um angemessen zu leben und sogar Gewinne zu erzielen. Da etwa 3/4 der auf Eigenproduktion angewiesenen Familien auf Betriebseinheiten von 0–20 ha leben, liegt der Schluß nahe, daß die Subsistenzgrenze einer Familie ohne zusätzliche Einkünfte bei etwa 20 ha liegt. Oft liegen diese Parzellen so ungünstig, daß sie für Verpachtung oder Lohnmaschineneinsatz nicht in Frage kommen. Kleinere Familienbetriebe sind daher auf den traditionellen Ausgleich der Einkünfte innerhalb der groupe familial angewiesen, größere Betriebe hingegen verstärken ihre wirtschaftliche Produktionskraft oft noch durch Zupachtung und Arrondierung.

b) Familien, die über genügend Land verfügen, um einen Teil davon zu verpachten und den Rest selbst zu bestellen.

Gegenüber den nur von Eigenproduktion lebenden Familien ist durch die Pachtzahlung (bevorzugt „fermage“ gegen festes Entgelt) ein Teil der Versorgung gesichert gegen Risiken klimatischer u. a. Art. Ein hoher Verpachtungsanteil deutet darauf hin, daß es sich um begehrtes, d. h. qualitativ und hydrologisch günstiges Land im Familienbesitz handelt. Im allgemeinen sind

71 = 30% der arbeitenden Bevölkerung des Dorfes. M. El Aouani: Structure Agraire d'un Village Côtier. S. 106.

72 Service des Enquêtes Statistiques: Structure Agraire du Gouvernorat Souk-el-Arba. S. 20; desgl. Béjà, S. 20.

73 M. El Aouani: a.a.O., S. 106.

in dieser Gruppe also ökonomisch besser situierte Familien zu finden, die über Betriebe mittlerer Größe verfügen.

Es gibt auch Fälle der Kombination von Zu- und Verpachtung zur Verbesserung der Betriebsstruktur: Verpachtung von Parzellen im Teilbau (Sicherung von Grundbedarf) und Zupacht gegen Geld (marktwirtschaftlich orientiert). Alle diese Formen setzen ein fortschrittliches betriebswirtschaftliches Denken voraus.

c) Familien mit aus nicht-landwirtschaftlicher Tätigkeit hervorgehendem Einkommen.

Ziel ist die Absicherung der Familienversorgung gegen die Schwankungen landwirtschaftlicher Erträge. Auch bei denjenigen foyers, die überwiegend von solchen Einkommen leben, ist die Betriebsgröße von 0–20 ha (Zwerg- und Kleinbetriebe) dominant[74]. Die durch nicht-bäuerliche Tätigkeit erzielte Sicherung der Familienversorgung ist jedoch abgestuft, sie nimmt ab in der Reihenfolge: Festes Gehalt (Beamte), freie Einkünfte (Handel oder Handwerk), Gelegenheitsentlohnung (journalier) und Teilbauerträge (khammès). Klein- und Mittelbesitz (5–20 ha), wie ihn El Aouani in dieser Gruppe vermutet, dürfte hauptsächlich bei Beamten, Handwerkern und Händlern zu finden sein, während Arbeitslose, Landarbeiter und khammès allenfalls über Zwergbesitz verfügen[75].

d) Familien mit aus Pachteinkünften und nichtbäuerlicher Arbeit zusammengesetztem Einkommen,

sie sind eine Gruppe, die sich aus der vorhergehenden entwickelt hat. Statt ein unzulängliches Einkommen aus der landwirtschaftlichen Eigenproduktion zu erwirtschaften, ziehen die Besitzer kleiner und kleinster Parzellen es vor, diese in *„métayage“ oder „fermage“* zu verpachten, um sich ganz einer anderen Tätigkeit widmen zu können. Andererseits verzichten Besitzer von Mittelbetrieben auf Eigenwirtschaft, wenn sie mit einem gesicherten Einkommen aus Pacht und Gehalt rechnen können.

---

74 Der Anteil dieser Betriebsgröße im Gouvernorat Jendouba beträgt bei Familien mit zusätzlichen Einkünften als

Beamte	78%,
aus Handel oder als Handwerker	93%,
als Arbeitslose oder andere	99% und
aus unselbständiger landwirtschaftlicher Arbeit	100%.

Quelle: Service des Enquêtes Statistiques: Structure Agraire du Gouvernorat Souk-el-Arba. S. 24.

75 M. El Aouani: Structure Agraire d'un Village Côtier. S. 106.
Service des Enquêtes Statistiques: Structure Agraire du Gouvernorat Souk-el-Arba; desgl. Béjà.

Die vorliegenden Statistiken sagen erwartungsgemäß unmittelbar nichts über den numerischen Anteil dieser Gruppen an der gesamten oder ländlichen Bevölkerung aus. Es können aber folgende Zahlen zugrunde gelegt werden aus den „Structure Agraire"-Berichten von 1961:

Tabelle 12. **Ländliche Erwerbsgruppen nach amtlicher Statistik**

Zahl der foyers (nach amtlicher Nomenklatur)	Gouvernorat Béjà		Gouvernorat Jendouba	
Insgesamt	48 000		41 453	
1 Nichtlandwirtschaftlich tätige chefs de foyer	22 710		23 500	
2 Grundrentiers	3 500		2 500	
3 Ausschließlich abhängige landwirtschaftliche Tätigkeit (journalier, saisonnier, khammès)	10 010		4 500	
4 Überwiegend in selbständiger Landwirtschaft tätig insgesamt	8 235		4 491	
davon auf 0–20 ha		6 171		3 564
auf 20–100 ha		1 436		761
auf mehr als 100 ha		628		166
5 Überwiegend nichtlandwirtschaftlich tätig und Eigenproduktion insgesamt	3 945		6 462	
davon auf 0–20 ha		3 599		6 318
auf 20–100 ha		286		122
auf mehr als 100 ha		60		22

Quelle: Service des Enquêtes Statistiques: Structure Agraire du Gouvernorat de Béjà, desgl. Souk-el-Arba.

Durch Vergleich von Tabelle 12 mit der Übersicht 3 (S. 64) ergibt sich, daß die Kategorie (4) „Familien-Chefs, die ihre Zeit überwiegend der selbständigen Landwirtschaft widmen", unserer Gruppe „überwiegend von Eigenproduktion eventuell unter Zusatz von Pachtgeldern" (a und b) entspricht, die Kategorie (5) „Familien-Chefs, die ihre Zeit überwiegend in anderen Tätigkeiten verbringen" dagegen unserer Gruppe „überwiegend aus anderen Tätigkeiten Einkommen beziehend unter Zusatz von Eigenproduktion" (c) und schließlich die Kategorie „Grundrentiers" (2) unserer Gruppe „von außerlandwirtschaftlicher Tätigkeit und/oder Pachteinkünften lebend" (d). Dann erhalten wir folgendes Bild von den prozentualen Anteilen der hier entwickelten Erwerbskategorien an der Gesamtzahl der Betriebe:

Tabelle 13. **Prozentuale Anteile der Erwerbskategorien**

Vgl. Übersicht 3	Béjà	Jendouba
Anteil von a und b an		
allen Betrieben 0– 20 ha	*63*	*36*
allen Betrieben 20–100 ha	*83*	*86*
allen selbstwirtschaftenden Betrieben	*68*	*41*
allen landwirtschaftlichen foyers	*35*	*25*
allen foyers im Gouvernorat	*17*	*11*
Anteil von c an		
allen Betrieben 0– 20 ha	*37*	*64*
allen Betrieben 20–100 ha	*17*	*14*
allen selbstwirtschaftenden Betrieben	*32*	*39*
Anteil von d an		
allen landwirtschaftlichen foyers	*15*	*14*
allen foyers im Gouvernorat	*7*	*6*

Quelle: Service des Enquêtes Statistiques: Structure Agraire du Gouvernorat Béjà, desgl. Souk-el-Arba 1961/62.

Vergleichen wir dazu die Betriebsgrößenverteilung von 1961/62:

Tabelle 14. **Betriebsgrößenverteilung**

Betriebsgrößenklassen	Béjà %	kumuliert	Jendouba %	kumuliert
0– 5 ha	*43*	*64*	*58*	*79*
5– 10 ha	*21*	*81*	*21*	*91*
10– 20 ha	*17*	*92*	*12*	*97*
20– 50 ha	*11*	*95*	*6*	*99*
50–100 ha	*3*	*100*	*2*	*100*
über 100 ha	*5*		*1*	

Quelle: Service des Enquêtes Statistiques: Structure Agraire du Gouvernorat Béjà, desgl. Souk-el-Arba 1961/62.

Im Vergleich können wir dann aussagen: Der Anteil selbstwirtschaftender Landwirte (Vollerwerbs-Betriebe) ist in Béjà größer als in Jendouba. Das wird vor allem bezogen auf die Zahl aller Betriebe und in der Größenklasse 0–20 ha deutlich. Innerhalb dieser Klasse wiederum tendiert die Betriebsgrößenverteilung in Béjà mehr zum größeren Betrieb hin (10–20 ha, 20–50 ha) als in Jendouba, d. h. eine gewisse Konzentration zu größeren Bewirtschaftungseinheiten ist festzustellen. In Béjà wurde auch mehr an die colons verpachtet (54% der colon-Betriebsfläche war Pachtland) als in Jendouba (24%). 1961/62 wurden in Béjà von Großbetrieben noch 43% (Jendouba: 31%) ihrer Flächen zugepachtet. Die Bevölkerungsdichte in Béjà beträgt 47E/qkm, in Jendouba 83E/qkm.

Diese Zahlen lassen den hypothetischen Schluß zu, daß in der Einkommenszusammensetzung der Familien mit Betrieben bis zu 50 ha, die mit nichtlandwirtschaftlichen Familieneinkünften (c) in Jendouba eine größere Rolle spielten als in Béjà, weiterhin, daß die Zusammensetzung aus Pacht und Eigenproduktion (c) in Béjà, die aus nicht-landwirtschaftlichem Erwerb und Pacht (d) in Jendouba von größerer Bedeutung ist.

Alle bis hierhin entwickelten Thesen stellen nur mutmaßliche relative Unterschiede zwischen den Einkommensstrukturgruppen dar. Absolute Zahlen über Höhe und Zusammensetzung der ländlichen Einkommen zu nennen, ist unmöglich. Um aber wenigstens einen Eindruck zu vermitteln, seien hier zwei Angaben zitiert. PONCET[76] gibt für den Beginn der fünfziger Jahre eine verkaufte Weizenproduktion im Distrikt Medjez-el-Bab von 100 000 dz/Jahr an, die von rund 3000 fellahs erzeugt wurde. Daraus resultieren pro Betrieb rund 100 000 Ffrs. Einnahme pro Jahr, wobei noch sekundär Verkaufsfrüchte und Eigenkonsum hinzuzurechnen sind. CHAULET[77] legte für ihren Einkommensvergleich bei ständigen Landarbeitern einen tariflichen Lohn von 350 Ffrs./Tag (1958) zugrunde und errechnete daraus 105 000 Ffrs./Jahr und Familie. Auf eine Familiengröße von vier Versorgungseinheiten umgelegt, ergibt das in beiden Gruppen eine Einnahme- bzw. Ausgabenhöhe von 25 000 bis 26 000 Ffrs./Jahr und Versorgungseinheit.

CHAULET fand in ihrer Befragung, daß selbständige Landwirte sich selbst überwiegend in die Einkommens-/Ausgaben-Klasse von 40 000 bis 59 000 Ffrs./Jahr/VE einstufen, dabei aber geneigt waren, den Eigenkonsum an landwirtschaftlichen Produkten und damit ihr Gesamteinkommen zu unterschätzen. Trotzdem hält sie es für wahrscheinlich, daß auch selbständige Landwirte in die unterste Versorgungsklasse (20 000 bis 39 000 Ffrs./Jahr/VE) fallen, also den Landarbeitern gleichzustellen seien[78]. Im ganzen gesehen spricht viel dafür, daß eine große Zahl der uns hier interessierenden „petits exploitants" aus Eigenproduktion und anderen Erwerbsquellen nicht mehr als 20 000 bis 39 000 Ffrs./Jahr/VE erwirtschaften konnten. Über den Lebensstandard dieser Gruppe sagt CHAULET:

> „Wer über ein theoretisches Einkommen von weniger als 20 000 Ffrs./Versorgungseinheit und Jahr verfügt, ist unterernährt, falsch ernährt, armselig gekleidet, entbehrt jeglichen häuslichen Komfort und kann nicht verreisen; er ist seiner Würde als Mensch und Gläubiger teilweise beraubt, da er an Familien- oder religiösen Festen nur als ‚armer Vetter' teilnehmen kann. Wer über 20 000–39 000 Ffrs./Jahr und VE verfügt, ist schlecht ernährt und gekleidet und muß Bequemlichkeit entbehren; er kann anfangen, etwas zu reisen, kann aber kaum Geld für zeremonielle Zwecke erübrigen." [79]

---

76 J. PONCET: Paysages et Problèmes Ruraux en Tunisie. Publications de l'Université de Tunis. 1963, S. 145.

77 C. CHAULET: La Région d'Enfidaville. a.a.O., S. 83.

78 —: S. 85.

79 C. CHAULET: La Région d'Enfidaville. S. 83. An diesen Relationen dürfte sich zwischen 1958 (vorgenossenschaftlich) und 1967/68 (genossenschaftlich) nicht viel geändert haben:

Inwieweit stimmen diese Aussagen nun mit den Erhebungsergebnissen in den untersuchten Genossenschaften überein? Bezogen auf die Zeit vor der Genossenschaftsgründung sind folgende Angaben erhoben und ausgewertet worden[80]:

1. Auf den Namen des „coopérateur" selbst eingeschriebener Landanteil in der U.C.P.
2. Gesamter Grundbesitz der groupe familial,
3. Zahl der co-indivisaires,
4. Art der Bewirtschaftung des eigenen Landes (früher und jetzt),
5. Familiengröße in Versorgungseinheiten,
6. Zahl der verdienenden männlichen Familienmitglieder und der Anteil ihrer gesamten jährlichen Arbeitskapazität, der in den eigenen Betrieb gesteckt worden ist. (Diese Angaben sind auf den eigenen Landanteil bezogen, falls dies ausdrücklich angegeben, sonst auf den Familien-Grundbesitz.)

29,9% der Befragten gaben an, ihren in die Genossenschaft eingebrachten Eigenanteil selbst bewirtschaftet zu haben (exploitation directe), etwa die Hälfte nannte „exploitation directe" des gesamten Familienlandes durch ein oder mehrere Familienmitglieder. Der zweite Fall ist typisch für die gemeinsame Bewirtschaftung bei juristischer Anteilssplitterung unter co-indivisaires.

Einzelhandels-Preisindex Tunis:

1958	=	2778		
1962	=	2627	=	100,0
1967/68	=			126,5

Hartweizen-Produktionskosten-Index:

1958/59	=	4469
Nov. 1967	=	4800

Quelle: Annuaire Statistique 1963 und Bulletin Mensuel de Statistique, Februar 1968.

80 Befragt wurden:

Genossenschaft	Mitglieder	Befragte (nur ehemalige Landwirte)	in %
Gouvernorat Jendouba			
El Amal	64	29	*45*
Es Sâada	36	19	*53*
Gouvernorat Le Kef			
Ennchem	50	28	*56*
Gouvernorat Béjà			
Ed Dakhlia	32	14	*44*
Er Rhiad	47	23	*49*
El Kharouba	65	37	*57*
Insgesamt	294	150	*51*

Quelle: Eigene Erhebungen.

Diese Annahme wird bestätigt durch die Tatsache, daß hier die Zahl der Teilhaber doppelt so hoch ist wie in der erstgenannten Gruppe. Am niedrigsten ist die Zahl der co-indivisaires bei den Flächen, die vollständig verpachtet wurden (6% der Befragten). Zu den auf eigenem Anteil selbstwirtschaftenden Landwirten sind auch noch diejenigen zu rechnen, die ihre Betriebe durch Zupacht vergrößert haben (9%), in beiden Gruppen ist die Zahl der Teilhaber annähernd gleich niedrig. Besonders viele co-indivisaires sind auf den Betrieben zu finden, die teils selbstbewirtschaftet, teils verpachtet wurden. Hoher Verpachtungsanteil und hohe Zahl von co-indivisaires sind in den Genossenschaften El Amal und Es Sâada bei Jendouba zu finden.

Die Anzahl der co-indivisaires ist nicht unbedingt gleich derjenigen der verschiedenen Familienmitglieder einer Kernfamilie oder groupe familial. Die Auszählung ergibt jedoch, daß bei den auf eigenem Anteil selbstwirtschaftenden Familien meistens nur ein (49%) oder zwei Verdiener pro Familie (28%, zusammen 77%) vorhanden waren. Bei den auf familiäre indivision-Betriebe bezogenen Familieneinheiten haben nur 5% einen, 40% zwei und 24% schon drei männliche Angehörige mit Einkommen gehabt – anders ausgedrückt: 55% hatten mehr als zwei Verdiener gegenüber 23% in der vorigen Kategorie. Die Zahlenangaben bei den zupachtenden Betrieben entsprechen denen der eigenständig wirtschaftenden, die der teilweise verpachtenden Betriebe stimmen überein mit denen der Familien-indivision-Betriebe.

Die Erhebung hat nicht nur festgestellt, wieviel männliche Voll-Arbeitskräfte (AK) pro Familieneinheit in Verdienst standen (Arbeitslose also ausgeschlossen), sondern auch, ob diese nur im eigenen Betrieb tätig waren oder zeitweilig bzw. ganzjährig Einkommen aus anderen Quellen bezogen haben (gemessen in Zahl der Männer × Bruchteile der Arbeitsjahre). Der Anteil der im eigenen Betrieb genutzten Arbeitskapazität wird dann als Gradmesser für den Anteil des aus eigener Landbewirtschaftung gewonnenen Familieneinkommens benutzt. Dabei müssen allerdings drei Fehlerquellen berücksichtigt werden:

a) Die Menge der zur Verfügung stehenden bzw. aufgewandten Arbeitszeit ist nicht immer direkt proportional zum daraus erzielten Einkommen.
b) Die im eigenen Betrieb eingesetzte AK wird nur saisonal genutzt (vgl. oben S. 48 f.).
c) Die AK der weiblichen Familienangehörigen und das daraus erzielte Einkommen bleiben unberücksichtigt.

Den ersten Einwand kann man nicht ausräumen. Unser Verfahren hat dagegen nur den Vorteil, daß es praktikabel ist und Vergleiche mit den ebenso angelegten tunesischen Agrarstrukturstudien erlaubt. Dem zweiten Einwand können wir insofern Rechnung tragen, daß wir bei der Interpretation der Zahlen den Prozentsatz der im eigenen Betrieb genutzten AK stets für wahrscheinlich geringer ansehen, als das Befragungsergebnis lautet. Außerdem wird dadurch das Fehlen der weiblichen AK in unserer Erhebung etwas ausgeglichen.

Die folgenden Tabellen zeigen den Zusammenhang zwischen der früheren Bewirtschaftungsform und dem AK-Zeitaufwand im eigenen Betrieb.

Tabelle 15. **AK-Kapazität in verschiedenen Kategorien der Bewirtschaftungsform**

(in Prozent jeweiliger Betriebe)

Bewirtschaftungsform	Von Gesamt-Arbeitskapazität (Männer × Jahre) im eigenen Betrieb eingesetzt (% der Befragten)					
	100%	76—100%	51—75%	26—50%	bis 25%	insgesamt
Exploitation directe						
a) Eigenanteil	*41*	*0*	*0*	*39*	*20*	*100*
b) Familieneigentum	*55*	*9*	*15*	*18*	*3*	*100*
mit Zupacht	*69*	*0*	*23*	*8*	*0*	*100*
mit Teilverpachtung	*63*	*25*	*0*	*12*	*0*	*100*
ganz verpachtet (exploitation indirecte)	*0*	*0*	*0*	*50*	*50*	*100*

Quelle: Eigene Erhebungen.

Aus diesen Zahlen ist zu folgern:

a) Die landwirtschaftliche Arbeit auf dem eigenen Anteil erfüllt nur bei 41% die Familienbedürfnisse – 59% hingegen wenden weniger als 50% der Verdienstzeit im eigenen Betrieb auf – haben also zusätzliches Einkommen aus anderer als selbständiger landwirtschaftlicher Arbeit nötig.

b) Auf den „à l'indivis“ bearbeiteten Familienflächen ist wegen der größeren Flächen und der höheren Personenzahl der betriebliche Einsatz stärker (79% der Betriebe wenden über 50% der Verdienstzeit im eigenen Betrieb auf). Aber auch hier dürfte es nicht zur völligen Selbstversorgung aus dem Betrieb gelangt haben.

c) Noch stärker in dieser Richtung verschiebt sich der Zusammenhang bei den zupachtenden Betrieben, die anscheinend von einer primär landwirtschaftlich orientierten Einkommenspolitik bestimmt werden.

d) Daß verpachtende Grundeigentümer nur sehr wenig Verdienstaufwand in den landwirtschaftlichen Betrieb stecken, ist nicht anders zu erwarten.

Absorbiert der höhere Aufwand an Verdienstzeit im eigenen Betrieb auch mehr Arbeitskräfte (teilweise) oder weniger, und diese intensiver? Ein eindrucksvoller Beleg für die eine oder andere These läßt sich nicht ablesen, wohl aber eine Tendenz: Wo die verdienende AK zu 100% in den eigenen Betrieb geht, haben 62% dieser Betriebe nur ein bis zwei verdienende Familienmitglieder. Dieser Anteil sinkt kontinuierlich bis auf 39% bei den Familien, die nur bis höchstens 25% ihrer Verdienst-AK im eigenen Betrieb aufwenden. Mit anderen Worten: Geringere Zahl von männlichen Verdienern – größere Konzentration auf den eigenen landwirtschaftlichen Betrieb; höhere

Zahl von Verdienern – Tendenz zum außerlandwirtschaftlichen Erwerb. (Das stimmt überein mit der oben angeführten These über die verpachtenden Betriebe: Mehr männliche Verdiener, weniger Aufwand im eigenen Betrieb; bezüglich der selbst oder in familiärer „indivision“ bestellenden Betriebe muß man differenzieren, die hier festgelegte Tendenz dürfte stark auf den indivision-Betrieben fußen.)

Schließlich können wir noch feststellen, wie hoch der Anteil der verschiedenen Bewirtschaftungstypen an den Gruppen mit unterschiedlichem Verdienstzeitaufwand ist.

Tabelle 16. **Prozentualer Anteil der Bewirtschaftungsformen an Kategorien des AK-Einsatzes**

(in Prozent jeweiliger Betriebe)

Bewirtschaftungsform	Im eigenen Betrieb eingesetzter AK-Kapazitätsanteil in % 100	76—100	51—75	26—50	bis 25
Exploitation directe					
a) Eigenanteil	*21,1*	*0*	*0*	*40,5*	*57,1*
b) Familieneigentum	*60,5*	*77,8*	*78,6*	*43,3*	*14,3*
mit Zupacht	*11,8*	*0*	*21,4*	*2,7*	*0*
mit Teilverpachtung	*6,6*	*22,2*	*0*	*2,7*	*0*
ganz verpachtet (exploitation indirecte)	*0*	*0*	*0*	*10,8*	*28,6*
Insgesamt	*100*	*100*	*100*	*100*	*100*

Quelle: Eigene Erhebungen.

Bezogen auf die Summe aller Befragten der Stichprobe = 100% ergibt die obige Tabelle in vereinfachter Form folgendes Bild:

Tabelle 17. **AK-Kapazität in verschiedenen Bewirtschaftungsformen**

(in Prozent aller Betriebe)

Bewirtschaftungsform	Im eigenen Betrieb eingesetzter AK-Kapazitätsanteil in % über 50			unter 50	
Exploitation directe		*Kategorie A*		*Kategorie C*	
a) Eigenanteil	*10,7*	*0*	*0*	*10,0*	*5,3*
b) Familieneigentum	*30,8*	*4,7*	*7,3*	*10,6*	*1,3*
mit Zupacht	*6,0*	*0*	*2,0*	*0,7*	*0*
				Kategorie B	
mit Teilverpachtung	*3,3*	*1,3*	*0*	*0,7*	*0*
ganz verpachtet			*Kategorie D*		
(exploitation indirecte)	*0*	*0*	*0*	*2,6*	*2,6*

Quelle: Eigene Erhebungen.

Für die oben entwickelten Einkommens- und Erwerbsstrukturgruppen läßt sich daraus folgende ungefähre Verteilung ableiten:

Tabelle 18. **Prozentualer Anteil von Erwerbskategorien im Erhebungssample und in Statistiken**

	Sample [a]	Gouvernorat [b] Béjà	Jendouba
A: Exploitation directe, allein oder in indivision, mit teilweiser Zupacht oder Verpachtung und überwiegendem Einsatz der männlichen AK im eigenen Betrieb	*56,9*	*53*	*34*
B: Exploitation directe, mit Verpachtung des übrigen Landes und geringerem Einsatz der AK im eigenen Betrieb	*0,7*		
C: Exploitation directe wie bei A, aber mit geringerem AK-Einsatz im eigenen Betrieb, d. h. Erwerb und Einkommen aus anderen Tätigkeiten überwiegend	*37,2*	*25*	*47*
D: Aus Verpachtung und anderer als selbständiger landwirtschaftlicher Arbeit Einkommen erzielend	*5,2*	*22*	*19*
Insgesamt	*100*	*100*	*100*

Quellen zu:

[a] Eigene Erhebungen.

[b] Service des Enquêtes Statistiques: Structure Agraire du Gouvernorat Béjà, desgl. Souk-el-Arba.

Der Vergleich mit den statistischen Zahlen zeigt, daß die Verteilung innerhalb des Samples derjenigen in der Gesamtbevölkerung ähnlich ist. Die Abweichung liegt vor allem in der geringeren Zahl von D. Daß die Befragten weniger Pachtflächen angegeben haben, als in Wirklichkeit vorhanden waren, ist wahrscheinlich und auch erklärlich, denn im Zuge der Genossenschaftspropagierung versuchte jeder Landwirt möglichst viel „exploitation directe" nachzuweisen.

Die gleiche Zurückhaltung ist auch den Flächenangaben gegenüber geboten, obwohl hier die tendenzielle Übereinstimmung mit den amtlichen Statistiken ebenfalls sichtbar wird.

Der durchschnittliche Familiengrundbesitz ist in Amal und Ennchem bedeutend größer als in den übrigen Genossenschaften. Während in Amal dieser Durchschnittswert von einer starken Streuung in extrem kleine und große Besitzeinheiten bestimmt wird, ist in Ennchem die Konzentration zu mittleren Besitzgrößen stärker. Größere Besitzeinheiten beeinflussen auch den Durchschnittswert in Sâada, so daß beide im Gouvernorat Jendouba liegende Genossenschaften weniger Kleinbesitz bzw. Kleinbetriebe aufweisen als der Durchschnitt des Gouvernorats. Demgegenüber weichen drei – außer Enn-

Tabelle 19. **Betriebsgrößenverteilung im Erhebungssample und in den Statistiken**

(%/o der Bewirtschafter kumuliert)

Betriebsgrößenklasse	Genossenschaften Sâada	Genossenschaften Amal	Gouvern. Jendouba	Ennchem	Genossenschaften Kharouba	Genossenschaften Rhiad	Dakhlia	Gouvern. Béjà
bis 1,0 ha	*16*	*4*	×	*0*	*0*	*0*	*7*	×
1,1– 5,0 ha	*21*	*38*	*58*	*14*	*8*	*44*	*21*	*43*
5,1–10,0 ha	*47*	*55*	*79*	*32*	*43*	*70*	*50*	*64*
10,1–20,0 ha	*84*	*72*	*91*	*75*	*84*	*87*	*86*	*81*
20,1–50,0 ha	*100*	*90*	*97*	*93*	*100*	*91*	*100*	*92*
über 50,0 ha		*97*	*100*	*100*		*100*		*100*
a Durchschnittsfläche des Familien-Bodenbesitzes	*13,1*	*22,0*		*19,1*	*12,7*	*13,1*	*12,5*	
b Durchschnittsgröße des eingebrachten eigenen Anteils	*4,1*	*6,5*		*14,0*	*12,4*	*8,5*	*8,5*	
$\frac{b \times 100}{a}$	*31,3*	*29,5*		*73,3*	*97,6*	*64,9*	*68,0*	

Quelle: Eigene Erhebungen.

chem – der zu Béjà gehörigen Genossenschaften nicht auffällig von der Häufigkeitsverteilung dieses Gouvernorats ab. Kleine Einheiten überwiegen in Rhiad, mittlere in Kharouba, ausgeglichener ist das Verhältnis in Dakhlia.

Die durchschnittliche Größe des auf eigenen Namen und Rechtstitel eingebrachten Landanteils variiert in anderer Verteilung als der Familienbesitz. Aus dem unterschiedlichen Verhältnis von eingebrachtem Eigenland zum Gesamtfamilienbesitz läßt sich erkennen, daß in Ennchem, Kharouba, Rhiad und Dakhlia wesentlich mehr Land auf eigenen Rechtstitel hin eingebracht wurde als in Sâada und Amal. Das heißt, daß in den letzteren die Mitglieder versucht haben, mehr Land zur eigenen Verfügung zurückzubehalten, oder auch, daß hier die Bestellung des Familienbesitzes „à l'indivis" noch stärker praktiziert wird, während in den vier anderen Genossenschaften der Prozeß der Realteilung schon weiter fortgeschritten war. Für die zweite Hypothese spricht die Tatsache, daß in Sâada und Amal weniger Betriebe im Einzelbesitz und mehr Betriebe mit hoher Anzahl von co-indivisaires zu finden sind. Aber auch die andere Hypothese findet eine gewisse Bestätigung: In Kharouba, Rhiad und Dakhlia ist praktisch kein Land mehr an die Genossenschaft oder Private verpachtet bzw. selbstbewirtschaftet, in Ennchem, Sâada und Amal dagegen sind es ziemlich große Anteile, die der eigenen Nutzung vorbehalten geblieben sind.

Tabelle 20. **Betriebliche und soziale Kennzahlen der untersuchten Genossenschaften**

	Genossenschaften Sâada	Amal	Ennchem	Kharouba	Rhiad	Dakhlia
1 Familiengrundbesitz in % der Befragten kumuliert						
bis 1,0 ha	*16*	*4*				*7*
1,1– 5,0 ha	*21*	*38*	*14*	*8*	*44*	*21*
5,1–10,0 ha	*47*	*55*	*32*	*43*	*70*	*50*
10,1–20,0 ha	*84*	*72*	*75*	*84*	*87*	*86*
20,1–50,0 ha	*100*	*90*	*93*	*100*	*91*	*100*
über 50,0 ha		*97*	*100*		*100*	
2 Durchschnittliche Größe des Familienlandes (in ha)	13,1	22,0	19,1	12,7	13,1	12,5
3 Persönlicher Genossenschaftsanteil, Häufigkeit in % der Befragten kumuliert						
bis 1,0 ha	*24*	*47*	*4*	*3*	*4*	*14*
1,1– 5,0 ha	*79*	*84*	*41*	*38*	*52*	*50*
5,1–10,0 ha	*93*	*95*	*90*	*76*	*87*	*86*
über 10,0 ha		*100*	*100*	*100*	*96*	*100*
kein, unklar	*100*				*100*	
4 Durchschnittlicher Genossenschaftsanteil (in ha)	4,1	6,5	14,0	12,4	8,5	8,5
5 Quotient $\frac{\text{Genoss.-Anteil} \times 100}{\text{Familienbesitz}}$	31,2	29,5	73,7	97,6	64,9	68,0
6 Aufteilung von Familienbesitz unter co-indivisaires in % Betriebe:						
ohne co-indivision	*31,6*	*44,8*	*66,7*	*75,7*	*80,0*	*61,5*
mit max. co-indivision (6–9)	*36,8*	*17,2*	*18,5*	*0*	*5,0*	*15,4*
7 Eigenproduktion und Zuerwerb, Anteil der männlichen AK im eigenen Betrieb in % Betriebe:						
mit 100% AK eig. Betriebe	*42,1*	*58,6*	*67,9*	*48,6*	*43,5*	*42,9*
mit minimal AK eig. Betriebe (= >25%)	*15,8*	*10,3*	*0*	*0*	*26,1*	*7,1*
8 Ausmaß der (zugegebenen) Verpachtung in % Betriebe:						
mit teilweiser Verpachtung	*10,5*	*6,9*	*0*	*2,7*	*4,3*	*14,3*
mit völlig verpachteten Besitzeinheiten	*5,3*	*10,3*	*0*	*2,7*	*4,3*	*21,4*

Tabelle 20 (Fortsetzung)

	Genossenschaften Sâada	Amal	Ennchem	Kharouba	Rhiad	Dakhlia
9 Viehhaltung (ZGV/Betrieb) in Relation zu den anderen Genossenschaftsgebieten	gering	hoch	hoch	mittel	gering	hoch
10 % aller Betriebe, die eigene oder Leihmaschinen benutzten	*63,2*	*65,5*	*50,0*	*10,8*	*21,7*	*7,1*
11 Familiengrößen in Versorgungseinheiten (VE) in % aller Familien						
< 4 VE	*37*	*21*	*43*	*65*	*39*	*21*
4–6 VE	*32*	*48*	*46*	*27*	*48*	*43*
> 6 VE	*31*	*31*	*11*	*8*	*13*	*36*
in % aller Familien kumuliert						
< 3 VE	*26,3*	*10,3*	*25,0*	*32,4*	*21,7*	*14,3*
< 4 VE	*36,8*	*20,7*	*42,9*	*64,9*	*39,1*	*21,4*
< 5 VE	*57,9*	*37,9*	*64,3*	*78,4*	*60,1*	*57,1*
< 6 VE	*68,4*	*69,0*	*89,3*	*91,9*	*86,9*	*64,3*
< 7 VE	*84,2*	*82,8*	*96,4*	*97,2*	*95,7*	*78,6*
< 8 VE	*94,7*	*86,2*	*100,0*	*100,0*	*100,0*	*92,9*
< 9 VE	*94,7*	*93,1*				*100,0*
<10 VE	*100,0*	*100,0*				
12 Männliche AK/ha in Familien-Grundbesitz-Einheiten						
bis 1,0 ha	3,2	6,7	0	0	0	4,0
1,1– 5,0 ha	2,7	0,9	0,6	0,7	0,7	1,0
5,1– 10,0 ha	0,35	0,5	0,3	0,4	0,5	0,3
10,1– 20,0 ha	0,2	0,2	0,2	0,26	0,3	0,17
20,1– 50,0 ha	0,12	0,15	0,1	0,08	0,07	0,16
50,1–100,0 ha	0	0	0,07	0	0,05	0
über 100,0 ha	0	0,02	0	0	0	0
13 % der Familien mit nur einer männlichen AK	*31,6*	*13,8*	*46,4*	*13,5*	*26,1*	*21,4*
14 Erwerbs-/Einkommensgruppen (%)						
A/B Ganz oder überwiegend landwirtschaftliche Eigenproduktion	*47*	*59*	*71*	*59*	*43*	*50*
C Anderer Erwerb + Zusatz von Eigenproduktion	*32*	*34*	*29*	*38*	*48*	*29*
D Anderer Erwerb + Pachteinnahme	*5*	*7*	*0*	*3*	*5*	*21*
E Sonstige Einkommensgruppen	*16*	*0*	*0*	*0*	*4*	*0*

Quelle: Eigene Erhebungen.

Nach den in der Erhebung gemachten Angaben ist vor der Genossenschaftsgründung der Verpachtungsanteil am höchsten in Dakhlia gewesen, relativ hoch in Sâada und Amal, hingegen nahezu oder gänzlich null in Kharouba, Rhiad und Ennchem. Diese Ziffern liegen aber wahrscheinlich unter dem tatsächlichen Verpachtungsausmaß, da die Befragten ungern zugeben, daß sie früher nicht völlig selbstwirtschaftende Bauern gewesen seien, wie in den amtlichen Darstellungen der Anschein erweckt werden soll.

Die Zahl der Betriebe, in denen die vorhandene männliche Arbeitskraft nur in der eigenen Landwirtschaft eingesetzt war, ist am höchsten in Ennchem. Hier wie in Rhiad gibt es keine Betriebe, deren männliche Arbeitskraft bereits überwiegend außerlandwirtschaftlichem Erwerb nachging. Am nächsten kommt diesem Sachverhalt noch Amal, während in allen anderen Gebieten weniger als die Hälfte der Betriebe die männliche Arbeitskraft zu 100% absorbiert haben. Damit stimmt auch die Tabelle überein, die den „Druck" der männlichen Arbeitskraft auf den Bodenbesitz wiedergibt. Natürlich sinkt dieser Druck mit zunehmender Betriebsgröße, er ist aber in allen Größenklassen in Ennchem niedriger als in den anderen Genossenschaftsbereichen. Ennchem weist beinahe die Hälfte aller Betriebe mit nur einer männlichen Arbeitskraft aus, in den anderen Genossenschaften sind es nur zwischen 15 und 30% der Betriebe. Das hängt natürlich mit der Familiengröße zusammen: Ennchem, Kharouba und Rhiad haben nur kleine, Sâada, Amal und Dakhlia größere Familien. Wenn man Bardins Faustzahl von 2 ha LN zur Versorgung einer erwachsenen Person zugrunde legt und diese Zahl auf den in eigenem Namen eingebrachten Landanteil bezieht, so würde das bedeuten, daß in Ennchem und Kharouba über 90%, in den übrigen Genossenschaften aber nur zwischen 20 und 40% der Familien imstande waren, ihre Eigenversorgung aus dem Betrieb aufzubringen. Bezieht man die Zahl auf den Gesamtbesitz der Familie, d. h. nimmt man an, daß die Familie des Genossenschaftlers am innerfamiliären Einkommensausgleich der groupe familial teilnehmen konnte, so steigen die Prozentsätze der Selbstversorger in Ennchem und Amal auf 100%, am niedrigsten bleiben sie in Dakhlia und Sâada.

Wir können nun versuchen, aus diesen Zahlen eine ungefähre Vorstellung von der sozio-ökonomischen Lage der Familie vor der Genossenschaftsgründung abzuleiten. Von allen Untersuchungsregionen wies diejenige von Ennchem die ausgeprägteste bäuerliche Struktur auf: Großer Familienbesitz, wenig indivision, kleinere Familien, keine Verpachtung, hohe Absorbierung männlicher Arbeitskraft im eigenen Betrieb: 71% aller Familienbetriebe fallen in die von uns oben beschriebene Kategorie „ganz oder überwiegend von landwirtschaftlicher Produktion lebend". Die Hälfte der Betriebe, die übrigens keine besondere Gunst der natürlichen Standortfaktoren aufweisen, hatte Anteil an der Mechanisierung. Die Abwanderung in andere Erwerbszweige ist relativ gering gewesen (29%)[81]. Eine im Grunde ähnliche Strukturierung wiesen die Gebiete von Rhiad und Kharouba auf, der Produktionsfaktor Boden war hier jedoch infolge von Realteilung vermindert worden. Nur noch 43% bzw. 59% der Betriebe konnten die – obwohl kleineren – Familien voll ernähren. Abwanderung und Nebenerwerb spielten hier, auch infolge günstiger Lage zu colon-Betrieben und größeren Orten (Goubellat, Medjez-el-Bab), eine größere Rolle. Zugviehhaltung und Gebrauch von Maschinen sind geringer gewesen als in den meisten anderen Gebieten. Die Abdrängung in marginale Bodenfruchtbarkeitszonen durch die colon-Betriebe hat sich hier bemerkbar gemacht.

Anders war die Lage in Amal und Sâada. Stärkere Streuung der Betriebsgrößen, Vorwiegen der gemeinsamen Bewirtschaftung „à l'indivision" und starker Druck der männlichen Arbeitskraft auf den Bodenbesitz führten dazu, daß viele kleinere Betriebe nicht mehr selbstversorgend sein konnten und Zusatzerwerb aufnehmen mußten. Dies ist die typische von Bardin beschriebene Situation. Ein kleiner Teil von Landwirten war durch die Verpachtung bereits ausgeschieden, auf nicht-landwirtschaftliche Tätigkeit weist auch der hohe Prozentsatz von nicht-klassifizierbaren Antworten hin (in Sâada), die jedenfalls nicht Selbstbewirtschaftung bedeuten. Auffällig ist der hohe Grad der Mechanisierung, der den Freisetzungsprozeß von Arbeitskräften begünstigt hat, andererseits aber die Betriebe nicht instand setzte, ihre Selbstversorgungsfunktion wiederzuerlangen.

Zwischen Maschinennutzung und Abwanderung aus der Landwirtschaft scheint aber kein Verhältnis planvollen Zusammenspiels geherrscht zu haben: d. h. die Bauern nehmen, wenn möglich, das Angebot von Maschinen wahr (Sâada und Amal), wollten oder konnten aber nicht aus eigener Kraft diesen Produktionsfaktor einsetzen, weil das Angebot fehlte (Kharouba, Rhiad). In Dakhlia schließlich sind beide Auswege beschritten worden: Verpachtung und außerlandwirtschaftlicher Erwerb (21%) sowie Zusatzerwerb zur eigenen landwirtschaftlichen Produktion (29%). Selbstversorgend aus der Landwirtschaft war nur die Hälfte aller Betriebe. Zugvieh war noch fast gar nicht durch Maschinen substituiert worden (allerdings wurden hier Dreschmaschinen mit Pferdebespannung verwandt). Höherer Arbeitskräftedruck und größere Familieneinheiten weisen darauf hin, daß hier ungünstige Voraussetzungen bestanden, die zur völligen Aufgabe der eigenen Landwirtschaft zwangen.

3. Sozio-ökonomische Lage und Motivation

Sowohl aus der Anwendung unseres Konzepts von der Einkommens- und Erwerbsstruktur auf die statistischen Angaben (structure agraire) wie aus der

81 Vgl. hierzu die Beurteilung der Flächenertragslage in der Region III bei V. Kobelt: Planung und Planrealisierung, S. 169.

Diskussion der Erhebungsergebnisse müssen wir folgern, daß das Problem der Sicherung des Existenzminimums der Familie für einen großen Teil der tunesischen Kleinlandwirte nicht gelöst war. Das Suchen nach zusätzlichen oder alternativen Einkommensquellen einerseits und nach Erhaltung der Rentabilität des Familienbetriebes durch gemeinsame Bewirtschaftung „à l'indivision" andererseits führt zu einer typischen Ambivalenz auch der Motivationsstruktur. Einerseits läßt sich die Fixierung der Familienbedürfnisse auf dem Subsistenzniveau mit der Hochschätzung der Prinzipien des innerfamiliären Ausgleichs und der sozialen Sicherung (Mitteleinschätzung) sowie des Gehorsams gegen väterliche Autorität (soziales Risiko) vereinbaren. Dem widerspricht aber das gefühlte Bedürfnis, nach individuellem Fortschritt und Gewinn zu streben. Diese Ambivalenz der Motivation führt dazu, daß bei allem familiären Zusammenhalt der tunesischen groupe familial das gegenseitige Mißtrauen nicht auszuschließen ist[82]. Im Rahmen der gegebenen Möglichkeiten wird jeder Weg zur Befriedigung der familiären Bedürfnisse ausprobiert, werden Schwierigkeiten vermieden oder auch in Kauf genommen. So können mit der außerfamiliären Welt aus „Gründen der Subsistenz vertragliche Bindungen geschlossen werden, d. h. reiflich überlegte, wohlerwogene, die der Undurchdringlichkeit der Umgebung nichts nehmen" [83].

Bevor wir unsere Schlußfolgerungen aus diesem Tatbestand hinsichtlich der Einstellung der Bauern zur Gründung der U.C.P. ziehen, soll festgestellt werden, welche Wirtschaftsgesinnung und Motivationslage aus den genannten wirtschaftlichen und sozialen Faktoren abzuleiten sind:

a) Besitztitel am Land werden als Einkommensgarantie hochgeschätzt, da sie unter Umständen einen Renditeanspruch ohne eigenen Arbeitseinsatz und unabhängig von schlechter Witterung ermöglichen. Obwohl der fellah solch einen Besitztitel höchstens durch Verkauf aufzugeben geneigt ist, kann man nicht von einer ausgeprägten Bodenbindung im Sinne des Beharrens auf eigener Scholle sprechen. Die hohe Grundstücksmobilität durch Landverkauf und Verpachtung bildet einen wichtigen Berührungspunkt der beiden landwirtschaftlichen Sektoren in produktionstechnischer Hinsicht.

b) Die tunesischen Bauern schätzen Viehbesitz hoch ein, da es ein ausgesprochenes Individualeigentum ist und oft eine wesentliche Einnahmequelle.

---

82 „Menschen, die sich ihrer Rechte und Unterschiede bewußt sind, eine Art von Brüderlichkeit aufzuzwingen, würde in keiner Weise der Billigkeit des Teilungsprinzips zugute kommen ... Dieses Mißtrauen gibt es ebenso sicher auch innerhalb der Gruppe, die nichts von einem kollektivistischen Unternehmen an sich hat. Allein, die Struktur selbst zwingt zu gemeinsamen Lösungen." J. Cherel: De Qui s'Agit-il? ou la Mise en Valeur Agricole, Problème d'Ensembles Humains. In: Cahiers de Tunisie, 8e année, Nos. 29–30, 1.–2. Trim., 1960, S. 29.

83 J. Cherel: a.a.O.

c) Das vorwiegende Bodennutzungssystem der Getreidemonokultur bedingt und erlaubt eine im Grunde nichtbäuerliche Lebensweise. M. Callens spricht in diesem Zusammenhang von einer „Soziologie des Getreidebaus“ (sociologie céréalière)[84]. Kurzfristige Arbeitsspitzen unterbrechen die saisonale Arbeitslosigkeit für Mensch und Tier. Daraus ergibt sich eine übermäßige Belastung mit Zugkraftkosten bei vergleichsweise geringen Roherträgen von 200–300 DM/ha[85].

d) Arbeit dient der Ausnutzung gegebener Möglichkeiten, um das Einkommen zu sichern, nicht aber um neue Möglichkeiten zu schaffen und das Einkommen zu erhöhen. Saisonaler Müßiggang und Nebenerwerb sogar in Bereichen, die in anderen Ländern verachtet werden, wie Lumpen- und Trödelhandel[86] lassen sich auch aus den Befragungsergebnissen bestätigen. Ein festes Gehalt für die Arbeit ist begehrt, aber Einkünfte aus Renditen werden vermißt. Intensive Arbeit wird vorzugsweise nur im eigenen Interesse geleistet, z. B. bei der privaten Viehhaltung.

e) Diese einzelnen Kennzeichen fließen zusammen in dem, was Präsident Bourguiba selbst als den entwicklungshemmenden „extremen mediterranen Individualismus“ bezeichnet.

f) Autorität und Leitung andererseits sind überlieferte Wertvorstellungen, die es schwermachen, langfristige Entscheidungen oder Wahlen in demokratischer Form zu treffen. Alle Arten von Pachtsystemen haben dazu beigetragen, dieses charakteristische Verhältnis von Vater zu Sohn, „patron“ zu „client“, „paysan“ zu „notable“, „ouvrier“ zu „colon“, zu institutionalisieren.

g) Der Modernisierung und Mechanisierung stehen die fellahs grundsätzlich nicht mißtrauisch gegenüber. Ihr pragmatischer Sinn heißt jede Erleichterung der Arbeit und Ausdehnung der Einkommenssicherungsgrenze willkommen.

h) Bildung und Hygiene als modernisierende Veränderungen der Lebensgewohnheiten werden nicht von vornherein abgelehnt, aber kritisch mit den Vor- und Nachteilen der bisherigen Verhaltensweisen verglichen.

i) Gegenseitige Hilfe wird nach Maßgabe der Notwendigkeit geleistet, wie überall, wo soziale Gruppen einigermaßen dauerhaft sind. Sogenannte traditionelle Vorformen der Kooperation gibt es im eigentlichen Sinne nur in den gemeinschaftlichen Betriebsoperationen, z. B. in den Bewässerungsgebieten der Oasen und der Küstengebiete. Für den Norden trifft dies nicht zu. Die sogenannte kollektive Landbewirtschaftung als Folge der islami-

---

84 M. Callens: Psycho-Sociologie Rurale. I. Sociologie Céréalière. In: IBLA, 23e année, 4e trim., No. 92, 1960, S. 431–452.

85 H. Ruthenberg: Organisationsformen. S. 150, berechnet für einen Beispielsbetrieb 283 DM/ha.

86 P. Bardin: La Vie d'un Douar. S. 48 ff.

schen Erbgesetze ist eher als „individueller Kollektivismus“ oder „familiärer Kollektivismus“ zu bezeichnen. Das Festhalten am familiären Nutzen verbietet es, solche Systeme über den Familienkreis hinaus zu institutionalisieren. Sehr oft entfallen Arbeit und Rendite auf ein Familienmitglied (den „cousin“), der sie weiter verteilt. Da es sich um Familieneigentum handelt, steckt in dieser Wirtschaftsform immer ein autoritäres Element.

Der von der Regierung an die Bauern herangetragene Plan zur Gründung von Produktionsgenossenschaften stieß daher auf ein abgestuftes Interesse, das von hoffnungsvoller Zustimmung bis zur mißtrauischen Ablehnung reichte. Ihre Gründe hängen mit der unterschiedlichen sozio-ökonomischen Ausgangssituation zusammen:

a) Die Mehrzahl der kleinen Landbewirtschafter, khammès wie Eigentümer, deren Versorgungslage oben als „unzureichend“ bezeichnet worden ist, mußten sich von jeder Veränderung Erfolg versprechen, die ein garantiertes Einkommen und damit die Erfüllung der Grundbedürfnisse der Familie versprach. Daß die Genossenschaften allerdings erst auf längere Sicht damit rechnen konnten, einen höheren Gewinn aus dem garantierten Mindestlohn auszuschütten, machte auch viele der eigentlich interessierten Kleinbauern mißtrauisch.
b) Diejenigen Bauern, deren Produktionsgrundlage bei 40 ha (oder auf Grund von Zupacht darüber) lag, konnten sich von der Kollektivierung des Bodens keinen individuellen Nutzen versprechen. Trotzdem sind – und zwar widerstrebend – selbst Bauern mit über 40 ha Eigentum zum Eintritt gezwungen worden. Aus ihren Reihen mußte die Ablehnung am stärksten spürbar werden.
c) Familien, denen es gelang, mit Hilfe mittlerer Betriebsgröße oder ausreichendem anderweitigen Erwerb die Familienversorgung mehr oder weniger zu garantieren, dürften die „sozialen Risiken“ als wichtigstes Argument gegen den Genossenschaftseintritt betrachtet haben. Der zur Mitgliedschaft benannte Angehörige sollte einen höheren Verdienst mit der groupe familial teilen, hatte andererseits aber weniger Möglichkeit, das Betriebssystem, Produktionsentscheidungen und Gewinnverteilungen zu beeinflussen als im Familienbetrieb „à l'indivision“. Hier ist vermutlich eine mehr abwartende Einstellung zum Ausdruck gekommen (die sich in etwa mit den später zu besprechenden kommentarlosen Stellungnahmen decken kann).

D. DIE SITUATION WÄHREND UND NACH DER GRÜNDUNG DER GENOSSENSCHAFTLICHEN PRODUKTIONSEINHEITEN

I. Integration der „modern" und „traditionell" wirtschaftenden Betriebe

Schon vor der endgültigen Verstaatlichung des ehemaligen ausländischen Grundbesitzes (durch Gesetz vom 12. Mai 1964) standen etwa 200 000 ha landwirtschaftlicher Flächen unter staatlicher Verwaltung. Die Bewirtschaftung dieser Flächen oblag der Behörde für Domanialländereien (Office des Terres Domaniales, Gesetz vom 30. September 1961). Einige der ehemaligen colon-Betriebe (insgesamt 600 000 ha) wurden an tunesische Landwirte verpachtet, welche die moderne mechanisierte Landwirtschaft fortführten. Von einer Aufteilung der Großbetriebe in kleinere Einheiten und deren Vergabe an Bauern ohne oder mit nur wenigem Eigenland hatte man von vornherein abgesehen, da man ernste Ertragseinbußen befürchtete. Aber auch die Verpachtung der ehemals französischen oder italienischen Betriebe an „moderne" tunesische Landwirte führte zu Problemen sozialer, politischer und betriebswirtschaftlicher Art. Es lag daher nahe, eine Organisationsform zu suchen, die einerseits die im Trockenfeldbau aus betriebswirtschaftlichen Gründen günstige Großflächenbewirtschaftung gewährleistete und andererseits der „sozialen Funktion" des Bodens Rechnung tragen konnte.

Die genossenschaftliche großflächige Bewirtschaftung der im Kleinbesitz zersplitterten Flächen bot sich als geeignete Organisationsform an. Gleichzeitig war durch diese Organisationsform die Möglichkeit gegeben, die Menschen in der Landwirtschaft zu halten, was bei einer privaten Bewirtschaftung der Großbetriebe nicht gewährleistet schien. Es galt, die Konzentration von Eigentum und Bewirtschaftung in wenigen Händen zu beenden. Bald stellte sich heraus, daß die Flächen im Besitz der „kleinen Landwirte" nicht ausreichten, um die große Anzahl dieser Bauern auf dem Lande zu halten. Ein Ausweg lag in der Verschmelzung der Domanialländereien mit dem diese umgebenden privaten Kleinbesitz. Diese sogenannten „gemischten Genossenschaften", bei denen der Staat als Mitglied der Genossenschaft fungierte, sollten zunächst nur 600 000 ha Domanialland einbeziehen. Die Durchschnittsfläche einer Genossenschaft wurde vorerst auf 100 ha festgesetzt. In den Vorarbeiten zum Dreijahresplan 1962/64 wurde erkannt, daß diese Fläche nicht ausreichte, um lebensfähige Genossenschaften zu gründen, zumal die wirtschaftliche Bedeutung der Privatflächen nur gering war. Man beschloß daher, die Gesamtheit der Domanialländereien einzubeziehen und die durchschnittliche Betriebsgröße der neuen Einheiten auf rund 500 ha festzusetzen[1]. Die Einbeziehung des Klein- und Mittelbesitzes im Umkreis eines ehemaligen colon-Betriebes bot sich auch aus betriebswirtschaftlichen Gründen an. Überwiegend handelte es sich hierbei um Flächen, die von den colon-Betrieben pachtweise bewirtschaftet wurden und die daher günstig zu Gebäuden, Maschinen, Brunnen usw. gelegen waren. Diese einbezogenen Pachtflächen befanden sich überwiegend in „indivision", d. h. sie waren zumindest juristisch nicht realgeteilt, sondern im gemeinsamen Eigentum einer Erbengemeinschaft von vielen Personen. In diesem Faktum liegt auch der Hauptgrund, warum man aus den im Grundbuchamt vorliegenden Listen keine Klassifizierung der Mitglieder auf Grund der eingebrachten Landanteile treffen kann.

Die Grundbuchexpertisen sind eigentlich Planstudien, die der Vorbereitung für die Genossenschaftsgründung dienen sollen. Ihre Aufgabe ist es, die später einzubeziehende Fläche, die Zahl der Mitglieder und die zur Erreichung des für 1972 angestrebten Familienjahreseinkommens von 250 Dinar notwendigen Produktionsgrundlagen festzulegen. Dabei wird nach der Flächenplanung zunächst eine Rentabilitätsberechnung aufgemacht. Von den erwarteten Roherträgen aus pflanzlicher und tierischer Produktion werden die Kosten für die Bewirtschaftung und die Abschreibungen abgezogen. Der verbleibende Betrag wird durch 250 (Dinar) dividiert, das Ergebnis ist die maximale Anzahl der Genossenschaftsmitglieder. Die Fläche der zu gründenden Genossenschaft wird vorher festgelegt, wobei darauf geachtet wird, eine möglichst arrondierte Fläche zu erhalten. Wo immer es möglich ist, werden die Begrenzungen so gewählt, daß der Kernbetrieb, der „noyau domanial", zentral liegt. Als Begrenzung dienen Straßen, Berge, Flüsse usw. Privatbetriebe, die 40 ha und größer sind, werden ausgelassen. Häufig entstehen dadurch private Enklaven mitten im Kollektivland. Sind Möglichkeiten zum Landaustausch vorhanden, werden solche Privatflächen gegen andere, die außerhalb des angestrebten Genossenschaftsperimeters liegen, getauscht. In den Anfangsjahren wurden Flächen von Nichtmitgliedern und von Mitgliedern auch zugepachtet. Pacht sollte vom erwirtschafteten Gewinn bezahlt werden, was jedoch kaum vorkam. In den letzten Jahren hat man auf das Zupachten von Land verzichtet. Die auf dem Genossenschaftsperimeter liegenden Flächen wurden „integriert". Auf der Basis der so geplanten Fläche werden dann die Landanteile je Mitgliedshaushalt (taux foyer = Ackernahrung) errechnet. Diese Landanteile betragen im allgemeinen rund 15 ha; je nach Bodenbeschaffenheit, Anbauverhältnis, Intensitätsstufe usw. erhöht oder verringert sich diese Fläche. Es ist geplant, denjenigen Mitgliedern, die weniger Land oder – wie die ehemaligen Arbeiter

1 Zur Berechnungsgrundlage vgl. V. Kobelt: Planung und Planrealisierung, S. 130 f.

von colon-Betrieben – kein Land eingebracht haben, Landanteile in der Höhe eines „taux foyer“ titulär zu überschreiben. Theoretisch würde es sich dabei um das Land des Kernbetriebes und eventuell zugekaufte Flächen handeln, da die Landanteile derjenigen Mitglieder, die die Größe eines taux foyer überschreiten, juristisch nicht angetastet werden sollen, sondern von der Genossenschaft gepachtet wurden. Die übrigen Mitglieder sollen Gelegenheit haben, das zum taux foyer benötigte Land zu kaufen [2].

Sobald diese Berechnungen vorliegen, wird die Genossenschaft per Dekret gegründet. Diese Lösung ist im Artikel 9 des tunesischen Genossenschaftsgesetzes ausdrücklich verankert. „In jedem Falle werden Produktionsgenossenschaften durch Dekret auf Vorschlag der Staatssekretäre für Planung und Finanzen und für Landwirtschaft gegründet, nach der Berichterstattung der zuständigen Genossenschaftsbehörde.“ [3] Im Vordergrund der Genossenschaftsgründungen steht die Verschmelzung der verfügbaren Flächen, was im erwähnten Gesetzeswerk auch klar definiert wird: „Die Produktionsgenossenschaft des Nordens ist eine Organisationsform, deren Ziel die Konstitution einer lebensfähigen Produktionseinheit mit vorwiegendem Getreidebau ist, welche die Neugruppierung des Landes der Mitglieder mit dem Ziel gemeinschaftlicher Bewirtschaftung nach den vom Nationalen Entwicklungsplan empfohlenen Normen und Techniken ermöglicht.“ [4]

II. Einstellung der Mitglieder zur Genossenschaftsgründung

Die Integration und Neuordnung des Landes kann verständlicherweise nicht ohne gewissen Zwang erfolgen. Die Anwendung von Druckmitteln wird mehr oder weniger freimütig – auch behördlicherseits – zugegeben [5]. Allerdings kann man auf Grund der erwähnten Grundbuchunterlagen nicht feststellen, inwie-

---

2 Vgl. Musterplan bei V. Kobelt: Planung und Planrealisierung, S. 133–136.

3 „Toutefois, les coopératives de production sont créées par décret pris sur proposition des Secrétaires d'Etat au Plan et aux Financies et à l'Agriculture, après avis de la Commission de la Coopération Compétente.“ Loi No. 63–19 du 27 mai 1963, relative à la coopération dans le secteur agricole, Art. 9. In: Terre de Tunisie, Publication du Sécrétariat d'Etat à l'Agriculture, Sonderheft, S. 73.

4 „La coopérative de production est une société qui a pour objet la constitution d'une unité de production viable, à assolement céréalier prédominant, permettant le regroupement des terres de ses adhérents aux fins de leur exploitation en commun, selon les normes et techniques recommandées par le Plan National de Développement.“ Loi No. 63, Art. 5: a.a.O., S. 72.

5 Antwort des Leiters der Regionalbehörde des Gouvernorats Jendouba auf die Frage nach Behandlung von Bauern, die nicht in die U.C.P. eintreten wollen: „Les paysans et leurs terres seraient intégrés.“

fern bei verschiedenen Kategorien von Mitgliedern ein verschiedener Grad des psychologischen Widerstandes vorhanden war, der seinerseits ein verschiedenes Ausmaß von bürokratischem Zwang erfordert hätte. Für die Beantwortung dieser Frage ist man auf die direkte Befragung der beteiligten Bauern angewiesen [6].

Das Verfahren wurde in drei Abschnitten durchgeführt:

1. Vorplanung durch (französische) Entwicklungsgesellschaften,
2. Landvermessung und Registrierung der Eigentümer und
3. eine oder mehrere Versammlungen der Bauern mit regionalen und lokalen Verwaltungs-, Landwirtschafts- und Parteifunktionären zum Zweck der Information über die Ziele und Gründung der Genossenschaft und Unterschrift der (vorher) ausgewählten Mitglieder.

Die Analyse der Antworten auf die Frage nach der Genossenschaftsgründung ergibt drei Hauptkategorien:

a) Direkte oder indirekte Zustimmung

Hierbei traten folgende Modalitäten auf:

- Mitgliedschaft auf Grund von Bestimmung oder Überzeugung durch Eltern oder Verwandte,
- Mitgliedschaft auf Grund privater Kommunikation (Nachbar und Radio),
- Mitgliedschaft wegen Erlangung von Land und Arbeit,
- Mitgliedschaft aus ideologischer Überzeugung.

b) Mitgliedschaft ohne Stellungnahme

Hierbei wurden dreierlei Antworten gegeben:

- Ein Funktionär (Verwaltung, Landwirtschaft) hat uns von der Genossenschaft erzählt;
- Mitglieder der Parteizelle (Partie Socialiste Neo-Destourienne) haben uns von der Genossenschaft erzählt;
- nach einer Versammlung mit den Vertretern der Behörden hat man uns mitgeteilt, daß wir Genossenschaftsmitglieder seien.

---

6 Die Verfasser haben versucht, diese Fragen möglichst unverfänglich und, ohne – verständlichen – Argwohn zu erregen, den 150 ausgewählten Genossenschaftsmitgliedern zu stellen. Dies geschah in Form einer offenen Frage nach der Situation der Gründung: „Qui vous a parlé le premier du projet de cette coopérative?" Die Antwort bestand dann meist in einer kleinen Erzählung des Befragten über den Ablauf des Gründungsprozesses, deren Analyse einigermaßen auf das angewandte Verfahren rückschließen ließ.

c) Ablehnende Stellungnahme zur Mitgliedschaft

Die Ablehnung äußerte sich in folgenden Kommentaren:

- Man hat uns unser Land weggenommen;
- wir wurden zum Beitritt gezwungen;
- uns hat man nicht gefragt, der Gouverneur hat entschieden;
- was können wir machen, die Mitgliedschaft wurde automatisch festgelegt;
- man hat uns getäuscht, um unser Land einzubeziehen;
- gegen die Mitgliedschaft konnte man sich nicht wehren;
- es war obligatorisch, beizutreten.

Die Verteilung (in %) der Antworten gibt die folgende Tabelle wieder:

Tabelle 21. **Stellungnahme der befragten Mitglieder zum Eintritt in die Genossenschaft**

	Zustimmung	Ablehnung	Gesamt
1 Offene Zustimmung	*15,3*		*15,3*
2 Neutrale Annahme und	*35,4*		
3 kommentarlose Ablehnung		*33,3*	2+3=*68,7*
4 Offene Ablehnung		*16,0*	*16,0*
Insgesamt	(1+2) *50,7*	(3+4) *49,3*	*100,0*

Quelle: Eigene Erhebungen.

Zustimmung und Ablehnung lassen sich aus der Hälfte der Antworten herauslesen. Zu einer eindeutigen positiven oder negativen Stellungnahme fanden sich jeweils rund 16% bereit, so daß etwa 2/3 auf die mehr oder weniger kommentar- und wertungslosen Antworten entfällt, in denen meistens von einem rein bürokratischen Aufnahme- und Entscheidungsverfahren die Rede ist.

Aufschlußreich ist die Verteilung dieser Stellungnahmen nach dem früheren Familien-Besitzstand und dem Alter der befragten Mitglieder sowie die Aufschlüsselung nach Genossenschaften.

- *Früherer Familienbesitzstand:* Direkte oder indirekte Zustimmung ist häufiger in den kleinen Besitzgrößen anzutreffen. Ablehnende und kommentarlose Stellungnahmen überwiegen in Besitzgrößen ab 10 ha.
- *Altersgruppen:* ALOUANE hat in zwei Genossenschaften im Bezirk Medjez-el-Bab festgestellt, daß die höheren Altersgruppen unter den Mitgliedern überwiegen. Etwa die Hälfte der von ihm Befragten war über 50 Jahre alt[7]. Er mutmaßt daher, daß bei diesen älteren Bauern die Gewohnheiten

7 Y. ALOUANE: Attitudes et Comportements des Coopérateurs dans Deux Unités de Production du Nord. In: Etudes de Sociologie Tunisienne, Vol. 1, No. 1, Tunis 1968, S. 87.

ihrer landwirtschaftlichen Betriebstechnik und ihres Arbeitsrhythmus einen höheren Grad des Widerstandes gegen die Modernisierung im Rahmen eines genossenschaftlichen Zusammenschlusses bedingen. Ein Teil des Mißerfolges einer Genossenschaft müsse daher diesen Voraussetzungen zugeschrieben werden, vor allem, wenn man sich nicht durch intensive und überzeugende Information und Aufklärung[8] um den Abbau solcher Widerstände bemühe.

Der Altersaufbau in den von uns untersuchten Genossenschaften ist etwas anders:

Tabelle 22. **Prozentualer Altersaufbau der Mitglieder der acht Genossenschaften**

U.C.P.	Altersgruppen in % bis 30	31—40	41—50	51—60	über 60
Azimeh [a]	*41*	*18*	*0*	*29*	*12*
Nidham [a]	*24*	*17*	*6*	*42*	*11*
Durchschnitt	*32*	*18*	*2*	*36*	*12*

U.C.P.	Altersgruppen in % bis 30	31—45	46—60	über 60
Es Sâada [b]	*16*	*58*	*16*	*10*
El Amal [b]	*17*	*56*	*17*	*10*
Ennchem [b]	*29*	*46*	*18*	*7*
Ed Dakhlia [b]	*14*	*58*	*14*	*14*
Er Rhiad [b]	*26*	*35*	*39*	*0*
El Kharouba [b]	*32*	*49*	*16*	*3*
Durchschnitt	*24*	*50*	*20*	*6*

Quellen zu:

[a] Y. ALOUANE: Attitudes et Comportements des Coopérateurs dans Deux Unités de Production du Nord. In: Etudes de Sociologie Tunisienne, Vol. 1, No. 1, Tunis 1968, S. 87.

[b] Eigene Erhebungen.

Das Durchschnittsalter der von uns befragten Genossenschaftler ist geringer als bei ALOUANE. Die Stellungnahmen der einzelnen Altersgruppen zur Genossenschaftsgründung zeigt die folgende Tabelle:

8 Y. ALOUANE: a.a.O., S. 88.

Tabelle 23. **Einstellungen zur Genossenschaftsgründung nach Altersgruppen**

(in %)

	Art der Stellungnahme	Altersgruppen							
		bis 30		31—45		46—60		über 60	
1	Offene Zustimmung	*25*		*10*		*20*		*10*	
2	Neutrale Annahme	*36*		*42*		*20*		*30*	
1+2	Direkte und indirekte Zustimmung		*61*		*52*		*40*		*40*
3	Neutrale kommentarlose Ablehnung	*25*		*37*		*30*		*50*	
2+3	Neutrale Stellungnahme		*61*		*79*		*50*		*80*
4	Offene Ablehnung	*14*		*11*		*30*		*10*	
3+4	Ablehnung insgesamt		*39*		*48*		*60*		*60*
	Insgesamt	*100*		*100*		*100*		*100*	

Quelle: Eigene Erhebungen.

Man kann erkennen, daß die Formen offener und verdeckter Zustimmung (Stellungnahme 1 und 2) mit höherem Alter zurückgehen, ebenso, daß die Ablehnung (Stellungnahme 4 sowie Summe aus 3 und 4) zunimmt. Die offene Bejahung der Genossenschaftsarbeit ist am stärksten bei den unter 30jährigen, von denen 39% aller zustimmenden Antworten kommen. Der Schwerpunkt der Ablehnung ist dagegen schon bei den 31- bis 45jährigen Mitgliedern zu finden. Das zwingt zu einer Modifizierung der Annahmen von ALOUANE: „Natürlich ist das Alter eine Variable, deren Zunehmen mit mangelnder Flexibilität und konservativem Festhalten an Gewohnheiten einhergeht. Aber sie erklärt nicht den Grad des psychologischen Widerstands gegen die Mitgliedschaft in den Genossenschaften (wie übrigens auch nicht die Zustimmungen)." Diese Frage läßt sich nur durch eine eingehende Analyse der auf sozio-ökonomischen Denkmustern beruhenden Motivationen beantworten. Hinweise darauf gibt die Verteilung der Antworten nach Genossenschaften:

Tabelle 24. **Stellungnahmen zur Genossenschaftsgründung in den untersuchten Genossenschaften**

(in %)

	Art der Stellungnahme	Genossenschaften Sâada	Amal	Ennchem	Kharouba	Rhiad	Dakhlia
1	Offene Zustimmung	*16*	*0*	*11*	*22*	*30*	*14*
2	Neutrale Annahme	*10*	*7*	*46*	*49*	*35*	*72*
1+2	Direkte und indirekte Zustimmung	*26*	*7*	*57*	*71*	*65*	*86*
3	Neutrale kommentarlose Ablehnung	*74*	*93*	*11*	*16*	*0*	*0*
2+3	Neutrale Stellungnahme	*84*	*100*	*57*	*65*	*35*	*72*
4	Offene Ablehnung	*0*	*0*	*32*	*13*	*35*	*14*
3+4	Ablehnung insgesamt	*74*	*93*	*43*	*29*	*35*	*14*
Insgesamt		*100*	*100*	*100*	*100*	*100*	*100*

Quelle: Eigene Erhebungen.

Den höchsten Anteil offener Ablehnung haben Ennchem, wo die Verteilung von Zustimmung und Ablehnung insgesamt den Mittelwerten entspricht, und Rhiad, wo aber gleichzeitig der höchste Zustimmungsgrad erreicht wurde. Wenig Zustimmung und überwiegend kommentarlose Stellungnahmen sind in Sâada und Amal zu beobachten, während Kharouba und Dakhlia insgesamt die meisten positiv wertenden Stimmen abgeben.

Es bestätigt sich also die Vermutung, daß sich in der bäuerlich strukturierten Region von Ennchem deutlicher der Widerstand gegen die Kollektivierung zeigte, und zwar vor allem in den größeren Betriebseinheiten. Ähnliches gilt von Rhiad, wo die etwas stärkere Differenzierung von Klein- und Mittelbetrieben den direkt zustimmenden und ablehnenden Stimmen entspricht. In den ungünstig situierten Gegenden von Kharouba und Dakhlia dürfte die Hoffnung auf Garantie des Familieneinkommens durch die Genossenschaft den hohen Prozentsatz an Zustimmung motiviert haben. Schwierig zu beurteilen ist das Ergebnis von Sâada und Amal, wo anscheinend besonders starker Druck bei der Entscheidung zum Beitritt ausgeübt wurde, obwohl hier von der Struktur her gesehen eine ganze Reihe rentabler Betriebe neben solchen stand, die bereits auf außerlandwirtschaftlichen Erwerb angewiesen waren. Die ungünstige wirtschaftliche Lage dieser Genossenschaften dürfte ebenfalls zur Verweigerung von Kommentaren beigetragen haben. (Dazu muß allerdings einschränkend gesagt werden, daß die augenblickliche Wirtschaftslage nicht Gegenstand dieser Erhebungen war und daher als Variable zur Erklärung der Antworten nicht herangezogen wurde.)

Die Meinung der Bauern wurde zum Zeitpunkt der Befragung nicht zuletzt stark beeinflußt durch ihre Einstellung zu der von der Regierung propagierten Umsiedlung in eine zentrale Genossenschaftssiedlung (village coopératif). Das Regierungsprogramm legte darauf großen Wert, da die mentale Umerziehung zum genossenschaftlichen Denken durch die Vorzüge hygienischer Häuser, zentraler Bildungs- und Gesundheitsdienste gefördert werden sollte.

Von den 150 Befragten lebten 70 (= 47%) in einem neuen Genossenschaftsdorf, 75 (= 50%) im alten „douar" und 5 (= 3,3%) in einem anderen Dorf. Von den Bewohnern der villages coopératifs äußerten 34 (= 49%) den Wunsch, umzuziehen, von denen aus dem douar nur 17 (= 23%), insgesamt 55 Befragte (= 37%). Von denjenigen, die aus dem Genossenschaftsdorf ausziehen wollten, strebten 22 (= 65% oder 31% aller Dorfbewohner) zum traditionellen douar (diese Tendenz ist am stärksten in El Kharouba) und 15% in eine größere Stadt oder Dorf. 59% (10) der Umzugswilligen aus dem douar geben die Genossenschaftssiedlung als Ziel ihrer Wünsche an (höchster Prozentsatz 29%, U.C.P. Dakhlia).

Interessant sind die Begründungen für den erwünschten Wohnungswechsel.

Tabelle 25. **Begründungen für den Wunsch nach Wohnungswechsel sowie für dessen Ablehnung**

(in %)

Befragte, die umzugswillig sind			Befragte, die bleiben wollen		
	aus		in		
Begründungen	vill. coop.	douar	vill. coop.	douar	Begründungen
Gesamtzahl der Antworten	(33)	(17)	(36)	(57)	
Geringere Entfernung zur Arbeitsstelle	*12*	*23*	*26*	*11*	Geringere Entfernung zur Arbeitsstelle
Größere Nähe zur Familie	*18*	*23*	*3*	*27*	Größere Nähe zur Familie
Anderes Haus ist					Jetziges Haus ist
schöner	*18*	*42*	*26*	*9*	schöner
hygienischer	*9*	*6*	*0*	*0*	hygienischer
billiger	*37*	*0*	*0*	*11*	billiger
	0	*0*	*0*	*12*	Hat investiert
andere Gründe	*6*	*6*	*9*	*12*	andere Gründe
ohne Begründung	*0*	*0*	*36*	*18*	ohne Begründung
Insgesamt	*100*	*100*	*100*	*100*	

Quelle: Eigene Erhebungen.

Das Genossenschaftshaus als Statussymbol, die Nähe der Familie und die Kosten sind offensichtlich die wichtigsten Begründungen der Wünsche, mögen sie in Richtung Umzug oder Beharrung gehen. Sie deuten an, daß die Lebensgewohnheiten im douar – auch bei den jüngeren Leuten – das Denken der Mitglieder noch stärker beeinflussen als politisch und ideologisch begründete Auffassungen vom Genossenschaftsstil.

III. Arbeitsweise der Genossenschaften

Die wirtschaftlichen Ziele der Produktionsgenossenschaften, die wir eingangs kurz andeuteten, sollen insbesondere durch folgende betriebswirtschaftliche Maßnahmen erreicht werden[9]:

a) Verbesserung der Sorten und Verwendung von ausgewähltem Saatgut,
b) rechtzeitige und richtige Bodenbearbeitung durch Mechanisierung,
c) Einführung einer mehrgliedrigen, bodenerhaltenden und ökonomisch ausgewogenen Fruchtfolge,
d) Verwendung von mineralischem und organischem Dünger zur nachhaltigen Steigerung der Erträge.

Während die Punkte a) und d) im wesentlichen Probleme der Bereitstellung und Verteilung aufwerfen, sind die Punkte b) und c) in erster Linie von sachgemäßer Betriebsführung und -organisation abhängig. Letztere stellen wohl die größeren Probleme der Produktionsgenossenschaften dar, denn noch fehlt es an qualifizierten landwirtschaftlichen Fachkräften, die für eine so große Aufgabe in großer Zahl benötigt werden, und auch an dem notwendigen Maschinenpark, an Einrichtungen und Personal zu dessen Bedienung, Wartung und Reparatur.

Die Gesamtfläche der Genossenschaft wird entsprechend dem in einer landwirtschaftlichen Planstudie vorgesehenen Anbauverhältnis in Blöcke eingeteilt. Wo immer es möglich ist, wird ein Bewässerungsperimeter angelegt. Auf diesem Land wird Gemüse und Obst angebaut. Baumkulturen (Oliven, Obst) wurden in großem Umfang je nach Eignung des Geländes angelegt. Auf dem unbewässerten Ackerland hat sich überwiegend das sogenannte „assolement triennal“ durchgesetzt. Diese dreigliedrige Fruchtfolge wird je nach Bodenbonität und lokalen klimatischen Bedingungen abgewandelt. Drei Typen werden demnach unterschieden:

9 In: Terre de Tunisie, S. 10. (La mise en place du système coopératif.)

Übersicht 4. **Die dreigliedrige Fruchtfolge**

	Schlag I	Schlag II	Schlag III
Typ 1	Hartweizen	Weichweizen	Leguminosen (Pferdebohnen)
Typ 2	Hartweizen	1/2 Weichweizen oder Gerste	1/2 Leguminosen
		1/2 Wicken oder Hafer	1/2 Brache
Typ 3	Hartweizen	1/2 Gerste 1/2 Weichweizen	Grasbrache

Quelle: E. MAKHLOUF: Structures Agraires. S. 201.

Nach über einem halben Jahrhundert der Getreidemonokultur bedeutet die Einteilung des Ackerlandes in drei Schläge mit einer sinnvollen Fruchtfolge eine „echte landwirtschaftliche Revolution, welche die Produktionsgenossenschaften als wirkliches Modell der Diversifizierung des Anbaues auszeichnet“ [10]. Tatsächlich liegt u. E. hierin der wesentliche Vorteil der Produktionsgenossenschaften, denn auf dem Wege der Beratung hätte die Diversifizierung des Anbaus auf Privatland nicht so rasch durchgeführt werden können. Gleichzeitig liegt hierin auch ein schwerwiegendes Problem. Die Führung und Organisation von 500- bis 1000-ha-Betrieben ist allen beteiligten Kräften ohnehin fremd. Kommt nun als erschwerender Faktor die ausgeklügelte Betriebsaufteilung in verschiedene Schläge, in Bewässerungsflächen und Baumkulturen und der Aufbau einer leistungsfähigen Viehwirtschaft hinzu, so überfordern solche Aufgaben zweifellos die bisherigen Fähigkeiten der Bauern und der Genossenschaftskader. Es ist daher unerläßlich, daß die Betriebsplanung und die Durchführung der Arbeiten von – staatlichen – Fachkräften durchgeführt bzw. überwacht wird. Dazu bedurfte es eines besonderen Verwaltungsschemas der Genossenschaften.

Die obere und entscheidende Institution soll die Generalversammlung darstellen. Sie findet jährlich oder als außerordentliche Veranstaltung statt. Die tägliche Arbeitseinteilung und -überwachung nimmt der Verwaltungsrat vor. Er setzt sich aus sechs Mitgliedern zusammen: Präsident, Vizepräsident, Generalsekretär und drei Ratsmitglieder. Alle sind Mitglieder der Genossenschaft. Zwei von ihnen werden in jedem Jahr von der Generalversammlung gewählt, Wiederwahl ist möglich. Der Verwaltungsrat soll wöchentlich zusammentreten und das Arbeitsprogramm der Woche ausarbeiten. Ihm stehen der Direktor der Genossenschaft und von Fall zu Fall der regionale Agraringenieur zur Seite. Der Direktor ist nicht Mitglied der Genossenschaft, soll aber von ihr nominiert werden. Sein Gehalt geht zu Lasten der Genossen-

10 E. MAKHLOUF: Structures Agraires. S. 201.

schaft, seine Dienststellung ist jedoch die eines staatlichen Beamten, da er dem staatlichen Agraringenieur untersteht und dessen Weisungen in der Genossenschaft durchzuführen hat.

Die täglichen Arbeiten werden in mehrere Untergruppen eingeteilt, an deren Spitze je einer der Genossen als „caporal" oder „gardien" Vorarbeiterfunktionen wahrzunehmen hat. Mit der Durchführung der Feld- und Hofarbeiten werden dann die übrigen aktiven Genossenschaftsmitglieder beauftragt, die in Arbeitsspitzen durch Tagelöhner unterstützt werden. Der Arbeitsbedarf wird – bei gegebenem Anbauverhältnis und Viehbesatz – für das gesamte Jahr vorher festgelegt, indem die für einen ha der jeweiligen Fruchtart unter Berücksichtigung der Mechanisierungsstufe notwendigen Männerarbeitstage mit dem Umfang der jeweiligen Anbaufläche multipliziert und die Resultate addiert werden. Die Gesamtsumme der in Feldbau und Viehhaltung notwendigen Arbeitstage wird durch die Anzahl der aktiven Genossenschaftsmitglieder dividiert. Das Ergebnis ist die von jedem Mitglied zu erbringende Anzahl von Arbeitstagen pro anno [11]. Dies sind im Durchschnitt 180 bis 250 Tage im Jahr, wobei der Lohn pro Tag zum Zeitpunkt der Untersuchung 350–400 Millimes (= DM 2,66 – DM 3,04) betrug. Nur die Funktionäre und Facharbeiter (Präsident, Mitglieder des Verwaltungsrates, Traktorfahrer und Mechaniker) erhalten mehr; normalerweise 400–500 Millimes (= DM 3,04 – DM 3,80) täglich. Außer dem Präsidenten wird niemand über die tatsächlichen Arbeitstage hinaus bezahlt [12].

Ein schwerwiegendes Problem ist das Überangebot von Arbeitskraft. Die Mitglieder müssen, wenn sie einen entsprechenden Landanteil eingebracht haben, von der Genossenschaft beschäftigt werden. Da die Genossen für eine ganzjährige Beschäftigung im allgemeinen zu zahlreich sind, müssen sie eine halbjährige Arbeitslosigkeit in Kauf nehmen. Wer zum festgesetzten Arbeitsbeginn (üblicherweise 6 Uhr morgens) nicht anwesend ist, hat kein Recht darauf, am selben Tag noch zu arbeiten. Stundenweise Verrechnung gibt es nicht. Diese strukturbedingte Arbeitslosigkeit wirkt sich in den Genossenschaften oft sehr negativ auf die Qualität der geleisteten Arbeit aus.

In den Genossenschaftsstatuten ist vorgesehen, daß die Mitglieder am Reinertrag beteiligt werden. 25% des Reinertrages sollen entsprechend den geleisteten Arbeitstagen verteilt werden. Je 5% sind für die gesetzlich vorgeschriebenen und satzungsmäßigen Reserven abzuführen. Von den restlichen 65% des Reinertrages sind $^{2}/_{3}$ für die Verteilung entsprechend dem eingebrachten Landanteil vorgesehen und $^{1}/_{3}$ soll einem Sonderfonds für soziale Leistungen usw. zugeführt werden. Tatsächlich ist diese Ertragsverteilung bis heute kaum

11 Hat ein Mitglied außerhalb der Genossenschaft noch Privatland, so wird der dafür notwendige Arbeitsaufwand manchmal von der Genossenschaft abgezogen, um eine gleichmäßige Arbeitsverteilung zu erzielen.

12 Vgl. dazu V. Kobelt: Planung und Planrealisierung. S. 158 f.

erfolgt. Die meisten Genossenschaften arbeiten mit Defiziten, so daß eine Gewinnverteilung ohnehin entfällt. Der Teil eines eventuellen Gewinnes, der für eine Ausschüttung gemäß den eingebrachten Landanteilen vergeben ist, wird überwiegend für das „autofinancement", d. h. die Selbstfinanzierung der Betriebskosten und Investitionen, einbehalten. Ebenso verhält es sich mit dem zu zahlenden Pachtzins an die sogenannten inaktiven Mitglieder. Den Berichterstattern ist kein Fall bekannt geworden, wo eine Rendite für das auf diese Weise in die Produktionseinheiten integrierte Land tatsächlich regelmäßig entrichtet worden wäre.

Das heißt also, daß das eingebrachte Land bei der Entlohnung der aktiven Mitglieder unberücksichtigt bleibt. Das System der Produktionsgenossenschaften ist daher nicht als Beispiel einer umfassend geänderten Agrarverfassung zu interpretieren, sondern als Änderung eines Teils der Agrarverfassung, nämlich der Arbeitsverfassung.

IV. Die „Unités Coopératives de Production du Nord" im Jahr 1968 — ein Modell für landwirtschaftliche Entwicklung?

Gegenstand dieses Forschungsauftrages war nicht eine nach wirtschaftlichen und sozialen Kriterien wertende Erfolgskontrolle. In den meisten Gutachten und Berichten über die U.C.P. bis zum Jahre 1968 wird allerdings deren wirtschaftliche Rentabilität geringer als erhofft angeschlagen [13].

Ziel der Produktionseinheiten ist eine umfassende Änderung der Agrarstruktur. Eine Bodenreform ist dabei nicht ausdrücklich angestrebt worden und in den strukturellen Änderungen auch nicht enthalten, da

a) die modernen Großbetriebe ausgeschlossen und zum Teil in ihrer Rentabilität beeinträchtigt worden sind (Fehlen von Pachtland),
b) wenig fruchtbare Marginalböden ebenfalls von der Genossenschaftsfläche ausgespart blieben – oder im Falle ihres Einbezugs einen Hindernisfaktor für die Entwicklung darstellen.

Eine Änderung des Bodennutzungssystems bahnt sich an. Die Aufgabe der „moniteurs" und „ingénieurs agricoles" ist aber nicht leicht. Die jahrzehntelang gewinnbringende Weizenmonokultur der colons galt in den Augen der

13 D. E. Ashford: The Organization of Cooperatives and the Structure of Power in Tunisia. In Journal of Developing Areas, Spring 1967.
P. J. van Dooren: Karakter en Perspectieven der tunesische Landbouwcooperaties. In: Kroniek van Afrika, VI., Universitaire pers Leiden, 1. März 1966, S. 51–89.
Vgl. dazu V. Kobelt: Planung und Planrealisierung. S. 180 f.

fellahs als modern. Jetzt sollen sie über dieses Niveau noch hinaus zu denken vermögen und bodenfruchtbarkeitssteigernde Fruchtfolgen praktizieren. Diese Erwartung können die U.C.P. nicht erfüllen, solange man sie in erster Linie als Institutionen der Selbsthilfe, als gemeinschaftliche Anstrengungen zur Produktionsverbesserung und -steigerung betrachtet [14]. Allerdings sieht ZGHAL in gewissen Traditionen sogar einen Vorteil für das neue Bodennutzungssystem: „Die sehr alten Traditionen einer kollektiven Bewirtschaftung des Familien-Grundbesitzes, der Zustand für Nichtteilung eines großen Teiles des bäuerlichen Besitzes, die allgemeine Verbreitung der Verpachtung im Gefolge der Atomisierung des Besitzes waren günstig für die Anwendung eines rationellen Fruchtfolgeplans und einer kollektiven Betriebsführung." [15] Erfahrungen mit den „lotissements" (Ansiedlungen von Neusiedlern auf eigenem Land z. B. im unteren Medjerda-Tal [16]) haben gezeigt, daß privatwirtschaftende Bauern bessere Ergebnisse durch Anwendung von Beregnung und verbesserter Viehzucht aufzuweisen haben als die Genossenschaften.

Die genannte Aufgabe ist von den U.C.P. nur zu lösen, wenn man sie als staatliche Organisationen von Kleinlandwirten versteht. ASHFORD hat darauf hingewiesen, daß die reglementierte Ausbreitung des Genossenschaftswesens in Tunesien eine notwendige Bedingung ist, um das Einparteiensystem zu stützen [17]. Die straffe Organisation, verbunden mit dem garantierten Mindesteinkommen, bietet für die große Zahl von landwirtschaftlichen „Marginalexistenzen", wie sie oben beschrieben wurden, den Vorzug, in das System von Staat und Partei eingefügt, aber nicht der ländlichen Existenzform entfremdet zu werden. Die Regierung vermeidet damit das Risiko eines Industrieproletariats, das gewöhnlich eher zu Rebellion und Unruhe geneigt ist als die ländliche Bevölkerung. Andererseits ist die genossenschaftliche Organisation eher geeignet zur Weitergabe zentraler Anweisungen als eine nach privatwirtschaftlichen Grundsätzen arbeitende Bauernschaft. ASHFORD illustriert diesen Vorgang am Beispiel der durch die staatliche Unabhängigkeit entstandenen neuen Verbindungen zwischen Bürgern und Machtträgern in Tunesien: „Sobald diese neue Verbindung . . . auf die politischen Gesamtziele des Landes bezogen war, wurde sie in neue staatliche Forderungen umgemünzt, statt als ein Instrument entwickelt zu werden, um die neuen Forderungen und Interessen des Volkes

---

14 Genau dies ist jedoch der Tenor der offiziellen tunesischen Verlautbarungen.

15 A. ZGHAL: Système de parenté. S. 104.

16 Über diese Siedler liegt ebenfalls eine Untersuchung aus dem Institut für ausländische Landwirtschaft der Universität Hohenheim vor.

17 „Das Genossenschaftswesen kann angesehen werden als der Versuch, das Bedürfnis der Einheitspartei nach Uniformität und Vorhersehbarkeit abzustimmen mit den Unsicherheitsfaktoren der Landwirtschaft. Das Genossenschaftswesen stellt eine einheitliche Hierarchie dar, in der diese Bedingungen der Struktur der Einheitspartei angepaßt werden." D. E. ASHFORD: The Organization of Cooperatives and the Structure of Power in Tunisia. In: Journal of Developing Areas, Spring 1967.

in der Regierung zu organisieren und zu artikulieren." [18] Diese Ziele und Anweisungen werden, soweit sie politischer oder sozialer Natur sind, von den Parteistellen und -funktionären nicht ohne Erfolg weitergegeben. Organisatorische und soziale Entscheidungen in einer Genossenschaft können aber nicht getrennt werden, ja sie sind bis zu einem gewissen Grade abhängig von den betriebswirtschaftlichen Operationsanweisungen. Hier liegt der – von niemandem bestrittene – große Mangel der U.C.P.: Es fehlen genügend geeignete und einflußfähige landwirtschaftliche Berater. Die bereits eingesetzten werden oft wegen ihrer Herkunft aus dem Sahel von den Genossenschaftsmitgliedern innerlich abgelehnt. Dies ist aber nicht nur eine sozusagen „technische Lücke", die mit geeigneten Maßnahmen zu schließen ist, sondern ein strukturbedingter Fehler beim Einführen einer zwar regional, aber nie sozioökonomisch differenzierten landwirtschaftlichen Entwicklungspolitik durch Genossenschaftsgründung.

Der Hauptengpaß auf diesem Gebiet ist der Mangel an geeigneten und ausgebildeten landwirtschaftlichen Beratern. Da die Regierung beachtliche Anstrengungen macht, um die Ausbildungsmöglichkeiten auszuweiten, kann man seine Hoffnung auf eine günstige Entwicklung setzen. Vorerst zeigen Einzelanordnungen immer wieder, daß man den Zusammenhang zwischen dem Interesse der Bauern an Produktionssteigerung und den Fähigkeiten ihrer Anleiter nicht begriffen hat (wie z. B. bei der 1968 erfolgten Anordnung, einer landwirtschaftlichen Schule ihre Versuchs- und Arbeitsfläche wegzunehmen und in eine Genossenschaft [!] zu verwandeln).

Wo immer die Existenzbedingungen der groupe familial die volle wirtschaftliche Versorgung aller Angehörigen erlaubte, fallen aus der Sicht der Betroffenen keine Vorteile mehr für den U.C.P.-Beitritt ins Auge. Die doppelte Bindung an Genossenschaft und groupe familial (die ja an den Einkünften partizipieren soll) erlaubt weniger wirtschaftliche Bewegungsfreiheit als zuvor.

Zusammenfassend kann man sagen, daß die ablehnend reagierende Gruppe vom wirtschaftlichen Standpunkt aus für die Genossenschaft wichtiger ist als die beruflich noch nicht festgelegten jüngeren Jahrgänge und die Kleinstlandwirte, Gruppen, die beide hauptsächlich am garantierten Mindestlohn, weniger an der Entwicklung ihrer Betriebe interessiert waren. Indem die Mitgliederzahlen in jüngster Zeit sogar noch durch Arbeitslose aufgestockt worden sind, verringert sich die Chance, den wirtschaftlich erfahreneren Bauern das Schwergewicht bei der Leitung der Genossenschaften zu geben, sie gewissermaßen vom Eigeninteresse her zur Verbesserung der genossenschaftlichen Produktion heranzuziehen.

---

18 D. E. Ashford: The Organization of Cooperatives and the Structure of Power in Tunisia. In: Journal of Developing Areas, Spring 1967.

Daß viele Bauern es auch ablehnen, in die neuen hygienischen Genossenschaftsdörfer zu ziehen, vielmehr von dort weg wieder zum verstreuten Lehm-„gourbi“ streben, ist kein Beweis für die Unangepaßtheit dieser Idee. Es zeigt, daß die Mentalität der Bauern an anderen Denkelementen orientiert ist, daß Wärme, menschliche Nähe und niedere Lebenshaltungskosten eher für wünschenswert gehalten werden als Hygiene und Geräumigkeit. Falsch ist der Ansatz nur insofern, als die Genossenschaften als Erziehungsmittel zum modernen, hygienischen und auch genossenschaftlichen Denken angesehen werden. Was als Instrument betrachtet wird, diskreditiert sich, indem es sich als Hindernis auf dem angestrebten Weg erweist. Ein Staat kann sich über die Mentalität seiner Bürger hinwegsetzen und Fortschritt anordnen – er kann seine Politik aber auch an den Vorstellungen von Rentabilität und Rationalität orientieren, die seine Bauern haben, ohne damit an Rückhalt einzubüßen. Wie schwer das im Falle der tunesischen fellahs ist, soll zum Schluß noch einmal ein Zitat des Maghreb-Kenners P. Marthelot verdeutlichen: Die traditionelle Landwirtschaft ist „eher eine Gesellschaft als eine Berufsform. Das erklärt, warum sie verhältnismäßig in sich zurückgezogen ist und so wenig Anpassungsfähigkeit gegenüber notwendigen Entwicklungen zeigt. Es ist eine Welt ohne Freiheit, Gefangener ihrer Strukturen; genauer gesagt, soziologischer Strukturen, die für den einen durch Familie und douar, für den anderen durch die Stammesgruppe repräsentiert werden.“ [19]

19 P. Marthelot: Niveaux de Vie Liés à l'Agriculture, Colloque International sur les Niveaux de Vie en Tunisie. In: Publications de l'Institut des Hautes Etudes de Tunis. Vol. III, Fasc. II, 1957 (Act. 1955), S. 9.

E. Literaturverzeichnis [1]

ALOUANE, Youssef: Attitudes et comportements des coopérateurs dans deux unités de production du Nord. In: Etudes de Sociologie Tunisienne, Vol. 1, No. 1, 1968, S. 81–164.

ARDANT, Gabriel: La Tunisie d'aujourd'hui et de demain. Une expérience de développement économique. Paris 1961.

ASHFORD, Douglas E.: Elite values and attitudinal change in the Maghreb. Vervielf. Manuskr., o. J., 24 + 8 Seiten.

—: National development and local reform. Political participation in Marocco, Tunisia, and Pakistan. Princeton U.P. 1967.

—: The organization of cooperatives and the structure of power in Tunisia. Vervielf. Manuskr. 1966. Auch in: Journal of Developing Areas, Spring 1967.

ATTIA, Habib: Les coopératives de polyculture et la modernisation dans les régions semi-arides. Vervielf. Manuskr. für Colloque de Géographie Maghrébine. Tunis, 5.–10. Oktober 1967.

—: L'évolution des structures agraires en Tunisie depuis 1962. In: Rev. Tun. de Sc. Soc., No. 7, 3e année, Nov. 1966, S. 33–58.

—: L'évolution des structures sociales et économiques dans les hautes steppes. In: Rev. Tun. de Sc. Soc., 3e année, No. 6, Juin 1966, S. 5–41.

BARDIN, Pierre: La vie d'un douar. Essai sur la vie rurale dans les grandes plaines de la Haute Medjerda, Tunisie. Recherches Méditerranéennes. Documents 2. Mouton, Paris/Le Haye 1965.

—: Le cadastre de la haute vallée de la Medjerda. In: Cah. Tun., 1re année, Nos. 3–4, 1953.

—: Les groupements coopératifs de motoculture des sociétés tunisiennes de prévoyance dans la haute vallée de la Medjerda. In: Bull. Ec. Soc. Tunis, Mai 1949, Vol. 28, S. 22–28.

BARTHÉLÉMI, M.: La réforme des terres collectives en Tunisie: accession à la propriété privative des Oulad Sidi Ali Ben Aorm. Economie et Réalités Mondiales. Juillet 1954, S. 21–25.

BERQUE, Jacques: Quelques problèmes de la décolonisation. In: L'Homme et la Société. Revue International de Recherches et de Synthèses Sociologiques. No. 5, Juillet–Sept. 1967, Edit. Anthropos. Paris.

BIROT, Ch.: Du système de l'immatriculation foncière. In: Bull. Ec. Soc., Nos. 25, 27, 31, 32, 34, 35, 1949–1950.

---

1 Abkürzungen:

Cah. Tun.	=	Cahiers de Tunisie.
IBLA	=	Revue de l'Institut des Belles Lettres Arabes.
Rev. Tun. de Sc. Soc.	=	Revue Tunisienne de Sciences Sociales, Publication du C.E.R.E.S.
Bull. Ec. Soc.	=	Bulletin Economique et Social de la Tunisie.

Bodenstedt, A., Junghans, K. H., Zeuner, T.: Typische Verfahrensweisen in landwirtschaftlichen Beratungsprojekten und ihre Wirkung auf die Adaptionsbereitschaft der Bauern. Vervielf. Manuskript. Forschungsstelle für Agrarstruktur und Agrargenossenschaften der Entwicklungsländer e.V., Heidelberg 1968.

Bouhdiba, Abdelwahab: Point de vue sur la famille tunisienne actuelle. In: Rev. Tun. de Sc. Soc., 4e année, No. 11, Octobre 1967, S. 11–20.

Bourguiba, Habib: De la coopération (discours prononcé par le Président de la République à la Bourse du Travail à l'Inauguration du Congrès National de la Coopération), Sécrétariat d'Etat aux Affaires Culturelles et à l'Information. Tunis 1962.

—: Rede am 27. 10. 1961, zit. b. Micaud: Tunisia. The politics of modernization. 1964.

Brown, Leon Carl: Colonization – A second look. Institute of Current World Affairs Newsletter. Mimeo. May 23, 1961, S. 13–17.

Buthaud, E.: De l'utilisation des documents cadastraux en Tunisie pour l'étude du paysage rural. In: IBLA, 13e année, 2e trim., 1960, No. 50, S. 153–192.

—: Introduction à l'étude des problèmes humains de l'immatriculation foncière en Tunisie. In: Cahiers de Tunisie. 1e année, Nos. 3–4, 1953, S. 229.

Callens, Michel: Développement des structures coopératives. In: IBLA, 29e année, No. 116, 4e trim., 1966, S. 371–396.

—: Education du milieu rural. In: IBLA, 22e année, 4e trim., 1959, No. 88, S. 401–417.

—: Psycho-sociologie rurale. I. Sociologie céréalière. In: IBLA, 23e année, 4e trim., No. 92, 1960, S. 431–452.

Camilleri, Carmel: Famille et modernité en Tunisie. In: Rev. Tun. de Sc. Soc., 4e année, No. 11, Octobre 1967, S. 25–33.

—: Les problèmes psychologiques du développement. La transformation des mentalités. In: Confluent. No. 28, 1963, S. 120–130.

Chaker, A.: Terre de Tunisie, No. 9, Juin 1963, S. 7.

Charbonnier, François: Les réformes agraires en Afrique du Nord. Tome 1: La Tunisie. Paris (Fondation Nationale des Sciences Politiques, Centre d'Etude des Relations Internationales. Etudes Maghrébines 1).

Chaulet, Claudine: L'utilisation des données numériques en sociologie rurale tunisienne: la région d'Enfidaville. In: Cah. Tun., Nos. 21–22, 6e année, 1er–2e trim., 1958, S. 43–88.

Cherel, Jacques: De qui s'agit-il? ou la mise en valeur agricole, problème d'ensembles humains. In: Cah. Tun., 8e année, Nos. 29–30, 1er–2e trim., 1960, S. 17–49.

—: Les unités coopératives de production du Nord tunisien. In: Tiers-Monde, Tome V, Avril–Juin 1964, S. 235–254.

—: La coopération agricole en Tunisie. In: Terre de Tunisie. 1er juillet 1956, S. 5–32.

Cuisenier, Jean: L'ansarine. Contribution à la sociologie du développement. Presse Universitaire France. Publication de l'Université de Tunis. Faculté des Lettres et de Sciences Humaines. 3e série, Vol. VII, S. 196.

—: Le sous-développement économique dans un groupement rural: Le Djebel Lansarine. In: Cah. Tun., 6e année, Nos. 23–24, 3e–4e trim., 1958, S. 219–265.

—: Structures parentales et structures vicinales en Tunisie. In: IBLA, 23e année, No. 92, 4e trim., 1960, S. 401–430.

— et Zghal, Abdel Kader: Changements en milieu rural tunisien. Enquête sociologique à Edde Khila. In: Cah. Tun., 8e année, Nos. 29–30, 1e–2e trim., 1960, S. 50–74.

Decker-David, M. P.: L'agriculture indigène en Tunisie. Rapport Général. Tunis 1912, S. 762–763.

Demeerseman, A.: Aux frontières de la psychologie rurale. In: IBLA, No. 109, 28e année, 1ertrim., 1965, S. 1–34.
—: Unité de la paysannerie tunisienne. In: IBLA, No. 111, 28e année, 3e trim., 1965, S. 229–260.
—: Les mutations actuelles de la famille du Maghreb. In: Rev. Tun. de Sc. Soc., No. 11, Dec. 1966.
Destaune de Bernis, G.: L'agriculture tunisienne. In: Economie et Humanisme, Nos. 110 + 112, mars–avril et juillet–août 1958.
Dittmar, K.: Allgemeine Völkerkunde. Braunschweig 1956.
Dooren van, P. J.: Karakter en perspectieven der tunesische Landbouwcooperaties. In: Kroniek van Africa, VI. Universitaire pers Leiden, 1. März 1966, S. 51–89.
Douib, Abdelmejid: La région de Zarzis. I. L'occupation du sol avant 1880. In: Cah. Tun., 6e année, Nos. 23–24, 3e–4e trim., 1958, S. 311–316.
Duvignaud, Jean: Chebika. Mutations dans un village du Maghreb. Ed. Gallimard, Paris 1968.
El Aouani, Mohamed: Structure agraire d'un village côtier du nord-est de la Tunisie: Galaat et Andleuss. In: Rev. Tun. de Sc. Soc., 24e année, No. 3, Juin 1965, S. 71–108.
Etudes Maghrébines: Mélanges Charles-André Julien. Presse Universitaire de France. Publications de la Faculté des Lettres et Sciences Humaines de Paris. Série: Etudes et Méthodes. Tome 11, 1964.
Darin: Contributions à l'analyse des voies africaines du socialisme: les coopératives agricoles.
Forsing: L'entr'aide à Djerba. In: IBLA.
Gagniage, J.: Les origines du Protectorat Français en Tunisie (1861–1881).
Gardet, L.: La propriété en Islam. In: IBLA, No. 10, 1947, S. 105.
Haraguchi, Takehiko: Réforme agraire en Tunisie. Quelques aspects socio-économiques de l'unité de production. In: Rev. Tun. de Sc. Soc., 5e année, No. 12, janvier 1968, S. 89–120.
Hinrichs, Carl Theodor: Die Landwirtschaft und Viehzucht Tunesiens. Köln & Opladen, Westdeutscher Verlag, 1960, 69 S. (Forschungsberichte des Landes Nordrhein-Westfalen 838).
Hirschfield, André: La coopération en Tunisie: Bilan et perspectives. In: Revue des Etudes Coopératives, No. 133, 1963, S. 281–299.
Holm, Henrietta M. and Sant-Meyer, Carolee: Agriculture in Tunisia: Organization, production and trade. Washington (Department of Agriculture), 1964, 36 Seiten (ERS-Foreign 67).
Institut Ali Bach Hamba: Le développement de la statistique agricole dans les pays du Maghreb. Collection Rencontres et Documents, No. 5, 1967.
—: La Promotion Professionnelle et Sociale des Agriculteurs: Colloque du 3 au 7 mai 1965. Coll. Rencontres et Documents, No. 2.
—: Recherche et documentation en sciences sociales. Collection Rencontres et Documents, No. 8, Tunis 1967.
—: Les unités de documentation en Tunisie. Collection Rencontres et Documents, No. 7, 1967, Tunis.
International Labour Office: Rapport au Gouvernement de la Tunisie sur le développement du mouvement coopératif. Genève 1957–59 (OIT/TAP/Tunisie/R. 1, 3).
—: Rapport au Gouvernement de la Tunisie sur le développement de la coopération et le crédit coopératif. Genève 1964. 47 S. (OIT/TAP/Tunisie/R. 9).

Kluytenaar, J. et Pan, C. L.: Rapport au Gouvernement de la Tunisie sur la gestion des terres agricoles par l'office des terres dominales (expanded program of technical assistance). Rome, FAO 1962, PEAT Report No. 1576.

Kobelt, V.: Planung und Planrealisierung in der Landwirtschaft Tunesiens.

Kool, Rudolf Gerardus Antoine: L'agriculture tunisienne – analyse d'une économie en voie de modernisation. Wageningen (Veenman) 1963, 189 Seiten.

La coopérative au service de la nation (entretien avec M. H. Guedira, directeur général de l'O.M.V.V.M.). In: L'étudiant tunisien, No. 2, mai 1965, S. 8–11.

Lanfry: L'entr'aide au village Kabyle. In: IBLA, No. 30.

Lelong, Michel: Valeurs traditionnelles, idéologies nouvelles dans les perspectives tunisiennes de développement. In: IBLA, 24e année, 2e trim., 1961, No. 94, S. 149–165.

—: Les problèmes agraires en Tunisie. Notes et études documentaires publiées par la Documentation Française. Vol. 2, No. 225, 1957, S. 1–15.

Makhlouf, Ezzedine: La modernisation de l'agriculture en Tunisie. Vervielf. Manuskr. für Colloque de Géographie Maghrébine, Tunis, 5 au 10 octobre 1962.

—: Nouveau dualisme de l'agriculture tunisienne. Coopératives agricoles de production et grandes exploitations privées. In: Rev. Tun. de Sc. Soc., 4e année, No. 9, mars 1967, S. 27–56.

—: Structures agraires et modernisation de l'agriculture dans les plaines du Kef. Les unités coopératives de production. Cahier du C.E.R.E.S., Série Géographique, No. 1, janvier 1968.

Magnin, J.: Entr'aide familiale et institutions démocratiques. In: IBLA, 19e année, 1er trim., No. 73, 1956, S. 31–52.

—: Expériences rurales: L'épargne et l'ouvrier rural. In: IBLA, 17e année, 1er trim., No. 65, 1954, S. 93–98.

Marthelot, P.: De l'empirisme à la planification – vers une réforme des structures rurales en Tunisie. Etudes Maghrébines. Paris 1964.

—: Les Tunisiens. Réflexions sur quelques disparités géographiques et sociologiques. In: Cah. Tun., 7e année, 1er trim., No. 25, 1959, S. 123–140.

—: Niveaux de vie liés à l'agriculture colloque international sur les niveaux de vie en Tunisie. In: Publications de l'institut des hautes etudes de Tunis, Vol. III, Fasc. II, 1957 (Act. 1955).

Mendras, H.: Conclusion du Séminaire de sociologie rurale (28–30 avril 1964). In: Rev. Tun. de Sc. Soc., Février, No. 2, 1965, S. 152–153.

Micaud, Charles, with Brown, L. C. and Moore, C. H.: Tunisia. The politics of modernization. Pall Mall Press, London 1964.

Moncef, Guen: La coopération et l'état en Tunisie. Tunis 1964.

Monchicourt, Ch.: La région du Haut Tell en Tunisie. Paris 1913.

Montety de, H.: Adaption du purisme occidental aux réalités sociales tunisiennes en matière foncière. In: IBLA, No. 5, 1942.

Moore, Clement Henry: Tunisia since independence. University of California Press, Los Angeles 1965.

Müller, E. W.: Bodenrecht. In: Entwicklungspolitik, Handbuch und Lexikon, Hrsg.: H. Besters und E. E. Boesch.

Nacchache, Gilbert: Les coopératives de production du nord. Commentaire d'une enquête statistique. In: Rev. Tun. de Sc. Soc., 5e année, No. 12, janvier 1968, S. 141–160.

Nouschi, André: Enquête sur le niveau de vie des populations rurales constantinoises, de la conquête jusqu'en 1919. Presses Universitaires de France. 1962.

—: Un debat: La colonisation de la Tunisie: des terres ou des capitaux (Bespr. v. Poncet). In: Cah. Tun., 14e année, 1er–4e trim., Nos. 53–56, 1966, S. 171–186.

NIVEAUX DE VIE LIÉS À L'AGRICULTURE: Colloque International sur les niveaux de vie en Tunisie. Publications de l'Institut des Hautes Etudes de Tunis. Memoire du Centre d'Etudes de Sciences Humaines, Vol. III, Fasc. II, 1957 (Act. 1955).
PARMENTIER: L'entr'aide au Mzab. In: IBLA, No. 33.
PARSONS, Kenneth H.: The Tunisian program for cooperative farming. Manuskr., 30 june 1963.
PASCON, Paul: La modernisation rurale: Sociologie d'un programme. Vervielf. Manuskr. für Colloque de Géographie Maghrébine, 5 au 10 octobre 1967, Tunis.
PLUM, Werner: Sozialer Wandel im Maghreb. Schriftenreihe des Forschungsinstituts der Friedrich Ebert-Stiftung, Hannover 1967.
PISSALOUX, R.: L'enquête agricole en Tunisie. In: Bull. Econ. de la Tunisie, No. 37, 1950.
PONCET, Jean: Comment de la mise en valeur de la Basse-Medjerda et l'industrialisation agricole pourraientelles être rentables. In: Cah. Tun., 7e année, 1er trim., No. 25, 1959, S. 175–180.
—: La colonisation et l'agriculture européenne en Tunisie depuis 1881. Etude de géographie historique et économique, Mouton, Paris/La Haye 1962.
—: La mise en valeur de la basse vallée de la Medjerda et ses perspectives humaines. In: Annales de Géographie, mai–juin 1956, S. 199–222.
—: Notes sur la vie rurale dans l'est du Maghreb contemporain. In: Cah. Tun., 11e année, 1er–2e trim., Nos. 41–42, 1963, S. 79–93.
—: Paysages et problèmes ruraux en Tunisie. Publications de l'Université de Tunis, 1963, 374 Seiten.
—: Réforme agraire dans la basse vallée de la Medjerda. Office de la mise en valeur de la vallée de la Medjerda. Loi No. 58/63 du 11 juin 1958.
POUYANNE, M.: La propriété foncière en Algérie. Paris 1895 et Alger 1900, S. 20–31.
RÉPUBLIQUE TUNISIENNE, Sécrétariat d'Etat au Plan et à l'Economie National (früher: ... et aux Finances): Plan Triennal, Annuaire Statistique de la Tunisie, 15e vol., 1964–1965.
—: Plan Quadriennal 1965–1968. 3 Bände.
—: Ecole Nationale de la Coopération: La voie coopérative. In: Revue d'Etudes et d'Informations coopératives, No. 1, novembre–décembre, Tunis 1963.
—: Service des Enquêtes Statistiques: Structure agraire du gouvernorat de Béjà. 1961–1962.
—: Service des Enquêtes Statistiques: Structure agraire du gouvernorat de Souk-el-Arba. 1961–1962.
—: Sous-Sécrétariat d'Etat à l'Agriculture: Resultats de l'enquête sur les coopératives agricoles de production. Exercise 1963–1964 (Juillet 1966). Exercise 1964–1965 (Février 1967). Exercise 1965–1966 (Décembre 1967).
—: Unités de production du nord (Zusammenfassung 1967).
—: Sous-Direction des Affaires Foncières: Gouvernorat du Kef. Délégation de Tadjeronine, Coopérative Ennaima.
RONDOT, P.: Groupements humains traditionels et recherche sociologique en Tunisie. In: Cah. Tun., No. 11, S. 3 ff.
RUTHENBERG, H.: Organisationsformen der Bodennutzung und Viehhaltung in den Tropen und Subtropen, dargestellt an ausgewählten Beispielen. In: Handbuch der Landwirtschaft und Ernährung in den Entwicklungsländern, Bd. 1: Die Landwirtschaft in der wirtschaftlichen Entwicklung, Ernährungsverhältnisse, Stuttgart 1967, S. 122–208.
SCHILLER, Otto: Die genossenschaftliche Produktionsförderung in der Landwirtschaft der Bundesrepublik Deutschland. In: Zeitschrift für das gesamte Genossenschaftswesen, Bd. 13 (1963), S. 181–196.

SCHILLER, Otto: Die landwirtschaftlichen Produktionsgenossenschaften in Tunesien. In: Zeitschrift für das gesamte Genossenschaftswesen, Bd. 18, H. 2/3, 1968.

—: Kooperation und Integration im landwirtschaftlichen Produktionsbereich. 2. erweiterte Auflage, Frankfurt/Main 1970.

SULIAK, Ali: Initiation à la Coopération Rurale. Editions de Progrès Social. Série des Monographiques Techniques, Tunis 1961.

SETHOM, Hafedh: La vie rurale de la Tunisie contemporaine. Etude historique et géographique. In: Cah. Tun., 14e année, 1er–4e trim., Nos. 53–56, 1966, S. 187–212.

—: Les rapports entre les modes d'exploitation agricole et l'érosion des sols en Tunisie. In: Cah. Tun., 11e année, 3e trim., No. 43, 1963, S. 85–95.

—: Modernisation de l'agriculture et coopératives de services dans les zones de cultures maraîchères du Cap Bou. Vervielf. Manuskr. für Colloque de Géographie Maghrébine, 5–10 octobre, Tunis 1967.

—: Modification des structures agraires et industrialisation. In: Rev. Tun. de Sc. Soc., 3e année, No. 6, juin 1966, S. 43–48.

TABLE-RONDE autour de l'article de J. Berque: „Le Maghreb d'hier à demain." In: Cah. Tun., 14e année, 1er–4e trim., Nos. 53–56, 1966, S. 213–248.

TAUBERT, Karl: Der Sahel von Sousse und seine Randlandschaften. Jahrbuch der Geographischen Gesellschaft zu Hannover, 1967, Selbstverlag Hannover.

TERRE DE TUNISIE, Numéro Spéciale: L'expérience tunisienne en matière de coopération agricole, No. 9, Tunis, juin 1963.

TLATLI, S. E.: Tunisie nouvelle, proplèmes et perspectives. Tunis 1957.

—: Tunisie. Situation de l'agriculture. In: Bulletin Commercial Belge, mars 1960, S. 98–100.

—: Une unité de production: El Azima. In: La Tunisie Economique. Nouvelle Série No. 8, mars 1964, S. 20–23.

VERDIER, J.-M.: L'évolution de la législation foncière depuis l'indépendance. In: IBLA, 24e année, 3e–4e trim., Nos. 95–96, 1961, S. 399–403.

VOIE COOPÉRATIVE: Revue de l'Ecole Nationale de la Coopération. No. 1, nov.–déc. 1963 (Numéro spéciale: Travaux du premier séminaire national de la coopération).

YOUNÉS, Henry: Les réformes agraires dans le monde contemporain. L'expérience tunisienne. In: Développement et Civilisations, No. 22, juin 1965, S. 28–33.

ZGHAL, Abdelkader: Cadres agricoles et ouvriers qualifiés dans le nouveau système agricole. In: Rev. Tun. de Sc. Soc., 3e année, No. 7, novembre 1966, S. 137–152.

—: Changement de systèmes politiques et réformes des structures agraires en Tunisie. In: Rev. Tun. de Sc. Soc., 5e année, No. 12, janvier 1968, S. 9–32.

—: Décolonisation et nouvelle dynamique de la construction nationale. In: Rev. Tun. de Sc. Soc., 4e année, No. 10, août 1967, S. 73–89.

—: Modernisation de l'agriculture et populations sémi-nomades. Publication of the Institute of Social Studies, s'Gravenhage, Séries Maior, Vol. 13, Mouton, The Hague 1967.

—: Système de parenté et système coopératif dans les campagnes tunisiennes. In: Rev. Tun. de Sc. Soc., 4e année, No. 11, octobre 1967, S. 95–108.

ÜBERSICHTSKARTE NORDTUNESIEN

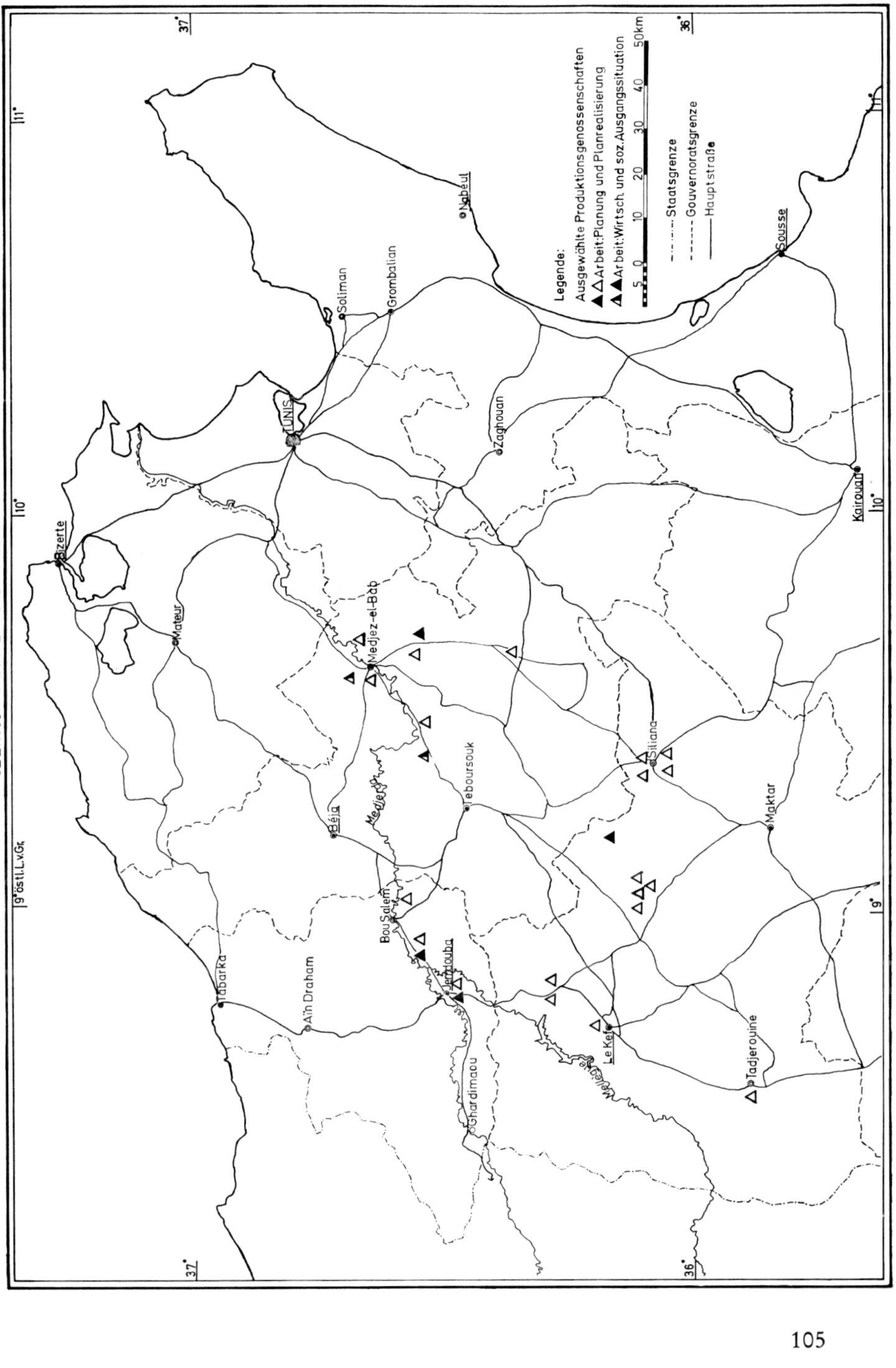

II. TEIL

PLANUNG UND PLANREALISIERUNG IN DER LANDWIRTSCHAFT TUNESIENS

mit 30 Tabellen und 6 Schaubildern

von

Volker Kobelt

Vorwort

Die Anregung zu vorliegender Untersuchung, ihre stete Förderung und wissenschaftliche Betreuung verdanke ich meinem verehrten Lehrer, Herrn Prof. Dr. H. Ruthenberg, Direktor des Institutes für Ausländische Landwirtschaft der Universität Stuttgart-Hohenheim.

Das der Untersuchung zugrunde liegende Material wurde während verschiedener Forschungsaufenthalte in den Jahren 1967 und 1968 in Tunesien gesammelt. Diese Aufenthalte wurden von der Stiftung Volkswagenwerk, Hannover, dankenswert unterstützt.

Besonderen Dank bin ich weiterhin schuldig dem Bundesministerium für Wirtschaftliche Zusammenarbeit, Bonn, dem Bundesministerium für Ernährung, Landwirtschaft und Forsten, Bonn, und dem Auswärtigen Amt, Bonn, die mir weitgehend Zugang zu den deutschen Projektunterlagen verschafften. Der deutschen Botschaft in Tunis, besonders Herrn W. Roth, Wirtschaftsreferent der deutschen Botschaft, sei gedankt für die wirksame Hilfe bei Kontaktaufnahmen zu den tunesischen Behörden.

Mein Dank gilt ferner Herrn El Fekih, Leiter der Planungsabteilung im tunesischen Landwirtschaftsministerium. Ohne seine Unterstützung und Hilfe wäre die Sammlung des empirischen Materials in Tunesien nicht möglich gewesen. Die stete Hilfsbereitschaft und Auskunftsfreudigkeit zahlreicher tunesischer und ausländischer Landwirtschaftsbeamter in Tunis und bei den Felduntersuchungen im Norden und Zentrum des Landes hat die Klärung vieler Einzelfragen sehr erleichtert.

Danken möchte ich außerdem allen Ungenannten, die durch fruchtbare Diskussion zum Gelingen der Arbeit beigetragen haben.

Volker Kobelt

Inhaltsverzeichnis

Verzeichnis der Tabellen

Verzeichnis der Schaubilder

Geleitwort

„... die Wirtschaftswissenschaft (hat) ... eine ganz besondere Aufgabe ... zu erfüllen. Sie hat die bescheidene, aber desto nützlichere Mission, inmitten der Leidenschaften der Politik und der Interessen der Wirtschaft die unbestechliche Logik der Dinge sprechen zu lassen, die unbequemen Tatsachen und Zusammenhänge ans Licht zu ziehen, alles mit abwägender Gerechtigkeit an seinen gehörigen Platz zu stellen, Seifenblasen aufzustechen, Illusionen und Konfusionen zu entlarven und gegen alle Welt die Wahrheit zu verfechten, daß zweimal 2 gleich 4 ist. Sie ist dazu geschaffen, die anti-ideologische, anti-utopische, desillusionierende Wissenschaft par excellence zu sein, und leistet damit der Gesellschaft den unschätzbaren Dienst, die Temperatur der politischen Leidenschaften abzukühlen, Massenmythen zu bekämpfen und allen Demagogen, Finanzmagiern und Wirtschaftszauberern das Leben sauer zu machen, während sie sich selber hüten muß, sich zur willigen Dienerin der Affekte zu machen, von denen Salomon im 13. Gesange des Paradiso sagt, daß sie den Verstand in Fesseln schlagen."

Wilhelm RÖPKE, 1955

A. DIE PLANREALISIERUNG ALS BEURTEILUNGSKRITERIUM LANDWIRTSCHAFTLICHER ENTWICKLUNGSPROJEKTE

Der Agrarsektor nimmt in Tunesien, wie in den meisten Entwicklungsländern, einen breiten Raum in der Volkswirtschaft ein. Er stellt die natürliche Basis der Entwicklung dar und verdient aus diesem Grunde besondere Aufmerksamkeit.

Die Klärung, ob und inwieweit die umfangreichen Anstrengungen, die in Tunesien zur Entwicklung der Landwirtschaft unternommen werden, beispielhaft auch für andere Länder sein können, ist eine der Hauptaufgaben der vorliegenden Untersuchung.

Als Beurteilungskriterium dient dabei die Planrealisierung. Sie wird als einziges Kriterium erachtet, das nicht nur die objektiven ökonomischen Projektwirkungen mißt, sondern im Rahmen ökonomischer Beurteilungskriterien auch die Erreichung agrarsoziologischer und agrarpolitischer Ziele.

Voraussetzung für eine solche Untersuchung ist die Existenz von Projektplanungen mit genügend detaillierten Informationen. Ist dies der Fall, dann kann unterstellt werden, daß sämtliche Zielvorstellungen bei einem ökonomischen Vergleich zwischen Planung und Planrealisierung erfaßt werden.

Zu diesem Zweck wird zuerst das tunesische Planungssystem sowie seine Realisierung beschrieben und beurteilt. Es folgt die spezielle Agrarplanung, die zuerst in den tunesischen Produktionsgenossenschaften realisiert wurde. Diese Betriebe werden von der tunesischen Politik immer stärker als Mittel zur Durchsetzung der Planvorstellungen angesehen, so daß der Vergleich zwischen der Planung und der Planrealisierung gerade in diesem Bereich für Tunesiens Agrarpolitik von besonderer Bedeutung ist.

Den Abschluß bilden generalisierende Bemerkungen dazu, welche Bedingungen eine bessere Planung erfüllen soll.

B. PLANUNG UND PLANREALISIERUNG IN DER TUNESISCHEN VOLKSWIRTSCHAFT

Die Grundlage der Planung in Tunesien sind die Zehn-Jahres-Perspektiven 1962–1971[1].

Sie gliedern sich in drei Teile:

- Beschreibung der aktuellen Situation zu Planungsbeginn und der ökonomischen Grundlagen,
- das gesamtwirtschaftliche Entwicklungsmodell,
- die Maßnahmen zur Realisierung dieses Modells.

Vorgesehen waren zwei Einzelpläne während dieses Dezenniums, ein Drei-Jahres-Plan und ein Sieben-Jahres-Plan[2], realisiert wurden bisher ein Drei-Jahres-Plan 1962–1964 und ein Vier-Jahres-Plan 1965–1968.

I. Die Planungstechnik

1. Die Ziele des Entwicklungsmodells

„Die Planung ist ein Imperativ unserer Politik. Es wäre nicht möglich, unsere nationale Unabhängigkeit längere Zeit aufrechtzuerhalten, wenn wir das ökonomische Chaos ließen, das uns von der französischen Administration unmittelbar hinterlassen wurde. Dies würde unser Land von ausländischer Hilfe abhängig lassen, ohne Hoffnung auf eine Änderung. Der Plan muß daher, zuerst und vornehmlich, unsere nationale Freiheit garantieren und unseren Wunsch ausdrücken, unseren freien Willen in der internationalen Szene zu bewahren.“ [3]

---

1 Perspectives décennales de développement 1962–1971. Tunis o. J.
2 Plan triennal 1962–1964. Tunis o. J., S. 11.
3 Perspectives décennales, S. 7 f. (übers. v. Verf.).

Diese Vorstellungen werden in vier Grundzielen ausgedrückt[4]:

1. Die Entkolonialisierung, d. h. Übernahme der bisher von Nichttunesiern betriebenen Aktivitäten durch Tunesier und Lösung der Abhängigkeit von der Kolonialmacht;
2. „la promotion de l'homme", d. h. Schaffung eines menschenwürdigen Lebensstandards, Schaffung gleicher Chancen für alle;
3. die Reform der bestehenden Strukturen, d. h.
   - *institutional:* „demokratische" Organisation der wirtschaftlichen Macht, Anpassung der staatlichen Administration an die Erfordernisse einer schnellen und umfassenden Entwicklung;
   - *geistig:* Beeinflussung der Mentalität der Menschen, „afin de les adapter à une vie moderne et saine d'où tout obscurantisme serait extirpé"[5];
   - *sozial:* Hebung des Niveaus der unteren Einkommensschichten;
   - *ökonomisch:* Beseitigung der regionalen und sektoralen Ungleichheiten, Beseitigung der ungleichgewichtigen und defizitären Situation der Volkswirtschaft im Welthandel,
     Nutzung aller menschlichen und natürlichen Ressourcen des Landes;
4. Erreichung eines autonomen Wachstums (l'auto-développement), d. h. Steigerung der inländischen Sparrate, damit auch ohne ausländische Hilfe ein genügendes Wachstum des Volkseinkommens möglich wird.

2. Das globale Entwicklungsmodell

Das Entwicklungsmodell der Zehn-Jahres-Perspektiven wurde aus verschiedenen Alternativen gewählt[6]. Der Wunsch nach einer möglichst schnellen Entwicklung zwang die Planer, ein Modell zu entwickeln, ohne daß ausreichende Informationen zur Verfügung standen. Die Unvollkommenheit dieses Modells war ihnen von Anfang an bewußt[7].

Die ersten Vorarbeiten begannen Ende 1957 mit der Entwicklung des Modells von Ingvar SVENNILSON[8], der von den Vereinten Nationen nach Tunesien geschickt worden war. Dieses Modell und der „Plan de Constantine"[9], dessen ökonomische Annahmen von den tunesischen Planern als auch für Tunesien

---

4 Perspectives décennales, S. 37 ff. Vgl. auch: TUNISIA, Republic of, Secretariat of State for cultural affaires and information: Tunisian Development 1962–1971. Tunis 1962, S. 54.

5 Perspectives décennales, S. 39.

6 S. BAHROUN: La planification tunisienne. Tunis 1968, S. 59 f.

7 —: a.a.O., S. 38 ff.

8 —: a.a.O., S. 29 ff.

9 Vgl. dazu u. a. J. ANTOINE: Possibilités de développement de l'Est Algérien dans le cadre du Plan de Constantine. In: Bassin Méditerranéen et Proche-Orient. „Tiers-Monde"-Problèmes des Pays Sous-Développés. Paris 1961, S. 51–72.

gültig angesehen werden, stellten die Hauptvorstudien des Entwicklungsmodells dar.

Nach dem Modell der Zehn-Jahres-Perspektiven soll das Bruttoinlandsprodukt von 1962 bis 1971 um 79% steigen, d. h. um 215 Mio. Dinar[10]. Dieser Steigerung liegen drei Voraussetzungen zugrunde:

- Das jährliche Wachstum des Bruttoinlandsproduktes beträgt 6%,
- das jährliche Wachstum des Konsums beträgt 4%,
- der Bevölkerungszuwachs beträgt:

  2,1% in den Jahren 1956–1961
  1,9% in den Jahren 1961–1966
  1,7% in den Jahren 1966–1971[11].

Der Kapitalkoeffizient wird mit 4:1 angegeben, d. h. es müssen vier Einheiten netto investiert werden, damit das Bruttoinlandsprodukt um eine Einheit steigt.

Im Plan wird in den ersten Jahren mit einem geringeren Kapitalkoeffizienten gerechnet, da zu Beginn der Planperiode in der tunesischen Industrie noch erhebliche freie Kapazitäten (bis zu 50%) als vorhanden unterstellt wurden.

Der Koeffizient beträgt für das Jahr

1961/62 3,00 : 1
1962/63 3,29 : 1
1963/64 3,78 : 1 und für den Zeitraum
1964/71 4,00 : 1.

Die Lebensdauer des tunesischen Kapitalstockes war den Planern nicht bekannt. Sie verwendeten die Annahme des Planes von Constantine[12]. Danach beträgt die Lebensdauer etwa dreißig Jahre. Im Planmodell werden die jährlichen Amortisationen bestimmt, indem zu den vorjährigen Amortisationen 3% der vorjährigen Nettoinvestitionen hinzugefügt werden. Dies bedeutet, daß der Plan mit einer Lebensdauer des tunesischen Kapitalstockes von 33 1/3 Jahren rechnet.

Das Sparvolumen haben die Planer aus den unterschiedlichen Wachstumsraten für das Bruttoinlandsprodukt (6%) und den Konsum (4%) errechnet. Von den Bruttoinvestitionen wird im Plan das entsprechende Sparvolumen abgezogen, der verbleibende Rest ist der notwendige ausländische Beitrag, der zur Verwirklichung der Planvorstellungen mobilisiert werden muß.

Die derart geplante makroökonomische Entwicklung ergibt sich aus der Tabelle 1.

---

10 1 Dinar bis 1964 etwa 10,00 DM; ab September 1964 etwa 7,50 DM. Umrechnungen werden im folgenden im Verhältnis 1 : 7,50 vorgenommen.

11 Perspectives décennales, S. 23.

12 Bahroun: a.a.O., S. 40.

Tabelle 1. **Die geplante tunesische Entwicklung von 1961–1971 in Mio. Dinar**
(in konstanten Preisen von 1957)

Jahr	Brutto-inlandsprodukt	Netto-investition	Amortisation	Brutto-investition	Sparrate	Sparvolumen	notwendiger Auslandsbeitrag	Konsum
1961	271	48	16,2	64,2	*8%*	19	45,2	252
1962	287	56	17,6	73,6	*11%*	33	40,6	254
1963	304	68	19,3	87,3	*16%*	48	39,3	256
1964	322	76	21,3	97,3	*18%*	58	39,3	264
1965	341	84	23,6	107,6	*20%*	69	38,6	272
1966	362	88	26,1	114,1	*21%*	75	39,1	287
1967	384	92	28,7	120,7	*22%*	84	36,7	300
1968	407	100	31,4	131,4	*23%*	90	41,4	317
1969	432	104	34,4	138,4	*24%*	104	34,4	328
1970	458	112	37,5	149,5	*25%*	114	35,5	344
1971	486	116	40,9	156,9	*26%*	126	30,9	360
62–71		896	280,8	1176,8		801	375,8	

Quelle: Perspectives décennales, S. 44 ff. (zusammengestellt vom Verfasser).

Dieses Modell enthält keine speziellen Informationen, z. B. über Sektoren oder Einzelgüter. Zu diesem Zweck wurde von den Planern eine input-output-Tabelle zusammengestellt, die 160 Einzelgüter in 22 Sektoren berechnet[13].

II. Die Planrealisierung in der tunesischen Volkswirtschaft 1962—1967

Die reale Entwicklung der Wirtschaft in Tunesien ist mit den Angaben der Zehn-Jahres-Perspektiven nicht direkt vergleichbar. Der Plan geht von den Preisen des Jahres 1957 aus, die verfügbaren Realzahlen von der Preisbasis 1960. Aussagen über das Wachstum sind jedoch möglich. Über die reale Entwicklung der tunesischen Volkswirtschaft unterrichtet die Tabelle 2 auf S. 120.

Zwischen 1961 und 1966 betrug der Zuwachs des Bruttoinlandsproduktes 25%, für 1967 wurde mit einem weiteren Wachstum von 6,4% gerechnet. Damit betrug in den ersten fünf Jahren der Planperiode der Zehn-Jahres-Perspektiven das durchschnittliche Wachstum des Bruttoinlandsproduktes 5% jährlich.

Der Gesamt-Konsum wuchs in der gleichen Zeit um 17,8%, d. h. im Durchschnitt um 3,6% jährlich.

Die Sparrate betrug 1961 9,1% des Bruttoinlandsproduktes. Sie stieg bis 1966 auf 14,4%.

Diese drei Indikatoren weisen darauf hin, daß die Planziele der Zehn-Jahres-Perspektiven nicht ganz erreicht wurden. Aus der Tabelle 1 ergibt sich, daß der Plan für die ersten fünf Jahre ein durchschnittliches Wachstum des Bruttoinlandsproduktes von 6,7% vorsah, des Konsums dagegen von nur 2,8%. Die Sparrate des Jahres 1966 sollte 21% des Bruttoinlandsproduktes betragen.

Gegenüber dem Plan ist auch eine stärkere Verschuldung Tunesiens zu beobachten. In den Zehn-Jahres-Perspektiven wird damit gerechnet, daß in den ersten fünf Jahren der Auslandsbeitrag 41% der Bruttoinvestitionen deckt, real wurden dagegen 46% der Bruttoinvestitionen durch ausländische Mittel finanziert. Bahroun[14] erklärt dies damit, daß im Drei-Jahres-Plan als Obergrenze für die Auslandsverschuldung nicht mehr 50% der *Netto*investitionen gelten, sondern 50% der *Brutto*investitionen. Insgesamt (für das Dezennium) soll jedoch die Summe der Zehn-Jahres-Perspektiven Gültigkeit behalten (50% der Nettoinvestitionen).

---

13 Perspectives décennales, S. 353. Plan triennal, Anhang. Bahroun: a.a.O., S. 45 ff.

14 Bahroun: a.a.O., S. 82.

Tabelle 2. **Die reale tunesische Entwicklung von 1961–1967 in Mio. Dinar**

(in konstanten Preisen von 1960)

Jahr	Brutto-inlandsprodukt zu Marktpreisen	Zuwachsrate	Brutto-investition	Sparvolumen	Bestands-veränderungen	Auslandsbeitrag	Gesamtkonsum	Zuwachsrate
1961 [a]	356,1		63,9	32,5	+9,1	40,5	323,6	
1962 [a]	361,3	+ *1,5%*	73,8	28,2	—7,0	38,6	333,1 [b]	+ *2,9%*
1963 [a]	383,6	+ *6,2%*	82,6	42,3	—4,9	35,4	341,3 [b]	+ *2,5%*
1964 [c]	409,8	+ *6,8%*	96,5	51,3 [d]	—0,3	44,9	357,9	+ *4,9%*
1965 [e]	437,3	+ *6,7%*	106,0	54,9 [d]	+4,8	55,9	382,4	+ *6,8%*
1966 [e]	445,2	+ *1,8%*	102,5	64,1 [d]	—	38,4	381,1	— *0,3%*
1967 [e, f]	473,8	+ *6,4%*	88,0	63,3 [d]	+7,0	31,7	410,5	+ *7,7%*
61–66		+*25,0%*	525,3	273,3	+1,7	253,7		+*17,8%*

Quelle: Bearbeitet und zusammengestellt vom Verfasser.

[a] Rapport d'exécution du plan triennal 1962–1964. Tunis o. J., S. 17 ff.
[b] Vom Verfasser korrigiert.
[c] Rapport d'exécution du plan pour l'année 1965. Tunis o. J., S. 11.
[d] Vom Verfasser errechnet, da nicht preisbereinigt angegeben bzw. da Angabe fehlt.
[e] Rapport sur le budget économique de l'année 1967. Tunis o. J., S. 47.
[f] Schätzungen.

III. Beurteilung des tunesischen Entwicklungsmodells

Aus dem Vergleich der realen Entwicklung Tunesiens mit der Planung der Zehn-Jahres-Perspektiven ergeben sich erste Hinweise, ob in den Plannannahmen die Wirklichkeit richtig eingeschätzt wurde.

1. Die Zuwachsrate des Bruttoinlandsproduktes erfüllt das Planziel zu etwa drei Vierteln. Ein gleiches Ergebnis ist bei dem Investitionsvolumen im Verhältnis zum Bruttoinlandsprodukt gegeben. Dies deutet darauf hin, daß die Planer das Verhältnis zwischen Bruttoinvestitionen und Bruttoinlandsprodukt richtig geschätzt haben.

Der Kapitalkoeffizient wird im Plan mit 4:1 angegeben. Die Berechnung dieses Koeffizienten zwischen den Jahren 1950 und 1957 bei Bahroun[15] ergibt einen Wert von 4,3:1. Bahroun schreibt, daß für die Planperiode mit einem Koeffizienten von 3,3:1 gerechnet werden müßte (Ausnutzung freier Wirtschaftskapazitäten, Nachlassen von Infrastrukturinvestitionen, Steigerung des qualitativen Niveaus der Arbeit). Aus der Tabelle 1 auf S. 118 errechnet sich ein Kapitalkoeffizient von durchschnittlich 3,85:1. Der Kapitalkoeffizient ist nur ex post bestimmbar. Die Realzahlen lassen dies jedoch nicht zu, da keine Angaben über den realisierten Umfang der Amortisationen vorliegen. Werden die *Brutto*investitionen mit dem Zuwachs des Bruttoinlandsproduktes ins Verhältnis gesetzt, dann ergeben sich sowohl aus der Tabelle 1 (S. 118) als auch aus der Tabelle 2 (S. 120) als Ergebnis die Werte 4,7:1 für die ersten fünf Jahre. Dies bedeutet, daß der Kapitalkoeffizient, der sich auf die *Netto*investitionen bezieht, offenbar richtig geschätzt wurde[16].

2. Inwieweit die Einkommensziele der Planung erreicht werden, hängt weitgehend vom Bevölkerungszuwachs ab. Er wird für die Zeit von 1961–1966 mit 1,9% jährlich angegeben (vgl. S. 117). Neuere Unterlagen über die Bevölkerungsentwicklung liegen nicht vor. Die Annahme des Planes erscheint jedoch zu optimistisch. Vallin[17] nennt für 1965 eine Zuwachsrate von 2,6% und rechnet unter günstigen Umständen für 1974/75 mit immer noch 2,27%. Diese Schätzung scheint realistisch. Sie kann den relativ hohen Konsumzuwachs erklären. Allerdings bedeutet dann die im Vergleich zur Planung geringere Zuwachsrate des Bruttoinlandsproduktes je Kopf eine erhebliche Unterschreitung des Planansatzes.

3. Die projizierte Sparrate von 26% des Bruttoinlandsproduktes im Jahre 1971 ist zu hoch angesetzt. Das durchschnittliche Pro-Kopf-Einkommen soll

---

15 Bahroun: a.a.O., S. 41.

16 Dies gilt unter der Prämisse, daß auch die Amortisationen richtig geschätzt wurden.

17 J. Vallin: Planning familial et perspective de population en Tunisie 1966–1975. In: Revue Tunisienne de Sciences Sociales, No. 12, 1968, S. 71–88.

zum genannten Zeitpunkt 50 Dinar jährlich erreichen. Die Planung bezeichnet diese Einkommenshöhe als „Minimaleinkommen“ [18], d. h. sie geht von einer weitgehenden Nivellierung der Einkommen aus. Wenn die tatsächlichen Einkommen nur gering um die 50-Dinar-Marke streuen, dann bedeutet die angesetzte Sparquote, daß jährlich 13 Dinar von 50 Dinar gespart werden (beide Ziffern in der Wertbasis von 1957), d. h. DM 130,– sparen von DM 500,– Jahreseinkommen. Diese Forderung erscheint unrealistisch. Die Entwicklung der ersten fünf Jahre bestätigt dies, denn die Sparrate von 1966 hat die im Plan prognostizierte Größe nur zu etwa zwei Dritteln erreicht [19].

4. Die tunesische Globalplanung ist zu konstanten Preisen von 1957 berechnet worden, mit dem Ergebnis, daß das Pro-Kopf-Einkommen 50 Dinar betragen soll. Die fünfköpfige Musterfamilie muß folglich über ein Jahreseinkommen von 250 Dinar im Geldwert von 1957 verfügen. Die tunesischen Genossenschaftspläne rechnen mit einem Zieleinkommen von 250 Dinar je Genossenschaftler. Die Konstanz des Geldwertes kann aber nicht vorausgesetzt werden. Wird mit einer Geldwertverschlechterung von nur 2% jährlich gerechnet, dann entsprechen nach zehn Jahren nominal etwa 300 Dinar dem Wert von 250 Dinar im Jahre 1957. Bei 3,5% Geldentwertung muß das Nominaleinkommen 340 Dinar übersteigen, um dem Realwert von 250 Dinar zu entsprechen [20]. Noch in Genossenschaftsplanungen, die 1967 angefertigt wurden, wird aber ein Nominaleinkommen von 250 Dinar je Genossenschaftler angestrebt. Solche Pläne stimmen daher nicht mit den Zielen der Zehn-Jahres-Perspektiven überein.

---

18 Perspectives décennales, S. 38.

19 Der Vergleich der gesamtwirtschaftlichen Sparquote mit dem Individualeinkommen erscheint nicht zulässig. Da jedoch die tunesische Planung davon ausgeht, daß das Volkseinkommen *gleichmäßig* auf alle Wirtschaftssubjekte verteilt wird, ist ein anderer als der obige Schluß nicht möglich.

20 Anstieg des Großhandelspreisindex: 1965 12,5%; 1966 3,4% (Banque Centrale de Tunisie: Rapport annuel 1966, Tunis 1967, S. 27); 1967 3,6% (Banque Centrale de Tunisie: Rapport annuel 1967, Tunis 1968, S. 40). Der Wert für 1965 kann wegen der Abwertung des Dinars im September 1964 nicht direkt mit den folgenden Werten verglichen werden.

C. PLANUNG UND PLANREALISIERUNG IM BEREICH DER LANDWIRTSCHAFTLICHEN PRODUKTION TUNESIENS

Die Landwirtschaft ist einer der wichtigsten Sektoren der tunesischen Volkswirtschaft. Über den Beitrag der Landwirtschaft zum Bruttoinlandsprodukt von 1961–1967 unterrichtet die Tabelle 3.

Tabelle 3. **Der Beitrag der Landwirtschaft zum Bruttoinlandsprodukt Tunesiens in Mio. Dinar**

(in konstanten Preisen von 1960)

Jahr	Bruttoinlandsprodukt zu Marktpreisen	Beitrag der Landwirtschaft [a]	Anteil der Landwirtschaft
1961	356,1	76,0	*21,3%*
1962	361,3	70,0	*19,4%*
1963	383,6	72,5	*18,9%*
1964	409,8	82,5	*20,1%*
1965	437,3	85,2	*19,5%*
1966	445,2	60,5	*13,6%*
1967	473,8	66,5	*14,0%*

[a] Ohne weiterverarbeitende Industrie.

Quellen: Rapport d'exécution du plan triennal 1962–1964, S. 17.
Rapport sur le budget économique de l'année 1967, S. 49.
Schätzungen.
(bearbeitet und zusammengestellt vom Verfasser).

Mehr als 18% des Bruttoinlandsproduktes wurden in den Jahren 1962–1966 vom Sektor Landwirtschaft erbracht. Die Bedeutung, die der Landwirtschaft von den Planern Tunesiens zugemessen wird, ergibt sich aus dem Umfang der Agrarplanung.

I. Die Agrarplanung Tunesiens

1. Die Landwirtschaft in der tunesischen Gesamtplanung

Nach den Zehn-Jahres-Perspektiven sollen in den Jahren 1962–1971 insgesamt 890 Mio. Dinar als Nettoinvestition aufgebracht werden. Die Ta-

Tabelle 4. **Geplante Nettoinvestitionen je Wirtschaftssektor in Mio. Dinar**

(in konstanten Preisen von 1957)

Sektor	Nettoinvestition 1962—1971	in % der gesamten Nettoinvestition
Landwirtschaft	238,9	*26,6*
Fischereiwirtschaft	7,1	*0,8*
Infrastruktur (Wohnungsbau, Energie, Wasserwirtschaft)	402,0	*44,9*
Ausbildung	87,5	*9,8*
Industrie	140,0	*15,6*
Heilbäder und Tourismus	20,5	*2,3*
Insgesamt	896,0	*100,0*

Quelle: Perspectives décennales, S. 56.

Tabelle 5. **Geplante Nettoinvestitionen im Sektor Landwirtschaft 1962—1964 in Mio. Dinar**

Bereich	Gesamtsumme	davon 1962	1963	1964
Forstwirtschaft				
neue Arbeiten	5,650			
bereits laufende	0,748			
	6,398	1,700	2,120	2,578
Erosionskontrolle				
neue Arbeiten	4,220			
bereits laufende	0,693			
	4,913	1,500	1,500	1,913
Wasserwirtschaft	34,971	7,831	12,740 [a]	14,400
Studien	0,800	0,200	0,300	0,300
Getreide- und Olivenkulturen des Nordens	26,070	6,350	7,550	12,170
Sonstige Baumkulturen	19,185	5,985	6,000	7,200
Produktion von Futter und tierischen Erzeugnissen	13,270	3,935	5,290	4,045
Gemüsebau	4,420	1,195	1,450	1,775
Vollendung begonnener Projekte	2,352	0,852	0,750	0,750
Insgesamt	112,379	29,548	37,700 [a]	45,131

[a] Gegenüber dem Drei-Jahres-Plan, S. 130, wurde die Ziffer für 1963 um 10 Mio. Dinar erhöht, entsprechend der Einzelaufzählung auf S. 68 des Planes.

Quelle: Plan triennal, S. 130.

belle 4 unterrichtet über die Verteilung dieser Investitionen auf die einzelnen Wirtschaftssektoren.

Die Landwirtschaft nimmt demnach mit über 26% der gesamten Nettoinvestitionen nach dem Sektor Infrastruktur die zweite Stelle ein.

Im Drei-Jahres-Plan sind Nettoinvestitionen von über 112 Mio. Dinar im Agrarsektor vorgesehen. Die Verteilung auf die einzelnen Jahre und Vorhaben geht aus der Tabelle 5 hervor.

Im Vier-Jahres-Plan fehlt eine Zusammenstellung der Nettoinvestitionen. Eine ungefähre Vorstellung vermittelt die Tabelle 6.

Tabelle 6. **Geplante Nettoinvestitionen im Sektor Landwirtschaft 1965–1968 in Mio. Dinar**

Bereich	Nettoinvestition
Forstwirtschaft	10,000
Erosionskontrolle	16,832
Wasserwirtschaft	50,400
Getreide- und Olivenkulturen des Nordens	29,000
Sonstige Baumkulturen	18,483
Forschung, Beratung, Studien	15,872
Insgesamt	140,587

Quelle: Plan quadriennal 1965–1968, 2. Band (zusammengestellt vom Verfasser).

Die Zusammenstellung der geplanten Nettoinvestitionen in der Tabelle 4 (S. 124) und ihrer detaillierten Angaben für den Agrarsektor in den Einzelplänen (Tabellen 5 und 6) zeigt, daß die Planer neben dem Infrastrukturbereich in der Landwirtschaft die Basis einer zukünftigen Entwicklung sehen. Abweichend von den Zehn-Jahres-Perspektiven schreibt Bahroun[1], daß im landwirtschaftlichen Bereich für das geplante Dezennium eine gesamte Nettoinvestition von etwa 340 Mio. Dinar vorgesehen sei. Diese Investitionen sollen eine Steigerung des landwirtschaftlichen Beitrages zum Bruttoinlandsprodukt von etwa 41 Mio. Dinar erbringen.

Aus dieser Relation ergibt sich ein Kapitalkoeffizient im landwirtschaftlichen Sektor von 8,3:1, d. h. mehr als das Doppelte des gesamtwirtschaftlichen Kapitalkoeffizienten.

Dieser Wert ist sehr hoch. Bahroun erklärt ihn aus dem relativ hohen Anteil landwirtschaftlicher Infrastrukturinvestitionen von etwa 45%. Werden nur die restlichen 55% der Investitionen als Ursache des landwirtschaftlichen Produktionszuwachses angesehen, dann ergibt sich ein Kapitalkoeffizient von 4,5 bis 4,6:1.

1 Bahroun: a.a.O., S. 73.

Aus diesen Erläuterungen von BAHROUN ergibt sich für die gesamten außerlandwirtschaftlichen Investitionen ein Kapitalkoeffizient von etwa 3:1, d. h. solche Investitionen haben ein bemerkenswert günstiges Investitions-Ertrags-Verhältnis (capital-output-ratio). Angesichts dieser Zahl ist es schwer verständlich, daß der Investitionsschwerpunkt im Plan auf den Agrarsektor gelegt wurde.

Offenbar gingen die Planer von der Vorstellung aus, daß Tunesien vorerst keine anderen Möglichkeiten hatte, als einen erheblichen Teil der vorgesehenen Investitionen in der Landwirtschaft zu realisieren. Das vergleichsweise ungünstige Investitions-Ertrags-Verhältnis war ihnen bekannt, denn BAHROUN schreibt dazu[2]: „En effet à cette époque, les possibilités d'investissements dans d'autres secteurs productifs à plus court terme étaient limitées."

2. Die Basisstudien für die landwirtschaftliche Einzelplanung

Die Gesamtplanung steckt den Rahmen der zukünftigen ökonomischen Entwicklung Tunesiens ab. Ihr Modell gibt keine spezifischen Hinweise für die Planung von Einzelprojekten. Einzelangaben für solche Vorhaben erhält der Projektplaner aus regionalen Basisstudien.

Solche Studien liegen vor für:

- die natürlichen Umweltbedingungen, d. h. für die Klima-, Boden- und Wasserverhältnisse;
- die ökonomischen Bedingungen der Agrarproduktion, d. h. für Aufwendungen und Erträge usw.

Regionalpläne dieser Art wurden sowohl für Großräume als auch für untere Administrationsebenen erarbeitet. Hierzu gehören detaillierte agrarökonomische Studien für einzelne Kulturen unter den verschiedensten natürlichen Bedingungen. Als Auswahlkriterien unter den jeweiligen Kulturen, Projekten usw. dienen[3]:

- die betriebswirtschaftliche Rentabilität,
- die direkte Wertschöpfung,
- die indirekte Wertschöpfung,
- der Beschäftigungseffekt,
- der Devisenbedarf.

Die *betriebswirtschaftliche Rentabilität* wird in Form des internen Zinsfußes errechnet. Vom Rohertrag der Agrarproduktion werden die Sach- und Lohnaufwendungen subtrahiert, einschließlich des Lohnanspruches des Produzenten.

---

2 BAHROUN: a.a.O., S. 73.

3 Vgl. z. B.: Etudes des critères de priorité des investissements dans l'agriculture, secteur arboriculture fruitière. 5 Bde. SCET-SEDES, Tunis 1965.

Die *direkte Wertschöpfung* ergibt sich, wenn vom Rohertrag die Sachaufwendungen subtrahiert werden, d. h. sie umfaßt die Summe der Löhne, Gewinne, Pachten und Steuern. Sie wird ebenfalls mit Hilfe des internen Zinsfußes gemessen.

Die *indirekte Wertschöpfung* wird aufgeteilt in die vorgelagerte (valeur ajoutée amont) und die nachgelagerte Wertschöpfung (valeur ajoutée aval). Die vorgelagerte Wertschöpfung ist die direkte Wertschöpfung eines vorgelagerten Wirtschaftszweiges, die bei der Herstellung von Betriebsmitteln für andere Sektoren entsteht. Die direkte Wertschöpfung, die z. B. aus der Produktion landwirtschaftlicher Betriebsmittel resultiert, ist also die vorgelagerte indirekte Wertschöpfung der Landwirtschaft. Die nachgelagerte Wertschöpfung ist die direkte Wertschöpfung, die in nachgelagerten Wirtschaftszweigen bei der Weiterverarbeitung und Vermarktung der produzierten Agrarprodukte geschaffen wird. Diese Rechnungsweise geht davon aus, daß die Produktion agrarischer Produkte an anderen Stellen der Volkswirtschaft das Entstehen neuer Werte (Wertschöpfung) stimuliert und daß diese so verursachten Wertschöpfungen in den anderen Sektoren die indirekte Wertschöpfung der speziellen Agrarproduktion darstellen. Die Einbeziehung der indirekten Wertschöpfung in das tunesische Planungssystem ist der Versuch, die indirekten (sekundären) Projektwirkungen zu erfassen. Maßstab ist wiederum der interne Zinsfuß.

Der *Beschäftigungseffekt* wird als Summe der Arbeitstage der ungelernten Landarbeiter und der Arbeitstage der Facharbeiter angegeben.

Auch bei dem *Devisenbedarf* wird zwischen einem vorgelagerten und einem nachgelagerten unterschieden. Analog zur indirekten Wertschöpfung besteht der vorgelagerte Devisenbedarf (devises amont) aus den Devisenaufwendungen zur Beschaffung von Produktionsmitteln und der nachgelagerte Devisenbedarf (devises aval) aus den Devisenaufwendungen bei der Weiterverarbeitung und Vermarktung (z. B. Verpackungsmaterial).

Für diese fünf Beurteilungskriterien wird eine Klassifizierung der Einzelkulturen unter bestimmten natürlichen Bedingungen aufgestellt. Unter dem Gesichtspunkt eines Kriteriums können diesen Basisstudien sofort die jeweils vorteilhaftesten Kulturen entnommen werden. Technisch mögliche Fruchtfolgen können relativ rasch ökonomisch beurteilt werden.

In methodisch ähnlicher Weise erfolgt die agrarökonomische Planung der Betriebe. Sie ist vor allem bei den „grandes cultures du Nord", bei dem unbewässerten Anbau von Getreide und Oliven in Großbetrieben von Bedeutung. Bei diesen Betrieben handelt es sich vornehmlich um enteignete Areale der „Colons" und der „Habous"[4]. Hinzu treten meist Kleinbetriebsareale, die diesen Betrieben (Unités coopératives de production) zugeschlagen wurden.

4 „Habous" sind religiöse Stiftungen.

Ziel dieser Planungen ist:

- die Bestimmung der Betriebsgröße und
- die Bestimmung der zweckmäßigen Bodennutzung (Fruchtfolgen).

Die *Betriebsgröße* errechnet sich aus dem Bedarf an bestimmten Maschinentypen und deren Leistungsfähigkeit. So werden in diesen Großbetrieben für einzelne Arbeitsvorgänge Raupenschlepper benötigt, d. h. jeder dieser Betriebe muß über mindestens einen solchen Traktor verfügen. Wird die Leistungsfähigkeit des Raupenschleppers ausgenutzt, dann entstehen Arbeitsanforderungen für radgetriebene Traktoren, die die Leistungsfähigkeit eines solchen übersteigen, zwei Radtraktoren aber nicht voll auslasten. Diesen Berechnungen liegt eine Übersicht aller notwendigen Arbeiten und deren Zeitanspruch zugrunde (z. B. Tiefpflügen: 3 bis 4 Std./ha oder Düngerstreuen: 1 Std./ha u. ä.).

Es ergibt sich aus dieser Berechnung, daß die Arbeitskapazität eines Raupenschleppers bei 400 ha Getreideanbau voll ausgenutzt wird. Der Kapazitätsüberhang zweier Radtraktoren erlaubt die zusätzliche Bearbeitung von 120 bis 220 ha Olivenpflanzungen. Ein Mähdrescher ist ausgenutzt bei 400 bis 450 ha Getreideanbau. Die typische Betriebsgröße für Nordtunesien ist somit 500 bis 600 ha bei unbewässertem Anbau von Getreide und Oliven. Im Einzelfall sind allerdings aus topographischen u. ä. Gründen Abweichungen von diesem technischen Optimum durchaus möglich.

Die *Fruchtfolgen* sind in vier Gruppen eingeteilt:

- zweijährige,
- dreijährige,
- vierjährige und
- spezielle Fruchtfolgen.

Insgesamt wurden 16 Fruchtfolgen abgeleitet, regionale Sonderbedingungen führen auch hier zu Abänderungen. Alle diese Fruchtfolgen gehen von der Anbaupraxis der „Colon"-Betriebe aus, d. h. Hartweizen und Weichweizen bilden die Hauptkulturen. Bemerkenswert ist das Hinzutreten von Futter- und Körnerleguminosen. Damit soll die Brache weitgehend ersetzt werden. Für jede der unterschiedenen Fruchtfolgen sind die Kosten je Hektar Anbaufläche errechnet worden.

Diese Rechnungen bilden die Grundlage für die Planung einzelner Betriebe und Projekte. Dabei ist insbesondere noch auf detaillierte Kataloge der Arbeitsnormen zu verweisen[5].

5 Vgl. z. B. République Tunisienne, O.M.V.V.M., Bureau technique: Normes de travail. Tunis 1967.

Tunesien verfügt in dieser Hinsicht über ein ungewöhnlich umfangreiches Zahlenmaterial. Es baut vor allem auf den Leistungs- und Ertragsnormen der „Colon"-Betriebe auf, die durch Unterlagen von Versuchsstationen ergänzt werden.

3. Die landwirtschaftlichen Planungssektoren

Die Realisierung der tunesischen Planung erfolgt über Genossenschaften (coopératives), die weitgehend als Exekutivorgane der jeweiligen Ministerien zu betrachten sind. Die landwirtschaftliche Produktion wuchs in der Zeit zwischen 1950 und 1959 um jährlich etwa 2,4%. Als Gründe für diesen unzureichenden Zuwachs werden genannt[6]:

- die durchschnittlich geringen Kenntnisse der tunesischen Landwirte,
- die unzureichenden finanziellen Mittel für die Kleinbauern,
- das Fehlen landwirtschaftlicher Führungskräfte,
- die ungleiche Verteilung des Bodenbesitzes,
- die Flurzersplitterung und ungeklärten Bodenbesitzverhältnisse.

Die Agrarstrukturreform umfaßt 1. die sog. Großkulturen des Nordens (grandes cultures du Nord), 2. die Kulturen des Zentrums und des Südens (la polyculture du Centre-Sud) und 3. die Bewässerungskulturen (les cultures irriguées).

Zu 1. Dieser Sektor umfaßt den Anbau von Wintergetreide, Speiseleguminosen, Futter, Sommergetreide und verschiedene Industriekulturen. Der Schwerpunkt ist der Getreidebau. Eine Ausdehnung dieses Sektors auf 1,5 Mio. Hektar ist geplant. Zur Modernisierung dieses Sektors gehören:

- Verbesserung der Sorten und Verwendung ausgewählten Saatgutes,
- Verbesserung der Bodenbearbeitung und Einhaltung der Bestellzeiten durch Mechanisierung,
- Übernahme von Fruchtfolgen, die eine Diversifizierung der Produktion und ein Gleichgewicht finanzieller und die Bodenfruchtbarkeit fördernder Art schaffen,
- Verwendung organischen und anorganischen Düngers zur Steigerung der Flächenerträge.

Hierzu heißt es im Plan: „Unter den Mitteln, die zum Ziel führen, ist die Gründung von Produktionsgenossenschaften diejenige Maßnahme, die am besten den genannten Forderungen entspricht."[7]

---

6 Perspectives décennales, S. 32.
7 Perspectives décennales, S. 78 f. (übers. v. Verf.).

Zu 2. Auf die Kulturen des Zentrums und des Südens entfallen 2,15 Mio. Hektar unbewässerte Baumkulturen, Hutungen mit Tierhaltung, unbewässerter Getreidebau und Bewässerungsland für Baumkulturen, Gemüse- und Futterbau.

Entsprechend den Plannormen wird ein durchschnittliches Familieneinkommen von jährlich 250 Dinar erreicht, wenn eine Familie verfügt über:

$^{1}/_{2}$ Hektar Bewässerungsland, 5 Hektar Baumkulturen, 6 Hektar Getreide, 8 Hektar eingesäte Hutung und 20 Hektar Naturweide.

Ist keine Bewässerung vorhanden, so sollen 6 Hektar Baumkulturen, 8 Hektar Getreide, 10 Hektar eingesäte Hutung und 27 Hektar Naturweide das genannte Familieneinkommen ermöglichen.

Dieses Vorhaben zu verwirklichen – so heißt es im Plan –, können keine kleinen Einheiten garantieren, „deshalb muß die Realisierung genossenschaftlich sein“ [8]. Es werden also auch für das Zentrum und den Süden genossenschaftliche Großbetriebe geplant.

Zu 3. In der Bewässerungslandwirtschaft war ursprünglich in weiten Bereichen eine kleinbetriebliche Wirtschaftsweise vorgesehen. Auf Grund der notwendigen öffentlichen Investitionen, um eine gerechte Verteilung der Wasserreserven zu gestatten und um diese nutzbar zu machen, sollten die Bewässerungslandwirte einer „Produktion unter genauer Aufsicht“ unterworfen werden [9]. Diese Aufsicht sollten die „coopératives de service“ übernehmen. Ein Richtungswechsel im Jahre 1969 hinsichtlich dieser Bewässerungslandwirtschaft führt dazu, daß auch diese großbetrieblich organisiert wird.

Die Agrarplanung strebt damit eine völlige Umwandlung der hergebrachten Strukturen an. Aus den vom Staat enteigneten Arealen wurden unter Hinzuziehung kleiner tunesischer Betriebe großbetriebliche Genossenschaften gebildet. Ziel dieser Maßnahmen ist der Aufbau einer neuen Agrarstruktur, die durch administrative Maßnahmen zur Erreichung der Planziele gelenkt werden kann. Dabei werden diese Genossenschaftsbetriebe weniger als selbständige Wirtschaftseinheiten verstanden, sie sind vielmehr relativ leicht lenkbare Institutionen der Planrealisierung [10].

---

8 Perspectives décennales, S. 80 (übers. v. Verf.).

9 Perspectives décennales, S. 81.

10 Zur Bedeutung der Genossenschaftsbewegung in der tunesischen Entwicklung vgl. u. a.: Planification de la Tunisie Centrale. Le rôle de la coopération dans le développement. Programme de développement des Nations Unies. Fonds spécial et F.A.O., o. O. 1966; H. Bourguiba: Production Units, first stage of a revolution in agriculture. Tunis 1962; H. Belkhodja: Les conditions de l'agriculture et le développement du crédit agricole en Tunisie. Réunion internationale d'études sur le crédit agricole dans les pays d'Afrique. Tunis 1965; Rôle de l'unité de

4. Typen landwirtschaftlicher Genossenschaften in Tunesien

Das Genossenschaftsgesetz vom 27. Mai 1963 unterscheidet zwei landwirtschaftliche Genossenschaftstypen: Produktionsgenossenschaften und Dienstleistungsgenossenschaften [11], wobei die letzteren hier nur noch der Vollständigkeit halber erwähnt werden. Auf Grund administrativer Anordnungen werden seit 1969 auch die Dienstleistungsgenossenschaften zu großbetrieblichen Produktionseinheiten zusammengeschlossen.

Die Produktionsgenossenschaften unterteilen sich wiederum in:

- Produktionsgenossenschaften des Nordens (coopératives de production du Nord),
- Produktionsgenossenschaften für tierische Produktion (coopératives de production animale),
- Genossenschaften zur Entwicklung und für Polykultur (coopératives de mise en valeur et de polyculture).

Kennzeichen dieser Genossenschaften ist das gemeinschaftliche Wirtschaften. Es erfolgt nach den technischen Normen des nationalen Entwicklungsplanes [12].

Die Produktionsgenossenschaften werden per Dekret gegründet nach Absprache zwischen dem Planungs- und Finanzministerium (secrétariat d'état au plan et aux finances, heute secrétariat au plan et à l'économie nationale) und dem Landwirtschaftsministerium (sous-secrétariat d'état à l'agriculture). Grundlage dafür ist ein Gutachten der zuständigen regionalen Genossenschaftskommission [13]. Es handelt sich folglich um Zwangsgenossenschaften, auf deren Gründung der einzelne Genossenschaftler keinen Einfluß hat.

Die Dienstleistungsgenossenschaften sollten die kleinbäuerliche Produktion betreuen und kontrollieren. Die Aufgaben der Genossenschaft bestanden im Einkauf, der Lieferung von Produktionsmitteln, der landwirtschaftlichen Beratung und der Vermarktung der Produkte [14].

Die Vereinheitlichung der jeweiligen Genossenschaftsstatuten wird durch 5 Musterstatuten erreicht:

1. Statuten des Typ 1 einer Produktionsgenossenschaft des Nordens,
2. Statuten des Typ 2 einer Produktionsgenossenschaft für tierische Produktion,

---

production dans la promotion économique et sociale. O. O., o. J. (mimeo); Bilan et perspectives du mouvement coopératif. Tunis o. J. (mimeo); R. E. Germann: Verwaltung und Einheitspartei in Tunesien. Zürich 1968, bes. S. 145 ff.

11 République Tunisienne: Loi No. 63–19 du 27 mai 1963 (4 Moharem 1383), rélative à la coopération dans le secteur agricole (1). Tunis 1963.

12 Dsgl. Artikel 5, 6 und 7.

13 Loi No. 63–19, Artikel 9 II.

14 Dsgl. Artikel 8.

3. Statuten des Typ 3 einer Genossenschaft zur Entwicklung und Polykultur,
4. Statuten des Typ 4 einer Dienstleistungsgenossenschaft,
5. Statuten des Typ 5 einer Dienstleistungsgenossenschaft mit dem Schwerpunkt Obstbau.

Im Rahmen dieser Arbeit ist die „Produktionsgenossenschaft des Nordens“ von besonderem Interesse. Ihre Statuten bestimmen, daß eine solche Genossenschaft für mindestens 20 Jahre gegründet wird [15]. Falls ein Genossenschaftler ausscheidet, verbleibt seine Landeinbringung der Genossenschaft [16].

Die Statuten unterscheiden zwischen der Generalversammlung (Mitgliederversammlung) [17] und dem Verwaltungsrat [18]. Der Verwaltungsrat wird von der Generalversammlung gewählt, er bestimmt den Präsidenten und den Vizepräsidenten, diese setzen den Direktor ein.

Das oberste Entscheidungsorgan ist also die Generalversammlung. Sie wird einmal im Jahr einberufen. Außerordentliche Versammlungen sind möglich. Die tägliche Arbeit erledigt der Verwaltungsrat. Er besteht in der Regel aus dem Präsidenten, dem Vizepräsidenten, einem Generaldirektor und einigen sonstigen Mitgliedern. Dieses Gremium tagt im allgemeinen einmal in der Woche und beschließt das wöchentliche Arbeitsprogramm. Es ist üblich, daß an diesen Sitzungen auch der Direktor teilnimmt, gelegentlich auch Beamte übergeordneter Behörden.

Die Mitglieder des Verwaltungsrates sind von der Feldarbeit freigestellt. Für diese Arbeit werden Gruppen gebildet, die von einem Vorarbeiter (caporal) geleitet werden. Vorgesehen ist, daß in Zeiten geringer Arbeitsbeanspruchung die einzelnen Gruppen rotierend eingesetzt werden, um allen Mitgliedern gleiche Beschäftigungsmöglichkeiten zu bieten. In Genossenschaften mit Viehhaltung werden die Tiere von einer besonderen, ständigen Arbeitsgruppe betreut.

Wird ein Gewinn erwirtschaftet, so gilt folgender Verteilungsschlüssel [19]:

5% des Überschusses werden zur Bildung einer „réserve légale“ einbehalten, bis diese das 10fache des Gesellschaftskapitals erreicht.

5% wenigstens werden zur Bildung einer „réserve statuaire“ einbehalten, bis diese das Doppelte des Gesellschaftskapitals erreicht.

Über den Rest entscheidet die Generalversammlung, wobei

30% wenigstens zur Bildung eines „fonds de roulement“ verwendet werden, bis dieser zumindest ein Drittel der jährlichen Sachaufwendungen erreicht.

15 Statut Typ No. 1 d’une coopérative de production du Nord, Artikel 4.
16 Statut Typ No. 1, Artikel 10,1.
17 Statut Typ No. 1, Artikel 13 bis 22.
18 Statut Typ No. 1, Artikel 23 bis 29.
19 Loi No. 63–19, Artikel 35.

Der verbleibende Rest kann an die Mitglieder entsprechend ihren Genossenschaftsanteilen verteilt werden.

5. Die Projektplanung am Beispiel der Genossenschaften des Statutentyps 1 EL MZIRA im Gouvernorat von Le Kef

Die Findung zweckmäßiger Lösungen für die Einzelprojekte ist die Fortsetzung der Systematik von der gesamtwirtschaftlichen (Globalplanung) und regionalen Planung (Basisstudien). Als Einzelprojekt ist in Tunesiens Landwirtschaft nahezu immer eine genossenschaftliche Form vorgesehen. Deshalb ist ein einzelbetrieblicher Projektplan fast immer der Plan einer Genossenschaft.

Beispiele hierfür sind die Pläne der genossenschaftlichen Großbetriebe in Nordtunesien. Hier herrschen relativ günstige Produktionsbedingungen. Die Niederschläge schwanken zwischen 350 und 500 mm jährlich, örtlich werden über 600 mm (Cap Bon) bis über 1000 mm (Ain Draham, Korkeichenwaldzone) erreicht[20]. Die Böden sind teilweise von guter Qualität. Auf Grund dieser regionalen Vorzüge wurden die ersten Projekte bereits 1962 durchgeführt: im Planungssektor der „grandes cultures du Nord" die Produktionsgenossenschaften des Statutentyps 1.

Für jede dieser Genossenschaften wurde ein Projektplan ausgearbeitet. Bei größeren homogenen Gebieten, für die mehrere Genossenschaften vorgesehen sind, ist eine generelle Studie (dossier général) und außerdem für jede Genossenschaft eine spezielle Planstudie entworfen worden. (So besteht z. B. die Planung für das Gebiet „Sidi-Ayed" im U.R.D Gafour des Gouvernorates von Béjà aus dem dossier général und fünf Genossenschaftsplänen.)

Zuständig für diese Einzelplanung ist die „Division de la P.A.V.A." (production agricole végétale et animale, heute nur noch P.A.V., production agricole végétale) im Unterstaatssekretariat für Landwirtschaft (Landwirtschaftsministerium). Aus Mangel an entsprechendem Fachpersonal wurden die ersten Planstudien von französischen Beratungsbüros ausgeführt. Es sind dies in erster Linie die „Société Centrale pour l'Equipement du Territoire" (SCET) und die „Société Générale des Techniques Hydro-Agricole" (SOGETHA), beide in Paris. Beide Firmen unterhalten Büros in Tunis.

Die Basis für die Arbeit dieser Firmen sind generelle Ausarbeitungen und die Grundstudien[21].

20 Vgl. K. Giessner: Naturgeographische Landschaftsanalyse der tunesischen Dorsale (Gebirgsrücken). Jahrbuch der Geographischen Gesellschaft zu Hannover für 1964. Hannover 1964 und H. Achenbach: Die Halbinsel Cap Bon, Strukturanalyse einer mediterranen Kulturlandschaft in Tunesien. Jahrbuch der Geographischen Gesellschaft zu Hannover für 1963. Hannover 1964.

21 Vgl. Scet, Mission Gaucher: Note sur les principes d'une orientation des cultures dans les régions soumises à un grand aménagement agricole. Paris 1960.

Die Projektplanung der Produktionsgenossenschaft EL MZIRA im Gouvernorat von Le Kef dient hier als Beispiel.

Im Gebiet Ellès-Bou-Slia (etwa einem deutschen Landkreis vergleichbar) ist dies die Genossenschaft Nr. 5, die als Kern die ehemalige Farm Pernot Raynaud hat. Die Studie wurde im Januar 1964 von der SCET angefertigt.

Die natürlichen Bedingungen dieser Genossenschaft sind im dossier général dargestellt. Aus ihnen ergibt sich der Anbauplan. EL MZIRA soll über 1307 Hektar Gesamtfläche verfügen, davon sind:

	489,4 ha	Landeinbringung der Genossenschaftler
	140,2 ha	Pachtland
	629,6 ha	Privatland (noyau melk)
und	677,4 ha	Staatsland (noyau domanial – der ehemalige „Colon“-Betrieb)
	1307,0 ha	Gesamtfläche.

Als *landwirtschaftliche Nutzfläche* (LN) werden 1200 Hektar genannt.

Die *geplante Fruchtfolge* für EL MZIRA ist dreijährig und lautet:

Hartweizen
Weichweizen und Gerste ($^{2}/_{3}$), Futter ($^{1}/_{3}$)
Leguminosen ($^{1}/_{3}$), Brache ($^{2}/_{3}$).

Die LN umfaßt 450 Hektar, hinzu kommen 260 Hektar Weide, 400 Hektar Olivenkulturen (davon bestehen bereits 100 Hektar) und 180 Hektar Ödland (Hutung) und Wiederaufforstungsfläche. Das sind 1380 Hektar.

Aus diesem Anbauplan ergibt sich eine *Futterproduktion*, die folgende Tierhaltung erlaubt:

36 Rinder der Rasse „Atlas“ [22] von 2 bis 7 Jahren,
6 Färsen von 1 bis 2 Jahren,
1 Zuchtbulle (Mischrasse, meist Atlas/Tarantais).

Für die Schafhaltung verbleiben 120 Hektar Weide, je Hektar 2 Mutterschafe, 140 Hektar Hutung, je Hektar 1 Mutterschaf und die Futterquellen aus Stoppeln und Stroh, je Hektar 1,5 Mutterschafe. Es ergibt sich daraus eine Herde von 390 Mutterschafen [23].

Für die *Erträge* gelten folgende Kennzahlen:

Hartweizen	12 dz/ha
Weichweizen	10 dz/ha
Gerste	12 dz/ha
Wicken	10 dz/ha
Bohnen	8 dz/ha.

22 Als Atlas-Rind wird die lokale Rasse bezeichnet.

23 Im Plan wird bei der Herde auch von 390 Köpfen gesprochen, es fehlt eine eindeutig definierte Unterscheidung zwischen Mutterschafen und Anzahl der Köpfe.

Die Oliven sollen folgende Erträge bringen:

20 dz/ha bei der bestehenden Plantage (10×10 m gepflanzt),
15 dz/ha bei der noch zu pflanzenden Plantage (12×12 m gepflanzt) bei vollem Ertrag,
je Baum wird also mit 20 kg gerechnet.

Die *Kennziffern der Arbeitswirtschaft* je Hektar und Jahr lauten:

- Hartweizen: 13 Arbeitstage, 10 Std. Radtraktor, 6 Std. Raupenschlepper, 1,5 Std. Mähdrescher,
- sonstige Getreide: 11 Arbeitstage, 7 Std. Radtraktor, 6 Std. Raupenschlepper, 1,5 Std. Mähdrescher,
- Futteranbau: 8 Arbeitstage, 4 Std. Radtraktor,
- Leguminosen: 15 Arbeitstage, 3,5 Std. Radtraktor, 6 Std. Raupenschlepper,
- Oliven: 25,5 Arbeitstage, 3,5 Std. Radtraktor,
- Rinder (je Stück): 23 Arbeitstage,
- Schafe (je Stück): 2 Arbeitstage.

Aus diesen Kennziffern wird der jährliche Arbeits- und Maschinenbedarf der Genossenschaft errechnet.

Die *Ausrüstung des Betriebes* schließt an die Behandlung des Anbauplanes an. Das notwendige tote und lebende Inventar wird bestimmt, seine Finanzierung in Kredit-, Subventionsbedarf und Eigenfinanzierung aufgeteilt und die Höhe der jährlichen Amortisationen errechnet.

Aus der oben abgeleiteten Produktion ergibt sich die *Verkaufsproduktion,* sie ist dem Rohertrag identisch. Eine Variation in den Anlaufjahren ergibt sich nur aus den Olivenkulturen und der Rinderhaltung. Die Schafhaltung und der Getreidebau sollen bereits im Gründungsjahr den vollen Ertrag bringen.

In der ökonomischen Planung werden die *variablen Sachkosten* detailliert angeführt. Nach Kennzahlen werden die Mineraldüngerkosten, die Kosten für die Maschinennutzung, für Versicherungsbeiträge und für die Pflanzung der Oliven aufgeführt. Auch hier ist in den ersten Jahren eine Variation vorgesehen.

Die *Berechnung der Wirtschaftlichkeit* der Genossenschaft im Endzustand, d. h. nach der Durchführung der Entwicklungsarbeiten geschieht folgendermaßen:

Rohertrag im Endzustand des Betriebes	37 000 D
Kosten für Abschreibungen	2 800 D
variable Sachkosten	7 800 D
Überschuß	26 400 D

Als Ackernahrung[24] (taux foyer – T.F.) werden 13 Hektar genannt. Die Anzahl der vom Betrieb aufzunehmenden Genossenschaftler errechnet der Plan, indem vom jährlichen Überschuß im Endzustand des Betriebes die Pachtgebühren subtrahiert werden und der Rest durch das Zieleinkommen je Genossenschaftler von 250 Dinar dividiert wird. Es ergeben sich im vorliegenden Beispiel 100 Genossenschaftler. In der Planung werden also die Lohnzahlungen nicht als Kostenfaktor betrachtet, sondern Lohnansprüche werden aus dem Wirtschaftsüberschuß gedeckt.

An die Bestimmung der Wirtschaftlichkeit im Endzustand schließt sich im Plan die Berechnung des *Bedarfes an kurzfristigen Krediten* für die ersten 18 Jahre an. Dies geschieht nach folgendem Schema:

laufende Sachkosten
\+ Lohnvorschuß
— langfristige Kredite (Olivenpflanzungen)

\= *kurzfristiger Kreditbedarf*
\+ 3% Zins

\= *Rückzahlungsbetrag*

Vom dritten Jahr an soll der Kreditbedarf dadurch sinken, daß ein Reservefonds gebildet wird. Der Plan rechnet folglich damit, daß in den ersten Jahren das gesamte Umlaufkapital durch kurzfristige Kredite (prêt de campagne) gedeckt wird.

Die Zusammenstellung aller berechneten Einzeldaten ergibt die Ein- und Auszahlungsströme. Als Rest bleibt der verteilbare Überschuß (revenu disponible). Aus diesem Überschuß sollen die Lohnforderungen der Genossenschaftler abgedeckt werden. Darüber hinaus werden bis zu 5 Dinar/ha als Bodenrente für den eingebrachten Boden bezahlt Weitere Überschüsse sind als Kapitalertrag oder Gewinn bezeichnet.

Vom zweiten Jahr an soll jeder Genossenschaftler von seinem Einkommen 17 Dinar als Rückzahlung für Wohnungsbaukredite bezahlen, bis zu einer Gesamtsumme von 340 Dinar.

Die Planung erstreckt sich über 22 Jahre, bis 1985/86. Jeder Planstudie sind in der Regel zwei Übersichtskarten (Maßstab 1:5000) beigefügt; die eine zeigt die Struktur der Einzelparzellen vor der Gründung der Genossenschaft, die andere den neu geplanten Anbau, d. h. die Parzellenstruktur nach der Genossenschaftsgründung.

24 Vgl. Definition in P. Parey: Landwirtschaftslexikon. 7. Aufl., Hamburg–Berlin 1956 S. 9: „Eine landwirtschaftliche und forstwirtschaftliche Nutzfläche, die einer landwirtschaftlichen Familie auf die Dauer eine gesicherte Existenz bietet, ... ohne daß eine Nebentätigkeit ausgeübt werden muß.“

Die tunesische Projektplanung verbindet somit zwei Betrachtungsweisen:

- einmal werden die Möglichkeiten beschrieben, die der geplante Betrieb im Endzustand, d. h. nach Durchführung aller geplanten Verbesserungsarbeiten (Entwicklungsarbeiten) erfüllen kann (z. B. Anzahl der Genossenschaftler, Rohertrag usw.),
- zum anderen werden zusätzliche Belastungen, die nur in den ersten Jahren entstehen (Anpflanzung von Oliven, Errichtung von Bewässerungsperimetern u. ä.) in Geldstromrechnungen aufgeführt.

Auf diese Weise vermitteln diese Projektpläne eine Fülle von Einzelinformationen, die einen Vergleich zwischen Planung und Planrealisierung ermöglichen.

6. Die administrative Ordnung in der tunesischen Landwirtschaft

a) Der administrative Aufbau Tunesiens

Zur Realisierung der tunesischen Planung gehört eine regional gegliederte staatliche Administration. Tunesien ist in 13 *Gouvernorate* (Regierungsbezirke) geteilt. Diese Gouvernorate sind zum Zweck der regionalen Koordination von Entwicklungsvorhaben nach verschiedenen Gesichtspunkten (geographisch, soziologisch, technisch, wirtschaftlich, administrativ) in *regionale Entwicklungszentren* (union régionale de développement, U.R.D.) gegliedert.

Eine solche Gliederung wird am Beispiel des Gouvernorates Béjà dargestellt[25]:

- Das regionale Kommissariat zur landwirtschaftlichen Entwicklung (commissariat régional de développement agricole) steht auf Gouvernoratsebene.
- Diesem Kommissariat unterstehen direkt 13 Entwicklungszentren (U.R.D.): Béjà, Téboursouk, Djebel Abiod, Sidi Ismail, Charchara, Zaouiet Medien, Gafour Laroussa, Pont du Fahs, Testour, Nadhour, Goubellat, Bou Arada und Medjez-el-Bab.
- Dem Kommissariat stehen für besondere Aufgaben vier Unterabteilungen (subdivisions) zur Verfügung:
  Wasserwirtschaft und landwirtschaftliche Infrastruktur (hydraulique et équipement rural H.E.R.);
  Forstwirtschaft (forestière);
  Tierzucht und -haltung (production animale, P.A.) und
  Bodenamt (affaires foncières).

---

25 Vgl. Organisation de l'administration régionale. Commissariat de coordination. Tunis o. J.

Schaubild 1. **Der administrative Aufbau Tunesiens**

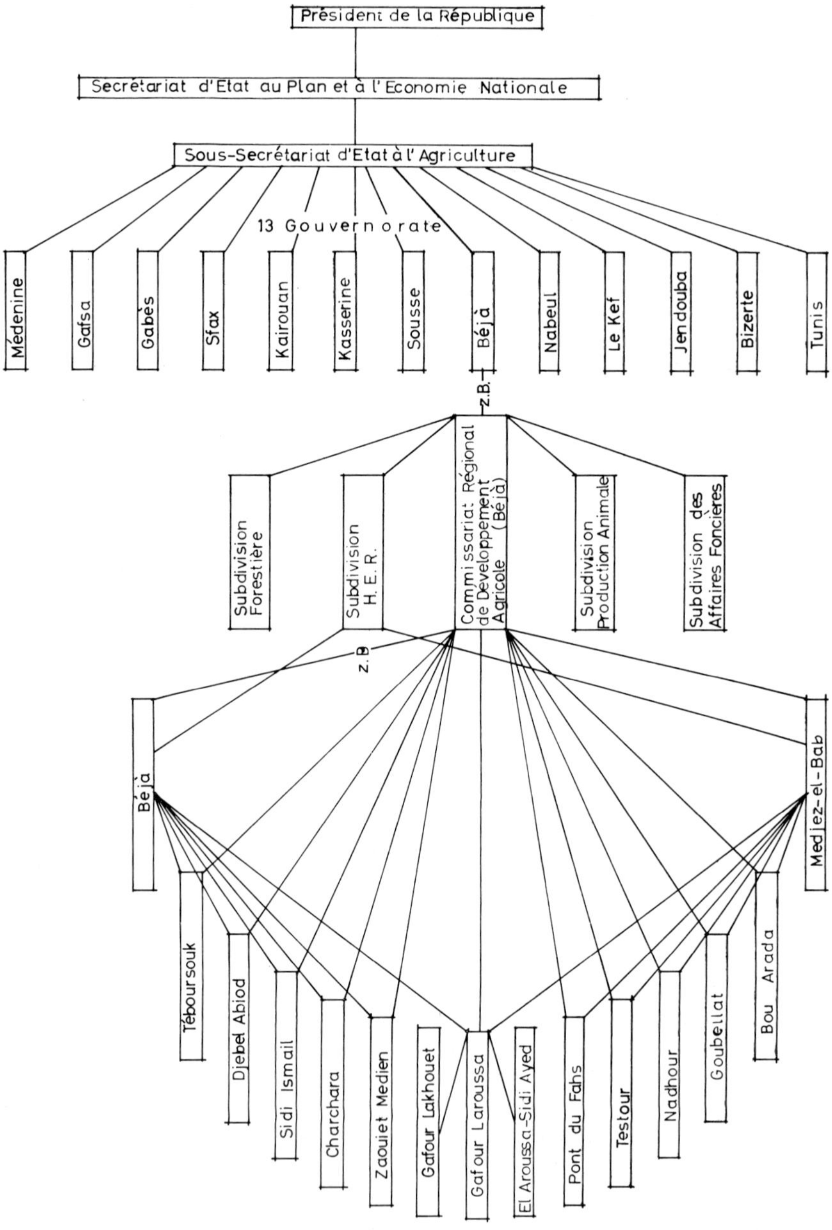

Quelle: Nach offiziellen Unterlagen.

- Jedes U.R.D. hat spezielle Unterabteilungen (subdivisions spéciales), die für mehrere Einzelprojekte (in erster Linie für landwirtschaftliche Produktionsgenossenschaften) bzw. für entsprechende regionale Aufgaben des Entwicklungskommissariats zuständig sind.

Es ergibt sich so das Organigramm der administrativen Organisation, das in dem Schaubild 1 (S. 138) wiedergegeben ist.

b) Die Gliederung des landwirtschaftlichen Genossenschaftswesens in Tunesien

Neben der rein staatlichen Administration gibt es in Tunesien eine besondere Organisation des Genossenschaftswesens.

Schaubild 2. **Organisationsschema des tunesischen Genossenschaftswesens**

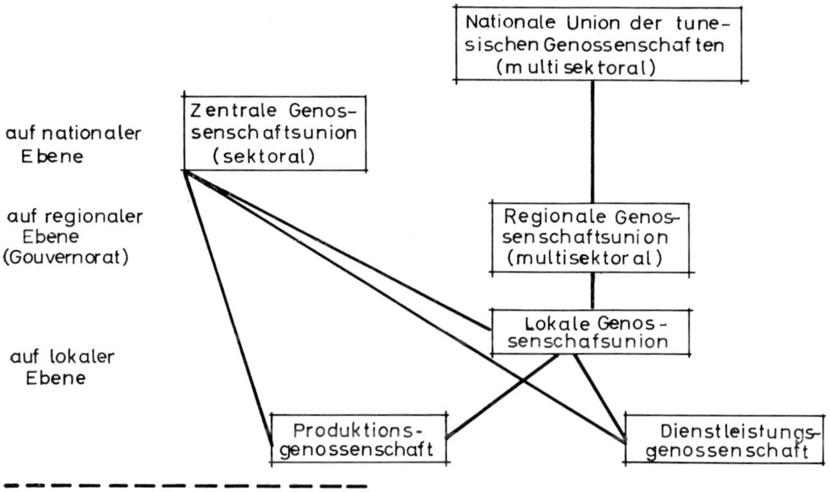

Quelle: Le Rôle de la Coopérative dans le Développement, S. 23

Die oberste genossenschaftliche Organisationseinheit ist die Nationale Union der tunesischen Genossenschaften (union nationale de la coopération tunisienne). Diese Union faßt sämtliche Genossenschaften Tunesiens zusammen, ist also multisektoral. Auf den einzelnen Sektor bezogen gibt es die Zentrale Genossenschaftsunion (union centrale des coopératives). Sie steht direkt über den einzelnen Genossenschaften aller Statutentypen und ihren lokalen Unionen (union locale des coopératives). Im übersektoralen Bereich steht zwischen der nationalen Union und den lokalen Unionen sowie über den Einzelgenossenschaften die Regionale Genossenschaftsunion (union régionale des coopératives).

Es ergibt sich ein Organigramm, das in dem Schaubild 2 wiedergegeben ist.

c) Die Organisation des Genossenschaftswesens im Bereich der landwirtschaftlichen Produktionsgenossenschaften

Die folgenden Aussagen beziehen sich nur auf die Produktionsgenossenschaften des Nordens (unités coopératives de production du Nord, U.C.P.).

Diese Genossenschaften müssen entsprechend dem nationalen Entwicklungsplan wirtschaften (vgl. S. 131), sie bedürfen also auch einer agrartechnischen Überwachung. Daraus folgt eine Zweigleisigkeit des administrativen Überbaues:

- die verwaltungsmäßige Administration und
- die technische Administration.

Ein Organisationsschema ist in dem Schaubild 3 wiedergegeben.

d) Der Einfluß der administrativen Ordnung auf die Produktionsgenossenschaften

Die administrative Ordnung Tunesiens ist durch eine gewisse Vielschichtigkeit gekennzeichnet. Neben der rein staatlichen regionalen Gliederung (vgl. Schaubild 1) wurden spezielle Gliederungen des Genossenschaftswesens (vgl. Schaubild 2) geschaffen. In bezug auf die Produktionsgenossenschaften wirken sich somit aus:

- die regionale Gliederung des Landes,
- die spezielle genossenschaftliche Gliederung,
- die Betreuung und die Kontrolle (sowohl agrartechnisch als auch agrarökonomisch) der Produktionsgenossenschaften mit Hilfe der beiden ersten Gliederungen durch den Staat (vgl. Schaubild 3).

Die Zweigleisigkeit aus der staatlichen Regionalgliederung und der Gliederung des Genossenschaftswesens wird durch die gegenseitige Unabhängigkeit verstärkt. Diese Autonomie ist jedoch nur theoretischer Natur. Die oberste sektorale Organisationseinheit des Genossenschaftswesens, die Zentrale Genossenschaftsunion, ist als selbständige Institution nicht gegründet worden. Sie untersteht noch immer der Division der Genossenschaftsbewegung im Landwirtschaftsministerium. Damit ist eine wirksame Kontrolle allein durch den

Schaubild 3. **Organisationsschema der Produktionsgenossenschaften des Nordens (U.C.P.)**

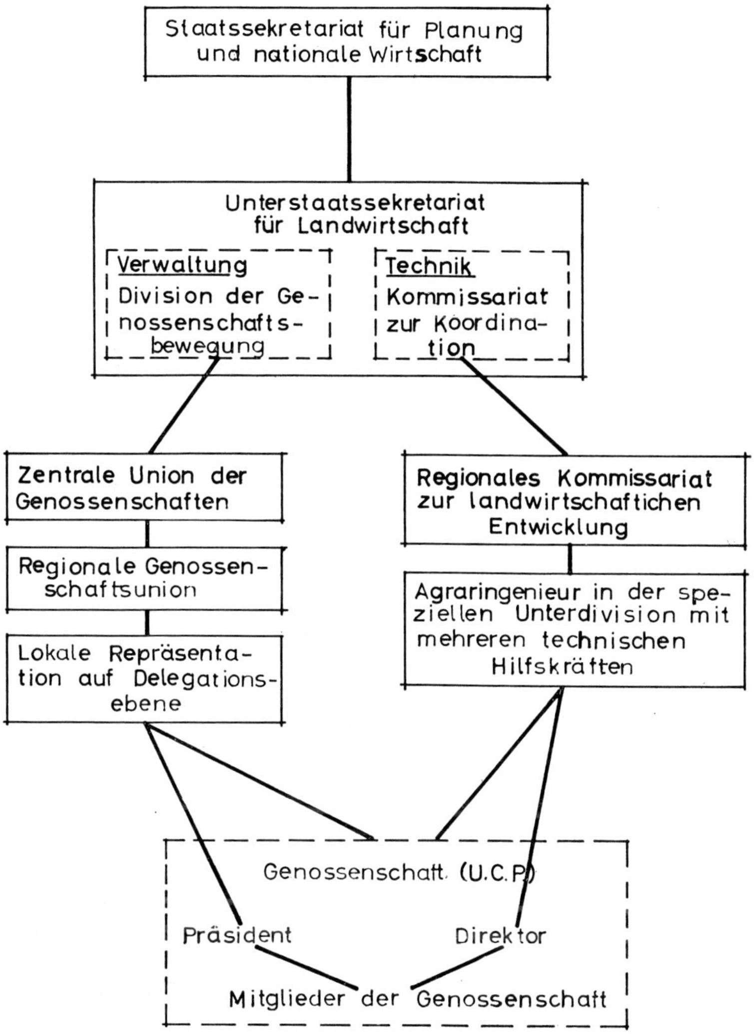

Quelle: nach Auskunft des tun. Landwirtschaftsministeriums

Staat gegeben. GERMANN meint dazu[26]: „... das Genossenschaftssystem in Tunesien (liegt) keineswegs außerhalb des staatlichen Verwaltungsapparates. ... Es ist vielmehr sein Produkt und sein Bestandteil zugleich."

Diese staatliche Betreuung und Kontrolle ist ihrerseits zweigleisig (vgl. Schaubild 3, S. 141):

- Die technische Administration hat als Aufgabe, von Anbauplänen bis zum Mineraldüngereinsatz alle agrartechnischen Fragen zu bearbeiten und den Genossenschaften entsprechend spezifizierte Anweisungen zu geben. Der Partner in der Genossenschaft ist der in der Regel durch den Staat eingesetzte Direktor.
- Die verwaltungsmäßige Administration überprüft das Rechnungswesen der Genossenschaften, bearbeitet die Subventionsanträge sowie die Anträge für verbilligte staatliche Kredite und beeinflußt die Genossenschaftler über den Präsidenten der Genossenschaft in der gewünschten politischen Richtung. Sie verwaltet die Finanzmittel und übt mit deren Hilfe ihren Einfluß aus.

Dieser Verwaltungsdualismus ist die Ursache ständiger Friktionen. Wird eine agrartechnische Maßnahme durch die technische Administration angeordnet, so wird deren termingerechte Durchführung häufig verhindert, indem nicht die entsprechenden Finanzmittel zur Verfügung gestellt werden. In der Regel verfügt die Finanzverwaltung über größere Druckmittel. Nur wenn auf unteren Verwaltungsebenen (lokale Repräsentation auf Delegationsebene und subdivision spéciale) durch Personalunion dieser Dualismus aufgehoben wird, ist eine gewisse Koordination von Beratung und Beeinflussung gegeben.

II. Planung und Planrealisierung im Bereich der landwirtschaftlichen Produktionsgenossenschaften im Norden Tunesiens

Die Planungen für die landwirtschaftliche Entwicklung Tunesiens können hinsichtlich der zugrunde liegenden funktionalen Zusammenhänge und des Planungskoeffizienten als Hypothesen über den Zusammenhang zwischen Aufwand und Ertrag im jeweiligen Fall angesehen werden. Die tatsächliche Entwicklung verifiziert oder falsifiziert diese Hypothese; die folgende empirische Untersuchung stellt einen Beitrag hierzu dar.

Abweichungen von der Planhypothese können hier sowohl objektiver als auch subjektiver Natur sein, d. h. sie können auch ihre Begründung im Verhalten der betroffenen Personen (Genossenschaftler) und Institutionen bzw. deren Entscheidungsträger haben. Der Vergleich der Planung mit der Realisierung zeigt, wo falsch geplant und/oder entschieden wurde.

26 GERMANN: a.a.O., S. 16.

Eine ex post-Beurteilung angewandter Planungstechniken sollte sich auf mehrjährige Zeitabschnitte beziehen, besonders unter natürlichen Bedingungen, wie sie die Landwirtschaft Tunesiens prägen (Klimaeinflüsse). Es wurde deshalb der Agrarbereich Tunesiens ausgesucht, bei dem die geschilderten Planungsmethoden zuerst angewandt wurden und für den Ergebnisse aus mehreren Jahren vorliegen, d. s. die Produktionsgenossenschaften des Nordens (U.C.P.).

1. Die Produktionsgenossenschaften des Nordens (U.C.P.)

Die Produktionsgenossenschaften in Nordtunesien entstanden seit 1962 aus der Zusammenfügung von Land in staatlichem Besitz (hauptsächlich enteignete Areale – noyau domanial), von umliegenden, oft kleinbetrieblich genutzten Arealen (Landeinbringung der Genossenschaftler – noyau melk) und von Pachtland (terres en location). Die Einbeziehung der Kleinbetriebe (bis 40 Hektar) in die Genossenschaften ist obligatorisch. Im Jahre 1965/66 teilte sich die Gesamtfläche des Genossenschaftslandes wie folgt auf[27]:

Staatsland	60%
Land der Mitglieder	31%
Pachtland	9%

Die Genossenschaftsgründungen beschränkten sich in den ersten Jahren auf die Ebenen bzw. auf Flächen, die für eine großbetriebliche Nutzung ohne weiteres geeignet sind. Ein großer Teil der tunesischen Kleinbetriebe, die marginale Böden und Hanglagen bewirtschaften, blieben in den ersten Phasen außerhalb der Genossenschaften. Ihre Eingliederung begann 1969. Die vorliegende Untersuchung beschränkt sich somit auf die besseren Standorte.

Die Agrarpolitik Tunesiens nennt für die Schaffung neben politischen und sozialen Gründen auch eine Reihe ökonomischer Faktoren:

- Beseitigung der Flurzersplitterung, insbesondere hinsichtlich der zahlreichen Kleinbetriebe;
- Ausdehnung der motorisierten Landwirtschaft auf Areale, deren Ertrag vor allem auf Grund unzureichender Zugkraft, flacher Pflugfurche, später Bestellung und damit unzureichender Mineraldüngerwirkung litt;
- Erleichterung der Einführung technischer Fortschritte: Schlepper, Mineraldünger, neue Sorten, Leguminosenanbau;
- Aufbau einer Agrarstruktur, die für die Absorbierung erheblicher Investitionen geeignet ist und damit die Planvorstellungen realisieren hilft.

---

27 Informations sur les coopératives agricoles de production (campagne agricole 1965–1966). Tunis 1967, S. 8 (korrig. v. Verf.).

Von 1962 bis Mai 1968 wurden in den fünf nordtunesischen Gouvernoraten (Béjà, Jendouba, Le Kef, Bizerte und Nabeul) insgesamt 333 Produktionsgenossenschaften gegründet mit zusammen 356 176 Hektar Gesamtfläche und 21 781 Genossenschaftlern [28], d. h. je Betrieb durchschnittlich 1070 Hektar Gesamtfläche und 65 Genossenschaftler. Zusammen mit der Gründung erfolgt die Ausstattung mit Betriebskapital.

Das Gesamtprojekt wird über Kredite und Anleihen der Weltbank (International Bank for Reconstruction and Development, IBRD) und der internationalen Entwicklungsgesellschaft (International Development Association, IDA) in Höhe von 18 Mio. US$ (etwa 72 Mio. DM) mitfinanziert [29]. Investiert wurden je Genossenschaftler etwa 1000 Dinar (etwa 7500 DM) [30]. Diese Investitionen sollen bei einer Lebensdauer von 24 Jahren eine Rendite von jährlich 10% erbringen [31]. Allein für die Planung wird mit Kosten von 4 Dinar (etwa 30 DM) je Hektar Genossenschaftsland gerechnet [32].

2. Auswahl und Methodik

a) Die Auswahl der untersuchten Produktionsgenossenschaften

Die untersuchten Produktionsgenossenschaften wurden in den Jahren 1962, 1963 und 1964 gegründet. Das erste Jahr ist trotz relativ weniger Gründungen in der Untersuchung mit ebenso vielen Genossenschaften vertreten wie die beiden übrigen Jahre, da die Verläßlichkeit einer Aussage mit der Länge der Beobachtungszeit steigt.

In dieser Zeit wurden in Tunesien 147 Genossenschaften des Statutentyps 1 gegründet (1962: 15, 1963: 82, 1964: 50). Von jedem Gründungsjahr wurden 8 Genossenschaften gewählt, d. h. von den gegründeten Genossenschaften des Jahres 1962 sind 53% in der Auswahl, von 1963 10% und von 1964 16%.

Eine Übersichtskarte des tunesischen Landwirtschaftsministeriums (1:200 000) weist vier geographische, nicht administrative Ballungsräume der Genossenschaftsgründungen in den ersten drei Jahren auf:

---

28 Région du Nord, occupation actuelle du sol des U.C.P., mai 1968. Tunis o. J., S. 17.

29 International Bank for Reconstruction and Development (IBRD), International Development Association (IDA): Memorandum on review of agricultural projects and programs, Tunisia. Raport No. TO-618, o. O. 1967, S. 18.

30 E. Makhlouf: Structures agraires et modernisation de l'agriculture dans les plaines du Kef, les unités coopératives de production. Cahiers du C.E.R.E.S., Série Géographique 1, 1968, S. 248.

31 IBRD and IDA: a.a.O., Anhang 4, S. 3.

32 Makhlouf: a.a.O., S. 198.

Region I Oberes Medjerdatal,
Region II Flußtäler Mellègue, Rmel und Tessa,
Region III Hochebene um Siliana, Tal der Siliana,
Region IV Ebene um Goubellat.

Tabelle 7. **Die geographischen Merkmale der vier unterschiedenen Regionen**

	Bezeichnung	∅ Niederschläge mm/Jahr	Höhe in m über NN	Bemerkung
Region I	oberes Medjerdatal	450–600	140–200	leicht welliges, fruchtbares Flußtal
Region II	Flußtäler: Mellègue, Rmel und Tessa	450–600	300–500	wellig, abnehmende Fruchtbarkeit bei zunehmender Höhe
Region III	Hochebene von Siliana, Flußtal Siliana	300–500	500–600	stärker gewellt, flachgründige Böden, bei zunehmender Hangsteile kräftig erodiert
Region IV	Ebene um Goubellat	300–500	120–250	leicht wellige, fruchtbare Ebene, an Hängen häufig Kalkkrustenbildung

Quelle: Projektpläne und eigene Erhebungen des Verfassers.

Jedes Gründungsjahr ist mit mindestens zwei Betrieben (Genossenschaften) in jeder Region vertreten. Die wesentlichen Merkmale dieser Regionen zeigt die Tabelle 7.

Schließlich wurde die jeweils größte und kleinste Genossenschaft (nach der Plangesamtfläche) aus jedem Gründungsjahr in jeder Region gewählt[33].

Aus jeder der vier Regionen wurden demnach 6 Betriebe ausgewählt, jeweils zwei für jedes Gründungsjahr, so daß insgesamt 3 (Gründungsjahre) mal 4 (Regionen) mal 2 (größter und kleinster Betrieb) = 24 Produktionsgenossenschaften in die Auswahl eingingen.

Die Tabelle 8 führt diese 24 ausgewählten Genossenschaften auf, ihre laufende Nummer, die jeweilige Region, ihre Namen, das jeweilige Gründungsjahr, die jeweilige Lage nach Gouvernoraten und „subdivisions spéciales“ und schließlich die geplante Gesamtfläche.

33 In allen Genossenschaften überwiegt der unbewässerte, großflächige Anbau von Getreide und die Olivenkultur. Die Organisation der Bodennutzung ist daher keine Funktion der Betriebsgröße.

Tabelle 8. **Die 24 ausgewählten Produktionsgenossenschaften**

Nr.	Reg.	Name	Gründungsjahr	Gouvernorat	subdiv. spéc.	Gesamtfläche lt. Plan in ha
1	I	ES SAADA	1962	Jendouba	Jendouba	400
2	I	EL AMAL	1962	Jendouba	Bou Salem I	510
3	I	TOUIREF [a]	1963	Le Kef	Nebeur	396 (1627)
4	I	EN NOUMOU	1963	Jendouba	Bou Salem I	1421
5	I	EL OUAYE	1964	Jendouba	Jendouba	579
6	I	HEDI KHELIL	1964	Jendouba	Bou Salem II	1151
7	II	EL KHADRA	1962	Le Kef	Le Sers	445
8	II	ED TAKADOUM	1962	Le Kef	Le Kef	1174
9	II	EN NAIMA	1963	Le Kef	Tadjerouine	285
10	II	EL ALIA	1963	Le Kef	Le Sers	997
11	II	EL MERDJA	1964	Le Kef	Nebeur	419
12	II	EL MZIRA	1964	Le Kef	Le Sers	1307
13	III	EN NOUHOUD	1962	Le Kef	Siliana	415
14	III	ES SAADA	1962	Le Kef	Siliana	326
15	III	EL HAYET	1963	Le Kef	Le Sers	1354
16	III	EL KARAMA	1963	Le Kef	Siliana	541
17	III	ENNCHEM	1964	Le Kef	Le Sers	1087
18	III	BIR SABEG	1964	Le Kef	Siliana	560
19	IV	EL AZIMA	1962	Béjà	Medjez-el-Bab	788
20	IV	ER RAJAA	1962	Béjà	Medjez-el-Bab	1087
21	IV	EN NOUR	1963	Béjà	Bou Arada	2695
22	IV	ER RAOUDHA	1963	Béjà	Testour	605
23	IV	EL OUDIANE	1964	Béjà	Goubellat	458
24	IV	EL KHAROUBA	1964	Béjà	Goubellat	1093

[a] TOUIREF wurde zum Wirtschaftsjahr 1966/67 mit der Genossenschaft IHYA fusioniert, in Klammern die geplante Gesamtfläche beider Betriebe.

Quelle: Projektpläne und eigene Erhebungen des Verfassers.

b) Die statistische Repräsentanz der Auswahl

Die Auswahl der Betriebe nach zeitlichen, geographischen und funktionalen Kriterien erweist sich hinsichtlich der Betriebsgröße, der Bodennutzung und der Anzahl der Hektar je Genossenschaftler als repräsentativ. Dies ergibt der Vergleich der ausgewählten Betriebe mit der Gesamtheit von 147 Betrieben [34].

34 Zur Verfügung standen typische Planzahlen aller 147 Betriebe. Vgl. dazu: Unités coopératives de production, projet, caractéristiques foncières, occupation du sol, crédits, pour les coopératives 1962–1963. SCET. Tunis o. J.; Unités coopératives de production, projet, caractéristique économique, occupation du sol, prêts 1964. SCET. Tunis 1964 (MVA 123).

Die statistische Repräsentanz wird mit dem Prüfmaß „z" bestimmt, das in der Literatur auch als „mittlerer Fehler", „t" oder „kritischer Quotient" bezeichnet wird[35]. Dabei gilt: ist „z" kleiner als 2, so kann die Hypothese, daß die Auswahl mit der Grundgesamtheit identisch ist, als gesichert angesehen werden. Der Wert „2" gibt eine Irrtumswahrscheinlichkeit von 5% an, d. h. ein Wert von „z", der größer als 2 ist, führt zu der Annahme, daß die Auswahl nicht repräsentativ ist.

Für „z" gelten folgende Formeln:

1. bei Prozentsätzen

$$z = \frac{/p_1 - p_2/}{\sqrt{\frac{p_1 q_1}{N_1} + \frac{p_2 q_2}{N_2}}} \quad \text{wobei } q = 1 - p \text{ ist}$$

2. bei Mittelwerten

$$z = \frac{/\bar{x}_1 - \bar{x}_2/}{\sqrt{\frac{s_{x_1}^2}{N_1} + \frac{s_{x_2}^2}{N_2}}} \quad \text{wobei } s_x^2 = \frac{\Sigma(x - \bar{x})^2}{N - 1} \text{ ist.}$$

Die Rechnungen ergeben, daß hinsichtlich der untersuchten Kriterien mit der Auswahl der 24 Genossenschaften Aussagen über alle der insgesamt 147 Genossenschaften gemacht werden können.

Ferner ergibt sich hinsichtlich der Betriebsgröße, der Bodennutzung und der Anzahl der Hektar je Genossenschaftler:

- Die jeweils 6 Genossenschaften sind repräsentativ für die Genossenschaften des entsprechenden Gebietes.
- Die jeweils 8 Genossenschaften sind repräsentativ für die Genossenschaften, die im entsprechenden Jahr gegründet wurden.
- Die 5 ausgewählten Genossenschaften, für die ein Bewässerungsperimeter geplant ist, sind repräsentativ für alle Genossenschaften mit Bewässerung, die in den Jahren 1962/64 gegründet wurden.

c) Die Methodik

Ein Vergleich zwischen der Planung und der Planrealisierung erfordert die Verwendung relativer Größen. Wird eine Realgröße durch die entsprechende Plangröße dividiert, ergibt sich als Maß der Planrealisierung ein Ergebnis von 1, wenn der Plan genau erfüllt wird. Ein Ergebnis kleiner als 1 bedeutet eine Plannichterfüllung, ein Ergebnis größer als 1 stellt eine Planübererfüllung

35 Vgl. G. Mackenroth: Methodenlehre der Statistik. Göttingen 1949; P. Neurath: Statistik für Sozialwissenschaftler. Stuttgart 1966.

dar[36]. Wird ein solches Ergebnis mit 100 multipliziert, ergibt sich die Aussage in Prozent vom Plan. Im folgenden wird dieses zweite Verfahren verwendet, d. h. es wird in der Regel die Plangröße mit 100% angesetzt und die Realzahl in Prozent dieser Planzahl ausgedrückt.

In einigen Fällen ist es notwendig, eine doppelte Relativierung vorzunehmen, z. B. wird die Fläche der Baumpflanzungen auf die Gesamtfläche bezogen und das Einkommen der Genossenschaftler je Genossenschaftler umgerechnet. Dies geschieht immer dann, wenn durch starke Schwankungen einer Bezugsgröße die Planzahlen mit den Realzahlen nicht direkt vergleichbar sind.

Sind für eine Aussage die Werte verschiedener Wirtschaftsjahre zu vergleichen, so wird nach Möglichkeit innerhalb der Genossenschaft der gewogene Durchschnitt verwendet. Der Vergleich zwischen den Genossenschaften dagegen geschieht über ungewogene Durchschnitte, d. h. die Betriebe werden als gleichwertig betrachtet.

Zusätzliche Aussagen zur durchschnittlichen Planerfüllung vermitteln die jeweiligen Maximal- und Minimalwerte und die Standardabweichung.

Die *Planzahlen* sind den Projektplänen (Studien) entnommen. Rechenfehler in diesen Studien sind häufig. Alle 24 Studien wurden nachgerechnet. In Einzelfällen ergaben sich größere Abweichungen. Durchschnittsangaben (der 24 Betriebe, der Region, des Gründungsjahres) wurden jedoch nur unerheblich verändert. In der Regel werden deshalb die unkorrigierten Angaben der Studien verwendet.

Die *Realzahlen* entstammen in erster Linie den Unterlagen des tunesischen Landwirtschaftsministeriums. Soweit dort keine Informationen zu erhalten waren, werden die Befragungsergebnisse aus den Genossenschaften verwendet. In einigen Fällen wichen die Aussagen des Ministeriums stark von den Ergebnissen der Einzelbefragung ab, bzw. sie waren eindeutig fehlerhaft; es wird dann auf die Angaben der Genossenschaften zurückgegriffen. Solche Fälle sind durch Fußnoten gekennzeichnet[37].

Einzelangaben über Realgrößen sind vorhanden:

- für Hektarerträge der Genossenschaften bis einschließlich der Ernte 1968. Die Angaben sind allerdings nicht mit den Anbauflächen gewichtet, so daß die Durchschnittswerte einer Genossenschaft über mehrere Wirtschaftsjahre ungewogene Mittelwerte darstellen. Eine Mengenwertung ist nur in den ökonomischen Angaben möglich.

36 Vgl. R. Summers: Cost estimates as predictors of actual costs. A statistical study of military development. In: Marschak, Glennan, Summers: Strategy for R and D. Berlin–Heidelberg–New York 1967, S. 140–189.

37 Die Beurteilung der Zuverlässigkeit einer Angabe kann nicht in jedem Fall begründet werden. Sie ergibt sich aus der Beobachtung, aus Gesprächen und dem Vergleich verschiedener, teilweise vertraulicher Unterlagen des Landwirtschaftsministeriums.

- für ökonomische Werte aus Bilanzen und Gewinn- und Verlustrechnungen bis zum 31. 8. 1967 (Bilanzstichtag). Die Jahresabschlüsse werden einheitlich von den regionalen Genossenschaftsunionen aus den Genossenschaftsunterlagen erstellt. Sie sind direkt miteinander vergleichbar.

Gesicherte Einzelangaben über Realgrößen sind *nicht* erhältlich:

- über Hektarerträge anderer Kulturen außer den in der Untersuchung aufgeführten,
- über Anbauflächen im Verlauf verschiedener Wirtschaftsjahre.

d) Die Aussagefähigkeit agrarstatistischer Angaben in Tunesien

Die Verwendung betriebswirtschaftlicher Angaben wirft die Frage nach ihrer Richtigkeit auf. Zahlenangaben über denselben Sachverhalt weichen in den verschiedenen Statistiken voneinander ab. Es bleibt meist offen, welcher Wert als „richtig" gelten kann. Tunesiens Agrarplanung basiert auf umfangreichen, statistischen Informationen. Die entsprechenden statistischen Büros sind vorhanden und mit Personal angemessener Qualifikation besetzt. Ein ungewöhnlich perfektes System der Datensammlung liegt vor. Die einzelnen Genossenschaften erhalten Normblätter, in die alle nur denkbaren Angaben zum Betrieb regelmäßig eingetragen werden sollen. Der Kontenrahmen für die Buchhaltung der Produktionsgenossenschaften nennt über 400 Kontentitel[38].

Die Diskrepanz zwischen dem ausgebauten System der Datensammlung einerseits und den sich widersprechenden Angaben der auswertenden Stellen andererseits ergibt sich aus der geringen Leistungsfähigkeit des Rechnungswesens auf der unteren Ebene, d. h. der Betriebe. Die genossenschaftliche Administration ist normalerweise nicht in der Lage, die zugeschickten Normblätter auszufüllen.

Die Arbeit vieler Buchhalter beschränkt sich auf das Sammeln von Belegen, aus denen in den regionalen Genossenschaftsunionen (U.R.D.) die Jahresabschlüsse erstellt werden. Viele Genossenschaftsbuchhalter sind selbst dieser Aufgabe nicht gewachsen.

Eintragungen auf den o. a. Normblättern sind selten zu finden, und wenn, dann unvollständig. Bei Bedarf werden sie häufig „aus dem Gedächtnis" ausgefüllt.

Hierzu ein Beispiel:

Angaben der Genossenschaften über ihre landwirtschaftliche Nutzfläche zeigen von Jahr zu Jahr große Unterschiede. Es sind folgende Gründe zu nennen:

---

38 Plan comptable coopératif à l'usage des coopératives agricoles de production. O. O., o. J.

- Die Genossenschaft meldet die *Gesamt*fläche der *Plan*studie als Nutzfläche.
- Die Genossenschaft meldet die *Nutz*fläche der *Plan*studie.
- Die Genossenschaft meldet die von der Planstudie abweichende *Gesamt*fläche der *Katasteramt*studie (étude foncière).
- Die Genossenschaft meldet die von der Planstudie abweichende *Nutz*fläche der *Katasteramt*studie.
- Die Genossenschaft meldet die *tatsächliche Fluktuation der Nutzfläche*, die durch *Pacht* entsteht.
- Die Genossenschaft meldet, abweichend von früheren Angaben, die *richtige Größe*.

Welche der sechs Möglichkeiten im Einzelfall vorliegt, läßt sich nicht immer eindeutig klären.

Die tunesische Agrarstatistik ist damit das Produkt einer meist sachgerechten Aufarbeitung unvollständiger und unzureichender Unterlagen. Sie ist mit Vorbehalt zu behandeln, „allerdings betrifft diese Bemerkung nicht die statistische Untersuchung selbst, da sie ja nur das vorhandene Material benutzen kann“ [39].

Trotz erheblicher Bedenken müssen hier solche Angaben verwendet werden. Es wird davon ausgegangen, daß die Fehler in den Statistiken zufallsbedingt sind und im Ablauf der Zeit einen ungefähr gleichen Umfang einnehmen. Somit sind tendenzielle Aussagen möglich. Es wird so ein Eindruck von den Verhältnissen vermittelt, auch wenn der Einzelfall nicht immer korrekt wiedergegeben ist.

3. Die Planrealisierung der untersuchten Produktionsgenossenschaften

a) Die Planrealisierung bei der Ausstattung mit Produktionsfaktoren

Fläche

Die ersten Produktionsgenossenschaften (gegründet in den Jahren 1962–1964) umfassen in Übereinstimmung mit dem Drei-Jahres-Plan etwa 110 000 Hektar Land [40]. Die ausgewählten 24 Betriebe verfügten im Mai 1968 über etwa 24% dieser Fläche (26 560 ha), während die Planung 21 324 Hektar (19%) vorsieht.

Über die Flächennutzung unterrichtet die Tabelle 9 auf Seite 151.

39 Naccache, G.: Les coopératives de production du Nord, commentaire d'une enquête statistique. In: Revue Tunisienne de Sciences Sociales, No. 12, 1968, S. 160 (übers. v. Verf.).

40 Plan triennal, a.a.O., S. 37: Der Plan nennt dort einmal 100 000 ha des traditionellen Sektors, die umgruppiert werden sollen, andererseits sollen 200 Betriebe mit durchschnittlich 500 ha Gesamtfläche gegründet werden. Diese Formulierung ist mißverständlich. Hier wird davon ausgegangen, daß insgesamt 100 000 ha in genossenschaftliche Großbetriebe eingebracht werden sollen.

Es wird deutlich, daß der unbewässerte Anbau von Getreide und Olivenkulturen bei den untersuchten Betrieben überwiegt. Umfangreichere Bewässerungslandwirtschaft ist nur in fünf Fällen vorgesehen, 50% haben allerdings einen kleinen Bewässerungsperimeter. Es handelt sich bei dieser Abweichung nicht um eine Planübererfüllung, denn kleinere Bewässerungsperimeter (bis etwa 15 ha) werden in der Planung vernachlässigt, da sie in erster Linie der Versorgung der Genossenschaftler mit Gemüse dienen und in kleinerem Umfang der Produktion von Zusatzfutter für die Viehhaltung.

Tabelle 9. **Die Flächennutzung der 24 Genossenschaften**
(in ha)

Nr.	Gesamtfläche		Getreidebau		Olivenkulturen		Bewässerungsfeldbau	
	p	r	p	r	p	r	p	r
1	400	490	243	332	147	121	–	11
2	510	510	381	433	80	60	–	–
3	1 627 [a]	1 627	450 [a]	706	460 [a]	460	–	15
4	1 421	1 438	630	704	180	199	24	20
5	579	1 253	279	578	102	203	–	–
6	1 151	1 157	917	877	133	135	44	40
7	445	435	300	300	85	95	50	50
8	1 174	1 429	870	913	170	180	–	5
9	285	1 765	200	1 330	64	222	–	5
10	997	997	666	582	280	284	–	–
11	419	639	327	456	91	91	–	5
12	1 307	1 307	540	540	400	400	–	–
13	415	535	292	397	123	104	–	–
14	326	662	284	449	42	50	–	12
15	1 354	1 354	670	693	100	160 [b]	–	–
16	541	686	330	458	175	381	–	–
17	1 087	1 087	200	450	200	280	–	4
18	560	650	165	375	65	36	–	–
19	788	2 393	348	613	90	133	34	34
20	1 087	901	803	645	99	142	–	–
21	2 695	2 679	880	861	560	431	–	–
22	605	1 015	225	332	226	359	100	20
23	458	458	255	255	80	80	–	–
24	1 093	1 093	390	450	290	252	–	–
Insg.	21 324	26 560	10 645	13 729	4 242	4 858	252	221

p = Planzahl der Genossenschaftsstudie.
r = Realzahl.
[a] Addition der Planflächen der fusionierten Genossenschaften.
[b] Korrigierte Realzahl nach Angaben der Genossenschaft.

Quelle: Projektpläne und eigene Erhebungen des Verfassers.

Insgesamt ergibt sich eine Planerfüllung von 125% bei der Gesamtfläche, 129% bei dem Getreidebau und 115% bei Olivenkulturen. Obwohl die Anzahl der Bewässerungsperimeter größer ist als geplant, ergibt sich bei der bewässerbaren Fläche eine Planerfüllung von nur 88%.

Olivenpflanzungen

Bei den Olivenpflanzungen handelt es sich vornehmlich um junge Anpflanzungen. Die zusammengefaßten Ergebnisse der Planerfüllung sind in der Tabelle 10 dargestellt. Der Plan ist zu 96% erfüllt[41], wobei der Maximalwert einer Genossenschaft 174% beträgt und der Minimalwert nur 47%.

Tabelle 10. **Die Planerfüllung bei den Olivenkulturen**

Durchschnittswerte und Abweichungen	real in % vom Plan
∅ der 24 Genossenschaften	*95,5*
Standardabweichung	*34,4*
Minimalwert	*47,4*
Maximalwert	*173,6*
∅ der Region I	*90,7*
∅ der Region II	*87,3*
∅ der Region III	*107,2*
∅ der Region IV	*97,0*
∅ des Gründungsjahres 1962	*86,3*
∅ des Gründungsjahres 1963	*108,7*
∅ des Gründungsjahres 1964	*91,5*

Quelle: Projektpläne und eigene Erhebungen des Verfassers.

Die Angaben über die vorhandenen Olivenpflanzungen müssen besonders vorsichtig interpretiert werden. Wenn auch die Flächen bepflanzt wurden, so besagt dies nicht, daß die Pflanzungen tatsächlich in der angegebenen Ausdehnung existieren. Erfahrungsgemäß muß mit einem hohen Prozentsatz an Ausfällen gerechnet werden. Es ist vorgekommen, daß in Genossenschaften mehrfach dieselben Flächen bepflanzt werden mußten, da die Bäume nicht anwuchsen[42]. Die Gründe dafür sind Trockenheit bzw. Nachlässigkeit in der Pflanzung und Pflege der jungen Kulturen. Die Planerfüllung von 96% deutet somit in erster Linie auf die Ausschöpfung der Kreditzuteilung für Olivenpflanzungen. Genauere Aussagen sind auch aus den ökonomischen Ergebnissen nicht möglich, da die ersten nennenswerten Erträge der Oliven erst nach etwa 15 Jahren anfallen.

41 Gegenüber der ersten Angabe (115% Planerfüllung bei Olivenkulturen, S. 151) ist ein Widerspruch gegeben. Er erklärt sich daraus, daß hier zwischen den einzelnen Betrieben ungewogene Mittelwerte verwendet werden (vgl. S. 148).

42 Mündliche Auskunft des tunesischen Landwirtschaftsministeriums.

Arbeitshilfsmittel

Der Getreidebau benötigt eine erhebliche Ausrüstung mit Arbeitshilfsmitteln, insbesondere mit Schleppern und Mähdreschern. Als Maß der Planerfüllung dient die Anzahl der Radschlepper, Raupenschlepper und Mähdrescher, wobei davon ausgegangen wird, daß das notwendige Zusatzgerät vorhanden ist. Für beide Schleppertypen wurde ein gemeinsamer Nenner gewählt, indem eine Raupe gleich zwei Radtraktoren gesetzt wird. Dieses Verhältnis entspricht ungefähr den in Tunesien üblichen Preisverhältnissen, einschließlich der notwendigen Geräteausstattung.

Bei den Mähdreschern wird die Planerfüllung durch alte Ausrüstungen verfälscht, die noch von den ehemaligen Großbetrieben stammen. Es wurden deshalb zwei alte Mähdrescher gleich einem neuen gesetzt.

Die derart auf eine einigermaßen vergleichbare Basis gebrachten Angaben der verschiedenen Traktoren und Mähdrescher wurden auf je 1000 Hektar Gesamtfläche bezogen. Über die so erhaltene Planerfüllung unterrichtet die Tabelle 11.

Bei den Traktoren ist der Plan erreicht (98%). In die Zählung gingen dabei nur Traktoren ein, die zur Befragungszeit (Winter 1967/68) tatsächlich benutzbar waren. Nahezu alle Genossenschaften verfügen zusätzlich über Geräte, die wegen Ersatzteilmangel nicht repariert sind, aber noch einsatzfähig genannt werden können.

Tabelle 11. **Die Planerfüllung bei der Maschinenausrüstung**

Durchschnittswerte und Abweichungen	real in % vom Plan Traktoren [a]	 Mähdrescher [b]
Ø der 24 Genossenschaften	*97,5*	*104,0*
Standardabweichung	*37,6*	*58,5*
Minimalwert	*33,3*	*23,5*
Maximalwert	*171,9*	*244,4*
Ø der Region I	*109,7*	*78,6*
Ø der Region II	*74,0*	*91,7*
Ø der Region III	*121,7*	*142,4*
Ø der Region IV	*84,5*	*103,1*
Ø des Gründungsjahres 1962	*105,5*	*99,6*
Ø des Gründungsjahres 1963	*79,6*	*88,9*
Ø des Gründungsjahres 1964	*107,4*	*123,3*

[a] 1 Kettentraktor = 2 Radtraktoren.
[b] 1 neuer Mähdrescher = 2 alte Mähdrescher.

Quelle: Projektpläne und eigene Erhebungen des Verfassers.

Bei den Mähdreschern deutet eine Planerfüllung von 104% auf eine Überausstattung hin, insbesondere unter Berücksichtigung der Bewertung alter, aber noch einsatzfähiger Maschinen.

Ein Vergleich der Stückzahlen zeigt bei einigen Genossenschaften einen Istbestand, der bis zum Vierfachen größer ist als die Planzahl. Die Umrechnung, die zwei alte Mähdrescher wie einen neuwertigen behandelt, ist relativ grob, dabei wurde aber davon ausgegangen, daß ältere Maschinen einen größeren Reparaturbedarf haben als neue. Fällt eine Maschine aus, dann muß in Tunesien mit langen Reparaturzeiten gerechnet werden, so daß eine Maschine oftmals erst in der nächsten Erntesaison wieder eingesetzt werden kann.

Die Planerfüllung hinsichtlich der Arbeitshilfsmittel zeigt eine besonders große Spanne zwischen den Extremwerten (Schlepper-Minimum 33%, -Maximum 172%; Mähdrescher-Minimum 24%, -Maximum 244%). Besser ausgerüstete Betriebe führen oftmals Lohnarbeiten für andere Betriebe durch.

Viehhaltung

Die Planung sieht eine stärkere Diversifizierung der Produktion vor, als es vorher in den tunesischen Großbetrieben üblich war[43]. Zahlenmäßig überwiegt die Schafhaltung, dabei wird das algerische Fettschwanzschaf bevorzugt. Bei der Rinderhaltung werden lokale Rassen für die Fleischproduktion gehalten. Die Bestände werden durch Einkreuzen von Tarantais-Bullen aus Frankreich verbessert. Für die Milchproduktion hat Tunesien neben französischen Rassen holländische und niederdeutsche Schwarzbunte sowie Schweizer Braunvieh importiert und zum Teil den Produktionsgenossenschaften zugeteilt[44].

Die Planerfüllung bei der Viehhaltung ist nicht für den Einzelbetrieb bestimmbar. Es gibt mehrere Fälle, in denen eine nichtgeplante Viehhaltung realisiert wurde bzw. die Realisierung die Planung um ein Vielfaches übertraf. Es wird daher nur die durchschnittliche Planerfüllung für die Gesamtzahl der Genossenschaften, für die Regionen und die Gründungsjahre bestimmt. Die importierten Rinder und die Tiere lokaler Rassen werden zusammengefaßt. Entsprechend dem Preisverhältnis in Tunesien wird dabei ein Importrind gleich drei Tieren lokaler Rassen gesetzt (ein Rind einheimischer Rasse kostet etwa 80 Dinar, ein Hochleistungsrind dagegen etwa 240 Dinar). Gezählt wurden alle Schafe und Rinder, die von der Genossenschaft unterhalten werden, ohne Rücksicht darauf, daß einige Tiere den Genossenschaftlern gehören und gegen Bezahlung von der Genossenschaft versorgt werden. Dies entspricht der Planung, in der Wert darauf gelegt wird, die Futter-

---

43 Makhlouf: a.a.O., S. 163, 165.

44 Über die Erfolge mit schwarzbunten Rindern berichtet H. Ochs: Untersuchungen über die Leistungseigenschaften schwarzbunter Rinder deutsch-holländischer Abstammung im unteren Medjerdatal (Tunesien). Dissertation, Göttingen 1968.

reserven der Genossenschaft auszuschöpfen. Die so ermittelte Planrealisierung bei der Schaf- und Rinderhaltung wird in der folgenden Tabelle wiedergegeben.

Tabelle 12. **Die Planerfüllung bei der Viehhaltung**

Durchschnittswerte	real in % vom Plan Schafe	Rinder [a]
⌀ der 24 Genossenschaften	*112,9*	*106,8*
⌀ der Region I	*109,4*	*94,1*
⌀ der Region II	*128,7*	*88,4*
⌀ der Region III	*75,4*	*110,5*
⌀ der Region IV	*149,6*	*125,5*
⌀ des Gründungsjahres 1962	*207,6*	*168,6*
⌀ des Gründungsjahres 1963	*73,6*	*71,9*
⌀ des Gründungsjahres 1964	*110,9*	*89,0*

[a] 1 importiertes Rind = 3 Rinder lokaler Rasse.

Quelle: Projektpläne und eigene Erhebungen des Verfassers.

Sowohl bei der Schaf- als auch bei der Rinderhaltung ist der Plan erfüllt[45]. In der Rinderhaltung wird allerdings die Planrealisierung nur dadurch erreicht, daß von Importrindern eine größere Anzahl gehalten wird als geplant; in absoluten Zahlen übersteigt der Istbestand die Planzahl um das Doppelte. Der Bestand an Rindern lokaler Rassen liegt dagegen um etwa 30% unter dem Planansatz.

Arbeitskräftebesatz

Die Arbeitskräfte der Genossenschaft sind die Genossenschaftler. Fremdarbeitskräfte sind in der Planung nur in einigen Fällen für die Aufbauzeit vorgesehen (in der Regel sollen Familienmitglieder der Genossenschaftler zusätzlich beschäftigt werden). Bei der Bestimmung der Anzahl der Genossenschaftler wird in den Plänen die Ackernahrung (taux foyer) errechnet. Definitorische und systematische Unklarheiten bei der Festlegung der Ackernahrung in der Planung verbietet die Benutzung dieses Kriteriums bei der Bestimmung der Planrealisierung[46]. Aus diesem Grunde wird in der Tabelle 13

45 Die Schafbestände erscheinen etwas überhöht. Ein Großteil der Tiere ist zum „Großen Fest" am 1. März 1968 geschlachtet worden. Zu diesem Fest wird in jeder islamischen Familie ein Hammel geschlachtet.

46 In der Planung wird sowohl die Gesamtfläche als auch die Nutzfläche für die Berechnung der Ackernahrung verwendet. Innerhalb der Projektpläne der 24 untersuchten Genossenschaften wird in neun Fällen keine Ackernahrung bestimmt, in zwei Fällen ist die Bezugsgröße nicht zu klären, da die Gesamtfläche mit der Nutzfläche identisch ist, in sechs Fällen wird die Nutzfläche und in sieben Fällen die Gesamtfläche als Basis zur Berechnung herangezogen.

die Planerfüllung bei der Anzahl der Genossenschaftler je 100 Hektar der landwirtschaftlichen Nutzfläche dargestellt.

Die durchschnittliche Planerfüllung bei der Anzahl der Genossenschaftler je 100 Hektar landwirtschaftlicher Nutzfläche beträgt 90%, wobei der Maximalwert bei 161% und der Minimalwert bei nur 37% liegen.

Tabelle 13. **Die Planerfüllung bei der Anzahl der Genossenschaftler je 100 ha LN**

Durchschnittswerte und Abweichungen	real in % vom Plan
⌀ der 24 Genossenschaften	*90,4*
Standardabweichung	*28,9*
Minimalwert	*36,8*
Maximalwert	*160,9*
⌀ der Region I	*90,2*
⌀ der Region II	*81,8*
⌀ der Region III	*88,8*
⌀ der Region IV	*100,8*
⌀ des Gründungsjahres 1962	*91,9*
⌀ des Gründungsjahres 1963	*77,6*
⌀ des Gründungsjahres 1964	*101,7*

Quelle: Projektpläne und eigene Erhebungen des Verfassers.

Faktoreinsatz im Vergleich

Hinsichtlich der Ausstattung mit Produktionsfaktoren kann zusammenfassend festgestellt werden, daß der Plan im wesentlichen und im Durchschnitt eingehalten wurde. Offensichtlich ist es in Tunesien gelungen, die für notwendig erachteten Investitionen zu tätigen. Es wurden sowohl die vorgesehenen Olivenbäume gepflanzt als auch die geplanten Arbeitshilfsmittel und das Vieh (insbesondere Importvieh) bereitgestellt. Die tatsächliche Ausstattung mit Arbeitskräften liegt um etwa 10% unter den Planungen, im wesentlichen wurde damit auch das Beschäftigungsziel erreicht.

Im einzelnen ergeben sich allerdings bemerkenswerte Unterschiede. Die Differenzen zwischen den Extremwerten sind in jedem Falle groß. Der Variationskoeffizient (Standardabweichung in Prozent des Mittelwertes) schwankt zwischen 32% (Anzahl der Genossenschaftler je 100 ha LN) und 36% (Olivenpflanzung). Bei den Arbeitshilfsmitteln ist die Streuung größer: Variationskoeffizient bei Traktoren 39%, bei Mähdreschern sogar 56%. Diese Streuungen zeigen an, daß die Abwicklung des Planungsverfahrens offenbar zu schematisch gehandhabt wurde und deshalb dem Einzelfall nicht immer gerecht wird. Im Einzelfall wird daher oft beträchtlich von der Planstudie abgewichen.

Darüber hinaus zeigt die Planrealisierung räumliche Unterschiede. Dabei wurde keine Region in jeder Hinsicht besonders reichlich ausgestattet; es fällt vielmehr auf, daß in der Region III die Investitionen in Olivenpflanzungen und Arbeitshilfsmittel besonders stark über der Planung liegen, während dies für die Viehhaltung und den Arbeitskräftebesatz vor allem für die Region IV gilt. Dies deutet auch darauf hin, daß die Planung die geographischen Unterschiede hinsichtlich der zweckmäßigen Disposition des Faktoreinsatzes nicht richtig erfaßte bzw. daß bei der Planrealisierung in diesem Bereich andere Gesichtspunkte stärker waren als die Befolgung der Leitlinien des Planes.

b) Die Planrealisierung bei den Aufwendungen

Gesamtaufwand

Für die Planrealisierung der ökonomischen Bewegungsgrößen sind die Angaben der Gewinn- und Verlustrechnung (exploitation générale) maßgebend. Die Gesamtaufwendungen umfassen sämtliche Aufwendungen des Betriebes während des entsprechenden Wirtschaftsjahres. Lagerbestandsveränderungen werden berücksichtigt[47].

Dieser Gesamtaufwand wird in Relation gesetzt zur landwirtschaftlichen Nutzfläche. Über die Planerfüllung bei dem Gesamtaufwand je Hektar LN unterrichtet die folgende Tabelle.

Tabelle 14. **Die Planerfüllung bei dem Gesamtaufwand/ha LN**
(Arbeitsaufwand plus Sachaufwand)

Durchschnittswerte und Abweichungen	real in % vom Plan
⌀ der 24 Genossenschaften	*91,9*
Standardabweichung	*30,2*
Minimalwert	*52,8*
Maximalwert	*165,4*
⌀ der Region I	*116,3*
⌀ der Region II	*76,5*
⌀ der Region III	*86,3*
⌀ der Region IV	*88,4*
⌀ des Gründungsjahres 1962	*99,5*
⌀ des Gründungsjahres 1963	*82,3*
⌀ des Gründungsjahres 1964	*93,8*

Quelle: Projektpläne und eigene Erhebungen des Verfassers.

47 Dabei gilt: Ist der Endbestand der Lagerhaltung größer als der Anfangsbestand, dann wird der gesamte Anfangsbestand von dem Endbestand subtrahiert; ist der Endbestand der Lagerhaltung kleiner als der Anfangsbestand, dann wird nur der Endbestand von der Endsumme der Aufwandsseite subtrahiert.

Der Gesamtaufwand der Betriebe wurde – so wie der AK-Besatz – offenbar leicht überschätzt. Insgesamt erreicht der Gesamtaufwand 92% der Planziffer. Der Gesamtaufwand eines Betriebes liegt im Minimum bei nur 53%, der Maximalwert erreicht 165%.

Lohnaufwand

Die Aufwandsstruktur ergibt sich aus der Aufteilung der Gesamtaufwendungen in Lohn- und Sachaufwendungen. Die Löhne werden in den Betriebsplänen nicht als Kostenfaktor angesehen (vgl. S. 136). In der Realität werden jedoch die Genossenschaftler wie Tagelöhner entlohnt. Jeden Abend erhalten die Mitglieder, die den Tag im Betrieb gearbeitet haben, 0,350 Dinar ausgezahlt. Wird ein Gewinn erwirtschaftet, dann werden zum Ende des Jahres zusätzlich sog. Ernteprämien entsprechend der Anzahl der geleisteten Arbeitstage verteilt. Fällt kein ausreichender Überschuß an, d. h. ist das Betriebsergebnis so schlecht, daß die entstandenen Arbeitsaufwendungen nicht gedeckt wurden, dann findet eine Rückzahlung der als Vorschuß gezahlten Löhne *nicht* statt. Die Planerfüllung je Hektar landwirtschaftlicher Nutzfläche ergibt sich aus der unten stehenden Tabelle.

Tabelle 15. **Die Planerfüllung bei dem Lohnaufwand/ha LN**

Durchschnittswerte und Abweichungen	real in % vom Plan
⌀ der 24 Genossenschaften	*86,0*
Standardabweichung	*43,3*
Minimalwert	*30,5*
Maximalwert	*227,0*
⌀ der Region I	*128,2*
⌀ der Region II	*69,9*
⌀ der Region III	*54,7*
⌀ der Region IV	*91,1*
⌀ des Gründungsjahres 1962	*103,6*
⌀ des Gründungsjahres 1963	*68,2*
⌀ des Gründungsjahres 1964	*86,2*

Quelle: Projektpläne und eigene Erhebungen des Verfassers.

Der tatsächliche Lohnaufwand bleibt um 14% unter dem Planansatz, d. h. stärker, als es der Differenz zwischen geplantem und realisiertem Arbeitskräftebesatz (90% Planerfüllung) entspricht. Auch hier ist wieder eine erhebliche Streuung festzustellen. Der Minimalwert beträgt für einen Betrieb etwa 31%, der Maximalwert dagegen 227%. Diese Streuung ist bedeutend größer als bei der Planerfüllung hinsichtlich des AK-Besatzes.

Sachaufwand insgesamt

Die Sachaufwendungen – worunter außer dem Lohnaufwand sämtliche Aufwendungen zusammengefaßt sind – erreicht fast den Planansatz (96%). Allerdings besagt dies nicht, daß die einzelnen Aufwandsposten, die sich hinter dieser zusammenfassenden Angabe verbergen, in gleicher Weise planmäßig getätigt werden.

Tabelle 16. **Die Planerfüllung bei dem Sachaufwand/ha LN**

Durchschnittswerte und Abweichungen	real in % vom Plan
Ø der 24 Genossenschaften	*96,0*
Standardabweichung	*31,9*
Minimalwert	*45,8*
Maximalwert	*174,7*
Ø der Region I	*112,4*
Ø der Region II	*83,7*
Ø der Region III	*99,9*
Ø der Region IV	*87,9*
Ø des Gründungsjahres 1962	*100,0*
Ø des Gründungsjahres 1963	*88,0*
Ø des Gründungsjahres 1964	*99,9*

Quelle: Projektpläne und eigene Erhebungen des Verfassers.

Mineraldünger- und Pflanzenschutzaufwand

Die vorhandenen Unterlagen erlauben eine Spezifizierung nur bei dem Mineraldünger- und Pflanzenschutzmittelaufwand. Er ist in der Tabelle 17 zusammengefaßt. Dabei ist zu berücksichtigen, daß der geplante Verbrauch und

Tabelle 17. **Die Planerfüllung bei dem durchschnittlichen Mineraldünger- und Pflanzenschutzmitteleinsatz/ha Gesamtfläche**

Durchschnittswerte und Abweichungen	real in % vom Plan
Ø der 24 Genossenschaften	*72,8*
Standardabweichung	*26,4*
Minimalwert	*13,7*
Maximalwert	*123,9*
Ø der Region I	*88,5*
Ø der Region II	*62,7*
Ø der Region III	*61,9*
Ø der Region IV	*78,1*
Ø des Gründungsjahres 1962	*76,7*
Ø des Gründungsjahres 1963	*69,6*
Ø des Gründungsjahres 1964	*72,2*

Quelle: Projektpläne und eigene Erhebungen des Verfassers.

der getätigte Kauf einander gegenüberstehen, wobei der Kauf nicht mit dem getätigten Verbrauch identisch sein muß. Verschiebungen, die durch die Lagerhaltung bedingt sind, konnten in Tabelle 17 nicht berücksichtigt werden. Sie sind jedoch auf ein Minimum beschränkt, da die Angaben bei jedem Betrieb Durchschnittswerte mehrerer Wirtschaftsjahre sind.

Deutlicher als bei dem Lohnaufwand ist beim Einsatz ertragsteigernder Produktionsmittel ein Zurückbleiben gegenüber der Planung festzustellen. Die Planerfüllung erreicht nur 73%. So wird deutlich, daß die Planerfüllung bei den gesamten Sachaufwendungen mehr durch die Überausstattung mit Arbeitshilfsmitteln erzielt wird als durch den Einsatz von Mineraldünger und Pflanzenschutzmitteln.

Aufwendungen im Vergleich

Wie auf Grund der Planrealisierung beim Faktoreinsatz zu vermuten ist, weicht der Aufwand im Durchschnitt der Betriebe und Jahre nur geringfügig von der Planung ab (–8%). Dabei ist jedoch auf Verschiebungen in der Aufwandsstruktur zu verweisen. Der Lohnaufwand bleibt merklich, der Mineraldünger- und Pflanzenschutzaufwand kräftig hinter den Planungen zurück. Demgegenüber ergibt sich, daß der sonstige Sachaufwand die Planungen übertrifft. Offenbar war es unter den Wirtschaftsbedingungen Tunesiens leichter, die Maschinen, Schlepper und Milchtiere an die Betriebe zu verteilen, als diese regelmäßig und im geplanten Maße mit Mineraldünger und Pflanzenschutzmitteln zu beliefern.

Bemerkenswert sind ferner die Streuungen der Werte. Die Variationskoeffizienten überschreiten in jedem Fall 30% der Mittelwerte. Hinter den durchschnittlichen Planerfüllungen verbirgt sich somit die Tatsache, daß im Einzelfall auch hier kräftig von der Planung abgewichen wird. Dies gilt insbesondere für den Lohnaufwand. Tabelle 15 (S. 158) deutet damit eine Tendenz an, daß die arbeitswirtschaftliche Planung mit einem besonders hohen Maß an Unsicherheit behaftet ist.

Regional zeigen sich bei den Lohnaufwendungen größere Differenzierungen als aus dem jeweiligen Faktoreinsatz zu erwarten war. Dies verdeutlicht das Schaubild 4 an Hand des Anteiles der Lohnaufwendungen an den Gesamtaufwendungen.

In der bodenmäßig und klimatisch begünstigten Region I, dem oberen Medjerdatal, sind sowohl die Lohn- als auch die Sachaufwendungen merklich unterschätzt worden, wobei der Fehler bei dem Lohnaufwand größer ist als bei den übrigen Aufwendungen. In der extensiver bewirtschafteten Region III ist eher eine Überschätzung der Aufwendungen bemerkbar. Insbesondere die Lohnkosten wurden stark überschätzt. Die Planabweichung ist eindeutig für die Regionen II und III aus dem Schaubild 4 zu erkennen. Beide Regionen

Schaubild 4. **Lohnaufwand in Prozent des Gesamtaufwandes**

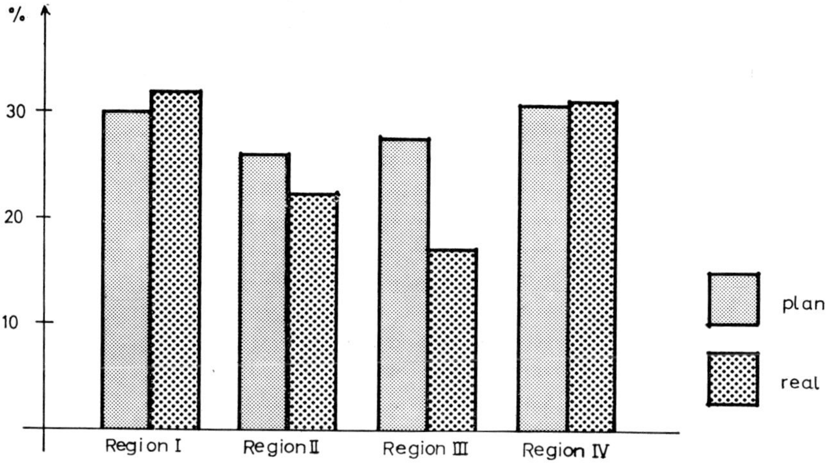

Quelle: vom Verfasser zusammengestellt

wirtschaften arbeitsextensiver als vorgesehen. Der Planung ist es also nicht voll gelungen, die geographischen Unterschiede treffend zu berücksichtigen.

c) Die Planrealisierung bei den Flächenerträgen

Die Planrealisierung beim Faktoreinsatz und bei der Aufwandshöhe unterrichtet darüber, inwieweit die tunesische Landwirtschaftsverwaltung die geplanten Mittel für die genossenschaftlichen Großbetriebe aufbringen konnte.

Den Erfolg dieser Aufwendungen zeigen die erzielten Erträge. Eine erste Information liefern die technischen Ertragszahlen, d. h. die Hektarerträge (vgl. Tabelle 18).

Getreide

In dem Untersuchungsgebiet ernteten die ehemaligen Großbetriebe im Durchschnitt 10,9 dz/ha Hartweizen, während in den Bauernbetrieben 4 dz/ha eine durchschnittliche Ertragszahl darstellen[48]. Die Genossenschaften sollten laut Plan 14 dz/ha ernten. Sie erzielten 9,1 dz/ha, wobei zu berücksichtigen ist, daß es sich bei dem Untersuchungszeitraum um zwei überdurchschnittliche, zwei unterdurchschnittliche und zwei durchschnittliche Ertragsjahre handelt[49].

48 Unités coopératives de production: Rendements unitaires moyens 1962 à 1967 et 1968. Tunis o. J.

49 Kobelt, V.: Anbauergebnisse mit mexikanischem Weizen in Tunesien. In: Zeitschrift für ausländische Landwirtschaft 3, 1969, S. 273–280.

Tabelle 18. **Die Planerfüllung bei den Getreideerträgen**[a]

Durchschnittswerte und Abweichungen	Hartweizen Plan dz/ha	Hartweizen real dz/ha	Hartweizen real in % vom Plan[b]	Weichweizen Plan dz/ha	Weichweizen real dz/ha	Weichweizen real in % vom Plan[b]	Gerste Plan dz/ha	Gerste real dz/ha	Gerste real in % vom Plan[b]
⌀ der 24 Genossenschaften	14,0	9,1	*64,9*	12,3	8,0	*66,5*	12,9	8,3	*65,9*
Standardabweichung	1,8	2,9	*18,1*	2,3	2,6	*21,4*	1,9	2,3	*20,7*
Minimalwert	12,0	5,1	*40,8*	10,0	2,7	*24,5*	10,0	4,0	*30,0*
Maximalwert	17,0	16,0	*95,8*	18,0	15,0	*111,8*	17,0	14,0	*100,0*
⌀ der Region I	16,0	11,0	*68,8*	13,7	9,8	*70,9*	14,5	8,2	*56,7*
⌀ der Region II	13,8	8,3	*58,6*	12,5	7,5	*62,0*	13,2	9,2	*72,5*
⌀ der Region III	13,1	9,2	*69,9*	11,8	7,7	*67,5*	11,0	8,4	*78,1*
⌀ der Region IV	13,1	8,1	*62,4*	11,0	7,2	*65,5*	12,8	7,4	*56,1*
⌀ des Gründungsjahres 1962	14,0	10,4	*75,1*	12,9	9,0	*74,6*	13,5	9,6	*73,4*
⌀ des Gründungsjahres 1963	13,9	7,8	*56,3*	12,0	7,7	*64,3*	12,1	7,9	*66,7*
⌀ des Gründungsjahres 1964	14,3	9,2	*63,3*	11,9	7,4	*60,6*	13,0	7,5	*57,5*

[a] Ungewogene Mittelwerte, da Anbauflächen unbekannt.
[b] Errechnet aus der Planerfüllung der Einzelgenossenschaften.

Quelle: Projektpläne und eigene Erhebungen des Verfassers.

Ähnlich verhält es sich bei dem Weichweizen. Die früheren Großbetriebe ernteten durchschnittlich 10,3 dz/ha, die Bauernbetriebe etwa 4,4 dz/ha. Der Plan sieht für die Genossenschaften 12,3 dz/ha vor, geerntet wurden bisher durchschnittlich 8,0 dz/ha.

Entsprechendes gilt für Gerste. Die früheren Betriebe ernteten ungefähr 11,4 dz/ha, die Bauernbetriebe etwa 3,4 dz/ha. Der Plan veranschlagt 12,9 dz/ha, geerntet wurden in den Genossenschaften 8,3 dz/ha.

In allen drei Fällen wird der Plan zu etwa 65% erfüllt. Das Ertragsniveau liegt damit etwas unter den Ernteergebnissen der früheren Großbetriebe. Der Sprung in ein höheres Ertragsniveau auf Grund erheblicher zusätzlicher Investitionen in Arbeitshilfsmittel und laufende Aufwendungen ist demnach nicht gelungen. Die Flächen, die schon vor den Genossenschaftsgründungen großbetrieblich bewirtschaftet wurden, erzielten ungefähr die gleichen Erträge. Allerdings darf nicht übersehen werden, daß die Genossenschaftsbetriebe auf den Arealen der Kleinbauern mehr ernten als diese.

Leguminosen

Eine ganz andere Situation ergibt sich bei dem Anbau von Leguminosen, wobei es sich vor allem um Bohnen mit Körnerertrag handelt. Der Bohnenanbau an Stelle der Schwarzbrache stellt im Untersuchungsgebiet eine Neuerung dar. Die früheren Großbetriebe zogen die Schwarzbrache vor. Die Planung entschloß sich, im Untersuchungsgebiet den großflächigen Bohnenanbau vorzusehen, und zwar auf Grund von Versuchsergebnissen und grundsätzlichen Überlegungen:

- Stickstoffbildung im Boden, hoher Fruchtfolgewert, gleichmäßiger Ertrag des nachfolgenden Getreides;
- Auslastung vorhandener Arbeitskräfte, für die keine andere Beschäftigung in den relevanten Wochen vorliegt;
- Auslastung des Schlepper- und Maschinenbesatzes.

Hinzu kamen politische Überlegungen. Insbesondere den Colons wurde unzureichende Nutzung und Pflege der vorhandenen Flächen vorgeworfen, verbunden mit dem Argument, daß eine Betriebsorganisation, die die Gewinnmaximierung anstrebt, nicht den gesamtwirtschaftlichen Interessen entspricht. MAKHLOUF[50] berichtet, daß in den Colonbetrieben bei zweijähriger Fruchtfolge (Weizen, Brache) der jährliche Humusverlust des Bodens etwa 1,5% betrug.

Angaben über den tatsächlichen Umfang des Bohnenanbaus liegen nicht vor. Beobachtungen deuten darauf hin, daß nach wie vor die Schwarzbrache überwiegt und der Bohnenanbau nur auf einem Teil der vorgesehenen Flächen

---

50 MAKHLOUF: a.a.O., S. 68.

durchgeführt wird. Auf diesen Flächen liegt der Ertrag weit unter den Plan-ansätzen (vgl. Tabelle 19).

Nur 37% des geplanten Ertrages wurden im Durchschnitt der Jahre 1962 bis 1968 geerntet, wobei die Streuung besonders groß ist. Die Extreme reichen von 4% Planerfüllung bis 91%. Der Variationskoeffizient beträgt 70% des Mittelwertes.

Tabelle 19. **Die Planerfüllung bei den Bohnenerträgen** [a]

Durchschnittswerte und Abweichungen	Plan dz/ha	real dz/ha	real in % vom Plan [b]
⌀ der 24 Genossenschaften	9,7	3,4	*37,4*
Standardabweichung	5,6	2,5	*26,0*
Minimalwert	7,0	0,3	*3,8*
Maximalwert	35,0	9,1	*91,0*
⌀ der Region I	9,0	5,7	*64,4*
⌀ der Region II	8,8	2,4	*28,3*
⌀ der Region III	7,7	1,7	*22,8*
⌀ der Region IV	13,3	3,8	*34,3*
⌀ des Gründungsjahres 1962	9,6	4,2	*45,5*
⌀ des Gründungsjahres 1963	11,6	2,6	*27,1*
⌀ des Gründungsjahres 1964	7,9	3,3	*39,8*

[a] Ungewogene Mittelwerte, da Anbauflächen unbekannt.
[b] Errechnet aus der Planerfüllung der Einzelgenossenschaften.
Quelle: Projektpläne und eigene Erhebungen des Verfassers.

Offenbar sind zwei Gründe für die starken Abweichungen maßgebend:

- Die Planung hat Versuchsergebnisse unter besonders günstigen Verhältnissen auf die landwirtschaftliche Praxis übertragen, ohne die notwendigen Abschläge zu machen.
- In den Genossenschaften ist man mit den Bedürfnissen der Bohnen an Bodenbearbeitung und Pflege noch nicht richtig vertraut.

Flächenerträge insgesamt

Zusammenfassend kann hinsichtlich der Flächenerträge festgestellt werden, daß die Diskrepanz zwischen Planziffer und Realzahl bedeutend größer ist als bei dem Faktoreinsatz und dem Aufwand. Bei Getreide – und zwar bei allen drei Getreidearten gleichmäßig – werden nur 2/3 und bei den Bohnen sogar nur gut 1/3 des geplanten Ertrages geerntet.

Ferner muß auf die Streuungen hingewiesen werden. Die Variationskoeffizienten für die drei Getreidearten schwanken zwischen 28 und 33% des Mittelwertes. Die Streuung bei den Bohnenerträgen ist besonders groß, dies steht im Zusammenhang mit dem durchschnittlich niedrigen Ertragsniveau.

Die regionale Aufgliederung der Planerfüllung zeigt für Getreide keine eindeutige Tendenz. Nur beim Bohnenanbau besteht ein größerer Unterschied. Die Region I erreicht eine wesentlich bessere Planerfüllung (64 %) als andere Gebiete.

Regionale Unterschiede sind jedoch bei den Angaben in dz/ha gegeben. Einen Überblick über die Getreideerträge unter verschiedener Bewirtschaftung, d. h. unter den früheren Großbetrieben, der kleinbäuerlichen Bewirtschaftung und den neuen Genossenschaften vermittelt die Tabelle 20.

Tabelle 20. **Die regionalen Getreideerträge unter verschiedener Bewirtschaftung in dz/ha**

Getreideart	ehemalige Großbetriebe	Kleinbauern	gew. ehem. ∅ Ertrag [a]	Produktionsgenossenschaften Plan	real
Hartweizen					
Region I	12,3	5	7,8	16,0	11,0
Region II	9,1	4	5,6	13,8	8,3
Region III	13,2	4	9,1	13,1	9,2
Region IV	7,9	3	4,4	13,1	8,1
Weichweizen					
Region I	12,9	6	8,2	13,7	9,8
Region II	6,2	4	4,6	12,5	7,5
Region III	14,9	4	10,0	11,8	7,7
Region IV	6,8	4	4,7	11,0	7,2
Gerste					
Region I	13,1	5	8,4	14,5	8,2
Region II	9,4	3	4,6	13,2	9,2
Region III	15,0	3	10,4	11,0	8,4
Region IV	5,0	3	4,1	12,8	7,4

[a] Der gewogene frühere Durchschnittsertrag ergibt sich durch Wägung der in die einzelnen Genossenschaften eingebrachten Areale mit den früheren Erträgen. Zwischen den Betrieben wird keine Wägung durchgeführt. Der gewogene Ertrag läßt unberücksichtigt, wieviel Land der Kleinbauern von den früheren Großbetrieben gepachtet wurde, er ist deshalb zu stark gedrückt.

Quelle: Unités coopératives de production: Rendements unitaires moyens 1962 à 1967. Tunis o. J. (zusammengestellt und bearbeitet vom Verfasser).

Offenbar sind in der Planung die regional unterschiedlichen, natürlichen Bedingungen nicht richtig erfaßt worden. Wird von dem Ertragsniveau der früheren Großbetriebe ausgegangen, dann erweist sich – außer für die Region III –, daß der Plan mit einer beachtlichen Steigerung rechnet, die jedoch nicht im erwarteten Umfang eintrat. In der Region III gab es offenbar die besten Großbetriebe und nur marginale Kleinbetriebe. Dies berücksichtigt der Plan ungenügend. Die erzielten Erträge liegen unter dem früheren Durchschnittsertrag. Das bedeutet, daß zwar die in der Planung erwarteten Tendenzen eintreten, das Ausmaß der Änderungen wurde jedoch nicht richtig beurteilt.

d) Die Planrealisierung bei den Verkaufserlösen sowie der Flächen- und Arbeitsproduktivität

Verkaufserlöse

Die Höhe der Verkaufserlöse an pflanzlichen und tierischen Erzeugnissen, einschließlich der Lieferungen an die Genossenschaftler, stellt die technischen Erträge multipliziert mit ihren jeweiligen Preisen dar. Die Feststellung der Planrealisierung wird dadurch erleichtert, daß die Preisschätzungen der Planung mit den tatsächlich gezahlten Preisen übereinstimmen. Die Tabelle 21 enthält die Angaben über die Planerfüllung. Ernteprämien und Verkaufssubventionen sind dabei nicht enthalten, um eine Vergleichbarkeit der Planzahlen mit den Realzahlen zu erhalten.

Tabelle 21. **Die Planerfüllung bei den Verkaufserlösen/ha LN**

Durchschnittswerte und Abweichungen	real in % vom Plan
⌀ der 24 Genossenschaften	*64,4*
Standardabweichung	*24,1*
Minimalwert	*23,7*
Maximalwert	*109,7*
⌀ der Region I	*66,8*
⌀ der Region II	*53,6*
⌀ der Region III	*74,4*
⌀ der Region IV	*63,1*
⌀ des Gründungsjahres 1962	*71,1*
⌀ des Gründungsjahres 1963	*54,5*
⌀ des Gründungsjahres 1964	*67,7*

Quelle: Projektpläne und eigene Erhebungen des Verfassers.

Die Planrealisierung entspricht der der Flächenerträge. Zwei Drittel der geplanten Verkaufserlöse wurden erzielt, wobei im einzelnen die Planrealisierung zwischen 24 und 110% schwankt.

Bodenproduktivität

Ein besseres Resultat der Planerfüllung ergibt sich unter Einbeziehung der Bestandsveränderungen in der Lagerhaltung[51] und der aktivierten Eigen-

51 Die Differenz zwischen Anfangs- und Endbestand erhöht den Rohertrag, wenn der Endbestand größer ist als der Anfangsbestand.

Tabelle 22. **Die Planerfüllung bei dem Rohertrag/ha LN**

Durchschnittswerte und Abweichungen	real in % vom Plan
⌀ der 24 Genossenschaften	*75,6*
Standardabweichung	*25,8*
Minimalwert	*28,7*
Maximalwert	*125,5*
⌀ der Region I	*76,1*
⌀ der Region II	*64,3*
⌀ der Region III	*93,0*
⌀ der Region IV	*69,2*
⌀ des Gründungsjahres 1962	*84,5*
⌀ des Gründungsjahres 1963	*64,2*
⌀ des Gründungsjahres 1964	*78,2*

Quelle: Projektpläne und eigene Erhebungen des Verfassers.

leistungen; das betrifft insbesondere die Anlage von Baumkulturen (vgl. Tabelle 22).

Bei dem derart ermittelten Rohertrag beläuft sich die durchschnittliche Planerfüllung auf 76%. Auch hier ist eine beträchtliche Streuung zwischen 29 und 126% Planerfüllung festzustellen.

Arbeitsproduktivität

Bei der Arbeitsproduktivität zeigt die Planrealisierung ein noch besseres Ergebnis (vgl. Tabelle 23).

Tabelle 23. **Die Planerfüllung bei dem Rohertrag je Genossenschaftler**

Durchschnittswerte und Abweichungen	real in % vom Plan
⌀ der 24 Genossenschaften	*89,4*
Standardabweichung	*36,3*
Minimalwert	*35,3*
Maximalwert	*159,1*
⌀ der Region I	*88,8*
⌀ der Region II	*85,0*
⌀ der Region III	*110,6*
⌀ der Region IV	*73,3*
⌀ des Gründungsjahres 1962	*96,2*
⌀ des Gründungsjahres 1963	*84,3*
⌀ des Gründungsjahres 1964	*87,6*

Quelle: Projektpläne und eigene Erhebungen des Verfassers.

Aus der Tabelle 13 ging hervor, daß der geplante Arbeitskräftebesatz, d. h. die Anzahl der Genossenschaftler je Flächeneinheit, etwa 10% unter dem Planansatz liegt. Der geringe Rohertrag je Hektar zieht folglich keine entsprechende Verringerung des Rohertrages je Arbeitskraft nach sich. Bei der Arbeitsproduktivität wird eine Planrealisierung von 89% erreicht. Ein Teil der Betriebe beschäftigt allerdings auch saisonale Lohnarbeiter, die bei der Erfassung des Arbeitskräftebesatzes unberücksichtigt blieben.

Die Arbeitsproduktivität zeigt eine besonders große Streuung; der Variationskoeffizient beträgt 41%. Die Extremwerte schwanken zwischen einer Planrealisierung von 35 und 159%.

Die monetären Erträge im Vergleich

Die Verkaufserlöse erfüllen den Plan in gleicher Weise wie die Getreideflächenerträge, d. h. es werden offenbar die geplanten Flächen bestellt. Die Bodenproduktivität, der Rohertrag je ha LN, erfüllt den Plan zu drei Vierteln. Dies wird in erster Linie durch die Aktivierung der Aufwendungen für Baumpflanzungen erreicht. Bei einer Planerfüllung in der Ausstattung der Betriebe mit Arbeitshilfsmitteln und Betriebsmitteln werden somit Erträge erzielt, die um 24% unter den Planzahlen liegen. Dabei zeigen sich wiederum erhebliche Streuungen, die bei der Arbeitsproduktivität weitaus größer sind als bei der Flächenproduktivität.

Im regionalen Vergleich fällt besonders die Region III auf, die – vergleichsweise regenarm – von der Planung her für eine extensive Bewirtschaftung vorgesehen wurde. Der Arbeitskräftebesatz in dieser Region mit einer Planerfüllung von 89% entspricht dem Durchschnitt der untersuchten Betriebe, allerdings wird in dieser Region ein Rohertrag je Hektar erwirtschaftet, der nur gering vom Plan differiert. Daher ist die Planerfüllung bei dem Rohertrag je Genossenschaftler besonders hoch, mit 111% wird der Planansatz eindeutig überschritten.

e) Die Planrealisierung bei dem wirtschaftlichen Erfolg

Gewinn

Einen ersten Überblick über den wirtschaftlichen Erfolg vermitteln die Gewinne und Verluste der Genossenschaften. Der Tabelle 24 ist zu entnehmen, daß für den Beobachtungszeitraum (von der jeweiligen Gründung bis zum Bilanzstichtag 1967) für vier Betriebe ein negativer Abschluß geplant wurde, realisiert wurden Verluste in elf Betrieben. Dabei fällt auf, daß gerade die vier Betriebe, für die ein Verlustabschluß geplant war, in den Bilanzen positive Ergebnisse ausweisen.

Tabelle 24. **Gewinne und Verluste der 24 Genossenschaften**
(in Dinar)

Nr.	Gewinne und Verluste geplant	realisiert	Nr.	Gewinne und Verluste geplant	realisiert
1	+17 881	— 6 694	13	+ 1 201	+11 845
2	+20 062	— 982	14	—22 040	+ 3 214
3	+ 7 212	—13 541	15	+ 8 190	+11 165
4	+30 672	+ 517	16	+ 6 800	— 6 946
5	+ 160	— 8 933	17	+ 1 970	+13 023
6	+49 646	+42 882	18	— 830	+ 6 305
7	+ 9 737	—14 796	19	+34 213	+12 995
8	—12 434	+21 662	20	+12 634	+22 557
9	+ 7 721	— 7 769	21	—18 957	+ 4 776
10	+ 4 389	+ 6 059	22	+94 220	—17 356
11	+ 6 274	+ 7 853	23	+ 5 040	— 4 128
12	+14 250	— 6 560	24	+ 9 395	— 5 311

Summe der Gewinne und Verluste	geplant	realisiert
der 24 Genossenschaften insgesamt	+287 406	+71 837
der Region I	+125 633	+13 249
der Region II	+ 29 937	+ 6 449
der Region III	— 4 709	+38 606
der Region IV	+136 545	+13 533
des Gründungsjahres 1962	+ 61 254	+49 801
des Gründungsjahres 1963	+140 247	—23 095
des Gründungsjahres 1964	+ 85 905	+45 131

Quelle: Projektpläne und eigene Erhebungen des Verfassers.

Insgesamt haben die untersuchten Betriebe nur 25% des geplanten Gewinnes erwirtschaftet. Wären die Projektpläne (Studien) frei von Rechenfehlern, dann würde der Plan sogar nur zu 21% erfüllt sein. Regional ergeben sich dabei große Unterschiede. In den Regionen I, II und IV schwankt die Planerfüllung bei dem Gewinn zwischen 10 und 22%. In der Region III wird dagegen ein Gewinn erzielt, der 920% des Planes ausmacht.

Wirtschaftlichkeit je Hektar

Eine Zusammenfassung verschiedener Kriterien der Planerfüllung ist die Ertrags-Aufwands-Relation (benefit-cost-ratio), die auf den Hektar landwirtschaftlicher Nutzfläche bezogen spezifische Hinweise auf die Wirtschaftlichkeit der Bodennutzung vermittelt.

Die Ertrags-Aufwands-Relation ist 1,00, wenn die Erträge die Gesamtaufwendungen decken. Hier ist bereits bei einem Wert von etwa 0,95 eine

Tabelle 25. **Die Planerfüllung bei der Ertrags-Aufwands-Relation** [a]

Durchschnitte und Abweichungen	real in % vom Plan
Ø der 24 Genossenschaften	*85,2*
Standardabweichung	*27,1*
Minimalwert	*46,4*
Maximalwert	*139,7*
Ø der Region I	*65,5*
Ø der Region II	*87,7*
Ø der Region III	*111,8*
Ø der Region IV	*76,0*
Ø des Gründungsjahres 1962	*92,5*
Ø des Gründungsjahres 1963	*78,0*
Ø des Gründungsjahres 1964	*85,2*

[a] Rohertrag je ha in Dinar im Verhältnis zum Gesamtaufwand je ha in Dinar.

Quelle: Projektpläne und eigene Erhebungen des Verfassers.

solche Deckung gegeben, da Subventionen des Staates zwar im Gewinn berücksichtigt sind, nicht aber bei dem Rohertrag je Hektar [52].

Insgesamt erzielten die Betriebe eine Wirtschaftlichkeit, die 85% des geplanten Wertes darstellt. Diese Abweichung vom Plan um 15% führt dazu, daß nur 25% des geplanten Gewinns erwirtschaftet werden.

Auch bei der Ertrags-Aufwands-Relation ist eine beträchtliche Streuung zwischen den einzelnen Betrieben festzustellen. Die Extremwerte der Planerfüllung schwanken zwischen 46 und 140%. Der Variationskoeffizient beträgt 32%.

Einkommen

In Anlehnung an die Zehn-Jahres-Perspektiven sehen die Genossenschaftspläne ein Jahreseinkommen von 250 Dinar je Genossenschaftler vor (fünfköpfige Familie). Die Betriebe sind hinsichtlich ihrer Ausstattung mit Boden entsprechend angelegt und die Investitionen in Arbeitshilfsmittel, Vieh und Dauerkulturen (Oliven) entsprechend geplant. In den Anfangsjahren rechnet die Planung mit niedrigeren Einkommen. Für die Beobachtungszeit der untersuchten Betriebe wurde ein Durchschnittseinkommen von 100 Dinar geplant. Die Tabelle 26 zeigt, daß dieses Planziel zu 76% erreicht wurde, das sind je Arbeitskraft durchschnittlich 76 Dinar.

52 Eine genaue Festlegung des Wertes der Ertrags-Aufwands-Relation, bei dem die Aufwendungen gedeckt sind, ist nicht möglich, da die Genossenschaften unterschiedliche Subventionszahlungen erhalten haben.

Tabelle 26. **Die Planerfüllung bei dem Einkommen der Genossenschaftler aus den Genossenschaften je Genossenschaftler**
(in Dinar)

Durchschnitte und Abweichungen	Einkommen Plan	Einkommen real	real in % vom Plan [a]
∅ der 24 Genossenschaften	103,4	76,7	*76,2*
Standardabweichung	25,4	28,1	*27,8*
Minimalwert	45,1	34,0	*35,8*
Maximalwert	159,4	144,4	*149,3*
∅ der Region I	110,4	76,7	*70,2*
∅ der Region II	100,0	76,8	*77,5*
∅ der Region III	88,9	67,3	*81,8*
∅ der Region IV	114,2	86,1	*75,5*
∅ des Gründungsjahres 1962	106,3	97,5	*95,8*
∅ des Gründungsjahres 1963	100,5	68,1	*69,3*
∅ des Gründungsjahres 1964	103,4	64,5	*63,6*

[a] Errechnet aus der Planerfüllung der Einzelgenossenschaften.

Quelle: Projektpläne und eigene Erhebungen des Verfassers.

Wirtschaftsergebnisse im Vergleich

Der Vergleich der Meßdaten für den wirtschaftlichen Erfolg der untersuchten Betriebe zeigt wiederum große Streuungen. In einer Reihe von Betrieben werden die Einkommensziele erreicht, allerdings bei weniger Genossenschaftlern als geplant, in anderen wiederum wird nicht einmal die Hälfte der geplanten Einkommen ausgezahlt. Die Ertrags-Aufwands-Relation verdeutlicht dies. Im Durchschnitt der Betriebe ist die Wirtschaftlichkeit der Landnutzung um 15% schlechter als geplant. Auch hier gibt es Betriebe, die das Planziel überschreiten, die Mehrzahl aber bleibt darunter. Noch deutlicher wird dieses Phänomen bei den Gewinnzahlen. 54% der Betriebe erzielen Gewinne, 46% einen addierten Verlust von über 93 000 Dinar.

Dieses Ergebnis zeigt die Problematik des Genossenschaftsprojektes. Tunesien als Entwicklungsland ist darauf angewiesen, *aus rentablen Entwicklungsprojekten einen Gewinn zu erzielen,* der es ermöglicht, die Aufgaben auf bildungspolitischen, sozialen und infrastrukturellen Gebieten zu lösen. Die Produktionsgenossenschaften stellen kein solches Projekt dar.

Die relativ schlechte Rentabilität ist mitverantwortlich für die Liquiditätsverhältnisse der Betriebe. Sie sind nicht in der Lage, erhaltene Kredite fristgerecht zurückzuzahlen. Am 31. August 1968 hatten nur zwei der 24 untersuchten Genossenschaften keine *fälligen Schulden* gegenüber der tunesischen Landwirtschaftsbank (BNA). Die Situation an diesem Stichtag zeigt die Tabelle 27.

Im Vergleich mit den durchschnittlichen jährlichen Roherträgen der Betriebe während der Beobachtungszeit ergibt sich, daß im Durchschnitt jeder Betrieb mehr fällige Schulden hat, als er in einem Jahr als Rohertrag erwirtschaftet (106%). Dabei erreicht der schlechteste Betrieb über 420% eines jährlichen Rohertrages an *fälligen* Schulden.

Das Schaubild 5 zeigt die Verteilung dieser Schulden auf die Betriebe in Prozent. Die Hälfte der Betriebe hat danach etwa 75% der fälligen Schulden. Die sechs am stärksten verschuldeten Betriebe (25% der untersuchten Genossenschaften) haben sogar fast die Hälfte aller fälligen Verbindlichkeiten. Es wird also für einen großen Teil der Betriebe nicht möglich sein, auch bei besseren Ernteerträgen diese Last abzutragen.

Einem addierten Gesamtgewinn von etwa 72 000 Dinar zum 31. August 1967 (Bilanzstichtag) stehen somit allein bei der BNA am 31. August 1968 fällige Schulden von 328 343 Dinar gegenüber.

Tabelle 27. **Fällige Schulden der 24 untersuchten Genossenschaften gegenüber der BNA zum 31. 8. 1968**

Nr.	fällige Schulden in Dinar	fällige Schulden in % des ⌀ Rohertrages	Nr.	fällige Schulden in Dinar	fällige Schulden in % des ⌀ Rohertrages
1	12 494	*105*	13	0	–
2	13 344	*89*	14	21 255	*159*
3	10 546	*147*	15	17 183	*92*
4	1 601	*6*	16	6 887	*58*
5	17 651	*142*	17	9 682	*55*
6	0	–	18	1 462	*11*
7	25 994	*184*	19	15 792	*74*
8	16 018	*58*	20	6 784	*31*
9	35 192	*418*	21	20 524	*83*
10	12 902	*70*	22	37 662	*189*
11	6 107	*40*	23	11 699	*238*
12	16 788	*145*	24	10 776	*132*

Quelle: Auskunft des tunesischen Landwirtschaftsministeriums (bearbeitet und zusammengestellt vom Verfasser).

Ebenfalls gegenüber der BNA hatten die 24 Genossenschaften am 31. August 1967 noch nicht fällige Kreditverbindlichkeiten von zusammen etwa 226 000 Dinar lang- und mittelfristiger Kredite und etwa 228 000 Dinar kurzfristiger Kredite. Das sind zusammen 454 000 Dinar.

Offensichtlich ist ein großer Teil dieser Kredite als kurz- und mittelfristig zum 31. 8. 1968 fällig geworden und nicht zurückgezahlt worden.

Der Grund für diese schlechte Situation ist neben der schlechten Rentabilität darin zu suchen, daß langfristige Kredite nicht im geplanten Umfang gegeben wurden und in den Genossenschaften kurz- und mittelfristige Kredite für

Schaubild 5. **Verteilung der fälligen Verbindlichkeiten auf die Betriebe**

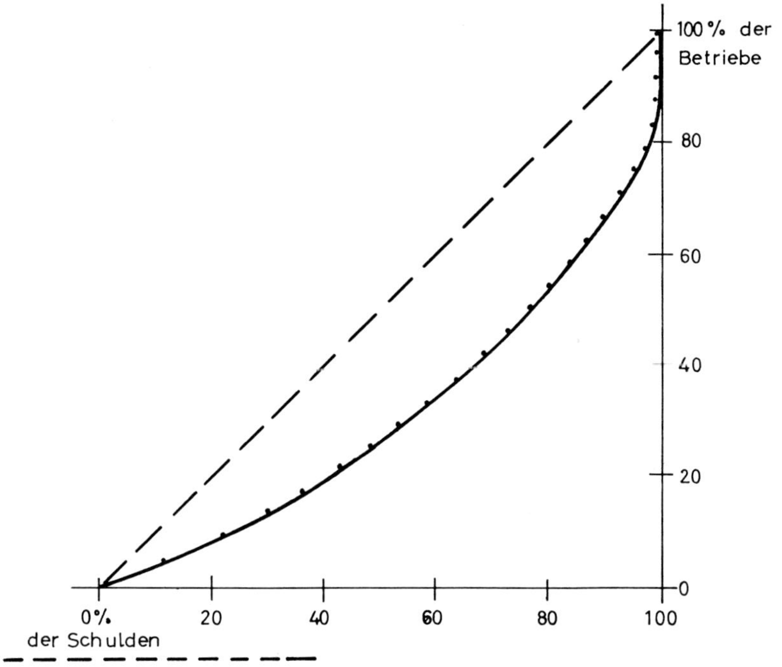

Quelle: vom Verfasser zusammengestellt

langfristige Investitionen verwendet wurden (z. B. Anlage von Baumplantagen). Die tatsächliche Liquiditätssituation ist sogar noch schlechter als dargestellt, da nur der Hauptgläubiger, die BNA, betrachtet wurde. Die Genossenschaften haben darüber hinaus noch weitere Verbindlichkeiten gegenüber Lieferanten (für Betriebsmittel und Reparaturleistungen) und teilweise sogar gegenüber Genossenschaftlern.

Dabei ergeben sich wieder auffallende regionale Unterschiede. Sowohl Einkommen als auch Überschüsse erreichen in ihrer Planerfüllung in der Region III, der besonders extensiv bewirtschafteten Region, die höchsten Werte. Die Ertrags-Aufwands-Relation zeigt für diese Region einen Wert von 112 % der Planziffer. Hier ist also am realistischsten geplant worden. Das relative Ergebnis ist um so schlechter, je günstiger die natürlichen Verhältnisse sind, d. h. die Region I, aber auch die Region IV schneiden bei dem Vergleich mit der Planung am schlechtesten ab.

Nicht so deutlich sind die regionalen Unterschiede bei den Schulden, sowohl die Region I als auch die Region IV haben gegenüber der BNA je etwa 56 000 Dinar Schulden. In den beiden übrigen Regionen liegt der Wert jeweils über 100 000 Dinar.

f) Die Planrealisierung der drei Gründungsjahre

Die Darstellung der Einzelkriterien zeigt, daß der relative Grad der Planerfüllung je nach dem Gründungsjahr variiert. Eine Hypothese bei der Auswahl der Betriebe war, daß die Aussagekraft der Angaben mit der Länge der Beobachtungszeit wächst und daß deshalb ein Zusammenhang zwischen dem Grad der Planerfüllung und dem Gründungsjahr besteht. Es wurde somit erwartet, daß ältere Genossenschaften eine relativ bessere Leistung zeigen müßten als jüngere Betriebe. Die vorliegenden Ergebnisse zeigen jedoch diesen Zusammenhang nur bei drei Kriterien. Die Planrealisierung der Betriebe des Gründungsjahres 1963 zeigt einen mittleren Wert, wobei die beste Planrealisierung bei den 1962 gegründeten Genossenschaften erreicht wird, die schlechteste bei den 1964 gegründeten für

die Flächenerträge von Weichweizen und Gerste sowie
die Einkommen je Genossenschaftler.

Nur in einem Falle, bei der Planrealisierung der geschaffenen Olivenkulturen, liegt das Ergebnis des mittleren Jahres 1963 über den Werten der beiden übrigen Jahre. In allen anderen Fällen ist der Wert der Planrealisierung des mittleren Gründungsjahres der schlechteste.

Bei der Mehrzahl der untersuchten Kriterien ist somit ein Zusammenhang zwischen dem Grad der Planrealisierung und dem Alter der Genossenschaften nicht erkennbar. Vielmehr läßt sich feststellen, daß der Grad der Planrealisierung in dem Maße absinkt, in dem mehr Genossenschaften gegründet wurden. Die hauptsächlichen Gründe hierfür sind offenbar auf folgende Faktoren zurückzuführen:

- Mit zunehmender Zahl an Genossenschaftsgründungen macht sich der Mangel an geschultem Personal immer mehr bemerkbar.
- Die Betreuungsintensität des Einzelbetriebes durch das Personal der verschiedenen Abteilungen des Landwirtschaftsministeriums sinkt bei steigender Anzahl der zu betreuenden Betriebe.
- Je weniger Genossenschaften gegründet werden, um so größer ist die Sorgfalt bei der Auswahl des Areals und der Genossenschaftler.

Es ergibt sich hieraus ein Hinweis von allgemeiner Bedeutung für die Planung:

Planungen, die sich in einer beschränkten Anzahl von Fällen als richtig erweisen, können nicht ohne weiteres auf eine größere Anzahl von Projekten übertragen werden, vielmehr sind flankierende Maßnahmen notwendig. Werden diese nicht durchgeführt, dann kommt es, selbst bei Vorliegen gleicher natürlicher und wirtschaftlicher Verhältnisse, mit einer Vermehrung der Projekte notwendigerweise zu einer „Verdünnung" der Betreuungsintensität und zur Verwendung weniger qualifizierten Personals. Mit einer Vermehrung der Projekte muß somit eine entsprechende Ausbildung zusätzlichen Personals erfolgen, und die betreuenden Instanzen müssen entsprechend ausgeweitet werden.

g) Die Planrealisierung in den vier Regionen

Bei der Erörterung der Einzelkriterien ergab sich, daß auch zwischen den Regionen Unterschiede der Planrealisierung gegeben sind. Die Ausstattung der Betriebe mit Produktionsfaktoren entspricht insgesamt etwa den Planansätzen, nur in der Region II ist die Ausstattung schlechter als vorgesehen. Deutlicher sind die Unterschiede bei den laufenden Aufwendungen. Dort, wo eine höhere Intensität geplant wurde (besonders in der Region I), liegt der tatsächliche Aufwand noch höher als geplant, dort hingegen, wo extensiv geplant wurde (besonders in der Region III), liegt die Realität unter den Planansätzen. Offenbar neigt die Planung dazu, die tatsächlichen Differenzierungen zwischen den Regionen zu unterschätzen.

Besonders deutlich wird diese Tendenz bei den Leistungsziffern. In der Planung wird den natürlichen regionalen Unterschieden Rechnung getragen, indem entsprechende Ertragszahlen verwendet werden. In der Planrealisierung dürften somit – bei treffender Planung – keine Unterschiede zwischen den Regionen im Grad der Planerfüllung bestehen. Diese Planhypothese wird nicht bestätigt. Bei der Ertrags-Aufwands-Relation erreichen die als extensiv geplanten Regionen die beste Planerfüllung (Region II 88%, Region III 112%), die als intensiv geplanten Regionen erzielen eine schlechtere Planerfüllung (Region IV 76%, Region I 66%). Die Nichterfüllung des Planes bei der Wirtschaftlichkeit der Landnutzung führt zu den unterschiedlichen Ergebnissen bei den Überschüssen. Während die Region I 11% des geplanten Gewinnes ausweist, sind es in der Region II 22%, in der Region III sogar 920% und in der Region IV 10%. Es ist somit die Region mit den ungünstigsten natürlichen Bedingungen, die beim Gewinn und entsprechend bei dem Einkommen je Genossenschaftler das Planziel am besten erreicht, während die Plannichterfüllung dort am stärksten ist, wo die natürlichen Verhältnisse die günstigsten sind und wo folglich auch die höchsten Leistungen geplant wurden.

Die Tabelle 28 verdeutlicht, daß die Planerfüllung bei der Wirtschaftlichkeit, dem Gewinn und damit auch bei dem Einkommen dort am höchsten ist, wo die Planung einen geringen Arbeitsaufwand vorsieht (vgl. dazu Schaubild 4, und dieser in der Realität beträchtlich unterschritten wird (Regionen II und III). Soweit die Planung hohe Arbeitsaufwendungen vorsieht und diese erreicht (Region IV) oder sogar überschritten werden (Region I), sind die monetären Erfolgsgrößen zu optimistisch angesetzt worden.

Tabelle 28. **Die Planerfüllung der vier Regionen**

Region	I	II	III	IV
Niederschläge mm/Jahr	450—600	450—600	300—500	300—500
Höhe über NN	140—200	300—500	500—600	150—250
real in % vom Plan				
Flächenerträge bei				
Hartweizen	*69*	*59*	*70*	*62*
Weichweizen	*71*	*62*	*68*	*66*
Gerste	*57*	*73*	*78*	*56*
Bohnen	*64*	*28*	*23*	*34*
Lohnaufwand	*128*	*70*	*55*	*91*
Ertrags-Aufwands-Relation	*66*	*88*	*112*	*76*
Überschuß (Gewinn)	*11*	*22*	*920*	*10*
Einkommen	*70*	*78*	*82*	*76*

Quelle: Projektpläne und eigene Erhebungen des Verfassers.

h) Die Planrealisierung und der Umfang der Bewässerungswirtschaft innerhalb der Betriebe

Die Tendenzen, die im regionalen Vergleich erkennbar werden, treten bei einer Analyse der Bewässerung innerhalb der Untersuchungsbetriebe besonders deutlich hervor. Die Planung sieht vor, daß der Anteil der Lohnkosten an den Gesamtkosten dort besonders hoch ist, wo innerhalb des Gesamtbetriebes ein kleinerer Bewässerungsperimeter bewirtschaftet wird. Es werden deshalb die fünf Betriebe, für die ein Bewässerungsperimeter mit mehr als 15 Hektar geplant wurde, d. h. für die sich die Planung spezifisch mit dem Bewässerungsfeldbau befaßt, einer gesonderten vergleichenden Untersuchung unterzogen. Es handelt sich dabei um folgende Betriebe:

En Noumou (4), Hedi Khelil (6), El Khadra (7), El Azima (19) und Er Raoudha (22) (vgl. Tabelle 9, Seite 151).

Tabelle 29 vergleicht die Planrealisierung dieser fünf Betriebe mit der der übrigen 19 Genossenschaften, für die kein Bewässerungsperimeter in der Planung vorgesehen wurde.

Bei den fünf Genossenschaften mit geplanter Bewässerung weisen die untersuchten Indikatoren der Planerfüllung bei der Faktorausstattung eine schlechtere Planerfüllung auf als bei den übrigen 19 Produktionsgenossenschaften. Eine Ausnahme bildet die Tierhaltung. Sowohl bei den Schafen, als auch bei den Rindern ist die Planerfüllung in den fünf Genossenschaften bedeutend besser als bei den übrigen 19. Die Genossenschaften mit Bewässerung sind bei der Produktion von Zusatzfutter unabhängig von den jahreszeitlichen Nie-

Tabelle 29. **Die Planerfüllung der fünf Genossenschaften mit geplantem Bewässerungsperimeter im Vergleich mit den übrigen 19 Betrieben bei der Faktorausstattung und den Aufwendungen**

Indikator der Planerfüllung	real in % vom Plan Ø 5	Ø 19
Olivenkulturen	*94*	*96*
Arbeitshilfsmittel		
Traktoren [a]	*81*	*102*
Mähdrescher [a]	*73*	*112*
Viehhaltung		
Schafe	*237*	*96*
Rinder [b]	*169*	*67*
Genossenschaftler/100 ha	*68*	*96*
Gesamtaufwand/ha LN	*94*	*91*
Lohnaufwand/ha LN	*115*	*78*
Sachaufwand/ha LN	*86*	*99*
Ø des Mineraldünger- und Pflanzenschutzmitteleinsatzes/ha Gesamtfläche	*80*	*71*

[a] Vgl. Umrechnungsschlüssel S. 153/54.
[b] Vgl. Umrechnungsschlüssel S. 154/55.

Quelle: Projektpläne und eigene Erhebungen des Verfassers.

derschlägen, es werden deshalb fast alle Importrinder in diesen Betrieben gehalten[53].

Die Gesamtaufwendungen zeigen bei den Vergleichsgruppen in etwa die gleiche Planrealisierung. Unterschiede werden jedoch offenbar in der Aufwandsstruktur. Die fünf Produktionsgenossenschaften mit geplanter Bewässerung arbeiten insgesamt merklich arbeitsintensiver als in der Planung vorgesehen.

Die übrigen 19 Genossenschaften arbeiten dagegen relativ kapitalintensiver. Die Bewässerungsgenossenschaften erreichen im Sachaufwand eine Planerfüllung von 86%, im Lohnaufwand dagegen von 115%. Demgegenüber wird bei den übrigen 19 Genossenschaften im Sachaufwand der Plan mit 99% erfüllt, im Lohnaufwand jedoch nur zu 78%. Außerdem wird aus der Tabelle 29 deutlich, daß der Einsatz von Mineraldünger und Pflanzenschutzmitteln in den fünf Genossenschaften mit Bewässerung eher den Planvorstellungen entspricht (80%) als im Durchschnitt der übrigen Betriebe (71%).

Der einzig verfügbare Indikator der Planerfüllung bei den Flächenleistungen im Bewässerungsperimeter ist der Verkaufserlös für Gemüseprodukte. Die Erlöse können nicht mit den tatsächlichen Bewässerungsflächen gewichtet wer-

53 Von den gezählten 278 Importrindern wurden 275 in den fünf Betrieben mit Bewässerung gehalten.

den, diese sind unbekannt, so daß nur die absoluten Planzahlen den absoluten Realzahlen gegenübergestellt werden. Auf diese Weise wird folgende Planerfüllung im Durchschnitt des Beobachtungszeitraumes erreicht:

Tabelle 29a. **Die Planerfüllung der fünf Genossenschaften mit Bewässerungsperimeter (Verkaufserlöse im Gemüsebau)**

Nr.	Name der Genossenschaft	real in % vom Plan	Beobachtungszeitraum
4	EN NOUMOU	*5*	4 Jahre
6	HEDI KHELIL	*61*	3 Jahre
7	EL KHADRA	*17*	5 Jahre
19	EL AZIMA	*17*	5 Jahre
22	ER RAOUDHA	*11*	4 Jahre

Quelle: Projektpläne und eigene Erhebungen des Verfassers.

Im Durchschnitt der fünf Betriebe wird der Plan für die Gemüseverkäufe nur zu 22% erfüllt. Diese geringe partielle Planerfüllung muß sich auf die monetären Erträge auswirken; über deren Planerfüllung unterrichtet die Tabelle 30.

Tabelle 30. **Die Planerfüllung der fünf Genossenschaften mit geplantem Bewässerungsperimeter im Vergleich mit den übrigen 19 Betrieben bei den monetären Erträgen**

Indikator der Planerfüllung	real in % vom Plan Ø 5	Ø 19
Verkaufserlös/ha LN	*58*	*66*
Rohertrag/ha LN	*66*	*78*
Rohertrag/Genossenschaftler	*94*	*88*
Ertrags-Aufwands-Relation	*69*	*90*

Quelle: Projektpläne und eigene Erhebungen des Verfassers.

Die monetären Erträge erreichen bei den 19 Genossenschaften ohne Bewässerung eine Planerfüllung, die um 8 bis 12% besser ist als die der fünf Betriebe mit Bewässerung. Dieses Ergebnis ergibt sich sowohl aus den Verkaufserlösen als auch aus dem Rohertrag je Hektar landwirtschaftlicher Nutzfläche. Besonders deutlich zeigt sich der Unterschied bei der Wirtschaftlichkeit der Landnutzung (Ertrags-Aufwands-Relation). Die 19 Betriebe zeigen nur eine Abweichung vom Plan von 10%, die fünf dagegen erreichen nur 69% der Planerwartungen.

Die Arbeitsproduktivität (Rohertrag je Genossenschaftler) zeigt dagegen eine etwas bessere Planerfüllung bei den Produktionsgenossenschaften mit Bewässerung als bei den übrigen Betrieben.

Es stellt sich somit folgende Situation dar:

- Bei den fünf Genossenschaften mit einem geplanten Bewässerungsperimeter wird eine Planerfüllung beim Lohnaufwand je Hektar landwirtschaftlicher Nutzfläche von 115% auf nur 68% der geplanten Genossenschaftler verteilt. Somit ist gerade in den arbeitsintensiver geplanten Betrieben der Beschäftigungseffekt nur relativ niedrig realisiert. Offenbar ist jedoch die Ausnutzung der Arbeitskapazität überplanmäßig, da der Rohertrag je Genossenschaftler eine Planerfüllung von 94% erreicht.
- Demgegenüber wird bei den übrigen 19 Genossenschaften eine Planerfüllung beim Lohnaufwand je Hektar landwirtschaftlicher Nutzfläche von 78% auf 96% der geplanten Genossenschaftler verteilt. Diese erwirtschaften einen Rohertrag je Genossenschaftler von 88% der Planung. Daraus folgt, daß in diesen Betrieben die Ausnutzung der vorhandenen Arbeitskapazität eher unterplanmäßig ist.

In beiden Vergleichsgruppen ist somit ein Unterschied bei der Realisierung der vom Plan gesetzten Arbeitsnormen gegeben. Die unterschiedlichen Situationen deuten darauf hin, daß die Arbeitsnormen in den Betrieben mit Bewässerung nicht eingehalten werden, d. h. die Arbeitsleistung je Zeiteinheit erreicht nicht die im Plan vorgesehene Höhe. Demgegenüber benötigen die Arbeitsvorgänge in den extensiveren 19 Betrieben nicht die im Plan vorgesehene Zeit, d. h. der gegenüber der Planung verstärkte Kapitaleinsatz ermöglicht eine höhere Arbeitsleistung je Zeiteinheit.

Die fünf Betriebe, für die ein Bewässerungsperimeter vorgesehen wurde,

- verfügen über eine schlechtere Planerfüllung bei der Ausstattung mit Arbeitshilfsmitteln als die übrigen Betriebe;
- haben ihre Produktion stärker auf Viehhaltung verlegt als im Plan vorgesehen und als die übrigen Genossenschaften;
- haben beträchtlich weniger Genossenschaftler aufgenommen als geplant und als die übrigen Genossenschaften relativ zum Plan, lasten jedoch besser die vorhandenen Arbeitskapazitäten aus (Arbeitstage);
- wirtschaften arbeitsintensiver, aber mit geringerer Arbeitsproduktivität je Zeiteinheit als geplant, während die übrigen 19 Betriebe kapitalintensiver als vorgesehen wirtschaften und eine bessere Arbeitsproduktivität je Zeiteinheit erzielen;
- verwenden mehr Mineraldünger als die übrigen, bleiben allerdings auch dabei noch um 20% unter den Plansätzen;
- erzielen aus ihren Bewässerungsperimetern nur etwa 22% der im Plan vorgesehenen Verkaufserlöse für Gemüseprodukte;
- erreichen bei den gesamten Verkaufserlösen eine Planerfüllung, die um 8% schlechter ist als bei den übrigen Betrieben;
- erwirtschaften eine Planerfüllung der Bodenproduktivität, die um 12% unter dem Wert der übrigen liegt;

- erreichen eine Planerfüllung bei der Ertrags-Aufwands-Relation, die nur 69% des Planes ausmacht, demgegenüber liegt der Durchschnitt der übrigen Betriebe bei 90%.

Das Ergebnis dieser neun Unterschiede beider Vergleichsgruppen zeigt sich bei dem erwirtschafteten Gewinn. Die fünf Betriebe mit geplanter Bewässerung haben in der Untersuchungszeit zusammen 24 242 Dinar Gewinn erwirtschaftet, das sind 11% der Planziffer, die übrigen 19 Genossenschaften weisen in ihren Bilanzen einen Gewinn von zusammen 47 595 Dinar aus, das sind 79% des Planes.

i) Zusammenfassung der Ergebnisse des Vergleichs zwischen Planung und Planrealisierung der untersuchten Produktionsgenossenschaften

Die wichtigsten Ergebnisse über den Zusammenhang zwischen Planung und Planrealisierung in den genossenschaftlich bewirtschafteten Großbetrieben Nordtunesiens können wie folgt zusammengefaßt werden:

- Die Ausrüstung der Betriebe mit lebendem und totem Inventar entspricht der Planung.
- Die Betriebe haben insgesamt nur etwa 90% der geplanten Anzahl an Genossenschaftlern je Flächeneinheit, wobei die als arbeitsintensiv konzipierten Betriebe (mit Bewässerung) den Plan nur zu etwa 68% erfüllen.
- Die Gesamtaufwendungen entsprechen in etwa den Planansätzen.
- In der Aufwandsstruktur ist eine Tendenz zur höheren Kapitalintensität festzustellen; dies gilt jedoch nur für die extensiveren Gebiete Nordtunesiens, Betriebe mit Bewässerungsperimetern tendieren zu einer höheren Arbeitsintensität als geplant.
- Der Einsatz von Mineraldünger und Pflanzenschutzmitteln erreicht knapp drei Viertel des vorgesehenen Umfanges, dabei liegt der Einsatz in intensiven Betrieben etwas höher als bei extensiver bewirtschafteten Genossenschaften.
- Die Flächenerträge im Getreidebau belaufen sich auf durchschnittlich 65% des Planes.
- Arbeitsintensivere Kulturen erreichen eine bedeutend schlechtere Planerfüllung als Getreide (Bohnen: 37%, Gemüseerträge aus Bewässerungsperimetern: 22%).
- Die Verkaufserlöse erfüllen die Planansätze nur zu 64%.
- Die Roherträge je Flächeneinheit liegen bei etwa 76% der Planung (Bodenproduktivität).
- Die Arbeitsproduktivität (Rohertrag/AK) liegt bei 89% des Planes. Dies wird dadurch erreicht, daß weniger Genossenschaftler aufgenommen wurden und teilweise die Arbeitszeiten gegenüber der Planung erhöht wurden (Auswirkung auf Lohnkosten), d. h. die Arbeitsproduktivität je Zeiteinheit

ist besonders dort geringer als vorgesehen, wo die Planung von höherer Arbeitsintensität ausgeht.

- Aus dem Zusammenspiel dieser partiellen Planerfüllungen ergibt sich die Planerfüllung der Ertrags-Aufwands-Relation mit 85% (absolut 0,95). Diese Planabweichung um 15% ist die Ursache dafür, daß die Betriebe nur 25% des geplanten Gewinns erwirtschaftet haben.
- Die schlechte Rentabilität ist der Grund für die starke Verschuldung der Betriebe und die geringen Einkommen der Genossenschaftler. Während der Plan im Durchschnitt etwa 100 Dinar (etwa 750 DM) Jahreseinkommen je Genossenschaftler für die ersten Jahre vorgesehen hat, werden nur knapp 77 Dinar (etwa 580 DM) ausgezahlt.
- Die tunesische Administration kann nur eine begrenzte Anzahl an Betriebsgründungen ausreichend betreuen. Je mehr Betriebe in einem Jahr gegründet wurden, um so schlechter ist deren Planerfüllung.

4. Beurteilung der Planung und Planrealisierung der Produktionsgenossenschaften

a) Vorzüge der tunesischen Agrarplanung

Der tunesische Agrarsektor untersteht nahezu vollständig der staatlichen Kontrolle und Lenkung. Die traditionelle kleinbäuerliche Landwirtschaft beschränkt sich nur noch auf marginale Standorte, aber auch diese sollen in die Produktionsgenossenschaften eingeschlossen werden. Private großbetriebliche Bodennutzung gibt es 1969 kaum noch. Fast die gesamte landwirtschaftliche Produktion ist damit unmittelbar und ohne größeren Entscheidungsspielraum für die Betriebsleiter von den Direktiven der Planer abhängig.

Die Agrarplanung erfaßt systematisch alle Ebenen. Es wird nicht Projekt an Projekt gereiht, sondern es wurde der Versuch gemacht, die gesamte Agrarentwicklung des Landes in einen regionalen und nationalen Zusammenhang zu stellen. Zu diesem Zweck wurden umfangreiche Vorstudien durchgeführt, so daß Tunesien heute über ungewöhnlich viele Zahlen und Informationen verfügt.

Die Technik der Agrarplanung ist dabei einfach zu handhaben, auch Personal mit relativ geringer Qualifikation kann sinnvoll eingesetzt werden. Mit diesem System war es möglich, von 1962 bis Mai 1968 allein in den fünf nordtunesischen Gouvernoraten insgesamt 333 Produktionsgenossenschaften und 236 sog. Précoopérativen zu planen und zu gründen. In Tunesien ist es damit gelungen, die Landwirtschaft planmäßig für große Investitionssummen aufnahmebereit zu machen.

Große, früher kleinbäuerlich genutzte Flächen mit einem unbefriedigenden Ertragsniveau werden heute großflächig mit entsprechenden Maschinen bearbeitet, so daß sich ihre Erträge etwa verdoppelten (vgl. Tab. 20, Seite 165). Zwar wurde das geplante Ertragsniveau nicht erreicht, gegenüber den früheren Großbetrieben ist in den Produktionsgenossenschaften sogar eine Senkung der Durchschnittserträge festzustellen; die Nivellierung der Erträge auf den ehemaligen Großbetriebs- und Kleinbauernarealen hat jedoch weitgehend den Dualismus in der tunesischen Landwirtschaft beseitigt.

Die tunesische Landwirtschaft ist auf Grund dieses Planungssystems leicht lenkbar geworden. Das System erlaubt geschlossene Informationsströme sowohl von oben nach unten als auch umgekehrt. Damit ist die Möglichkeit gegeben, die vorhandenen Ressourcen zu mobilisieren, Neuerungen einzuführen und den Produktionsprozeß optimal zu organisieren.

Es erhebt sich die Frage, welche Gründe diese angestrebte und theoretisch mögliche Mobilisierung bisher verhinderten, denn die Indikatoren der Planrealisierung weisen – wie festgestellt wurde – in den Produktionsgenossenschaften zum Teil große Diskrepanzen gegenüber den Planzielen auf. Unter den Fakten, die hierzu beigetragen haben, deuten einzelne auf mehr oder minder technische Planungsfehler, andere auf grundsätzliche Probleme der Planung hin.

b) Mängel der Planung

Die tunesische Agrarplanung erstrebt eine perfekte Lösung ihrer Aufgaben. Sie enthält dabei jedoch eine Reihe von Mängeln, die teils bewußt in Kauf genommen wurden, teils erst ex post erkannt wurden.

Statik der Planung

1. In Tunesien muß regelmäßig mit großen Ertragsschwankungen gerechnet werden. Die von Jahr zu Jahr unterschiedlichen Niederschläge führten in den Jahren 1958 bis 1968 bei Hartweizen für ganz Tunesien zu Schwankungen der Flächenerträge von über 200%. Allein für Nordtunesien schwankten die Flächenerträge für Weichweizen in der gleichen Zeit um etwa 280%[54]. Diese Schwankungen wurden in der Planung nicht berücksichtigt, so daß in Jahren schlechter Ernten die Genossenschaften nicht in der Lage sind, ihre Verpflichtungen aus kurz- und längerfristigen Krediten zu erfüllen. Nur Betriebe, die zufällig in ihren ersten Wirtschaftsjahren überdurchschnittliche Erträge erzielen, erhalten die Mittel, Liquiditätsreserven zu bilden. Die Planung geht von durchschnittlichen Niederschlägen aus, die sich aus über fünfzigjährigen Beobachtungen ergeben. Sie rechnet somit mit langfristig möglichen Werten, die aber kurzfristig nicht immer gelten.

54 Kobelt: Anbauergebnisse . . ., a.a.O., Tabellen 2 und 3.

2. Auch bestimmte ökonomische Daten werden in der Planung als konstant angesehen, die in der Realität erfahrungsgemäß variieren. So rechnet die Planung in der Regel mit einem Zinssatz von 3%, in Einzelfällen mit 4% für kurzfristige Kredite. Die tunesische Landwirtschaftsbank (BNA) verlangt jedoch einen Zinssatz von 7%. Die Folge sind höhere Aufwendungen der Betriebe.

Darüber hinaus rechnet die Planung mit konstanten Löhnen. Auch das ist unrealistisch[55]. Die Planung rechnet ohne Differenzierung mit 0,400 Dinar (etwa 3 DM) arbeitstäglich. Bis Anfang 1968 wurden als Löhne in den Produktionsgenossenschaften arbeitstäglich gezahlt: 0,350 Dinar (etwa 2,62 DM) für einfache Landarbeit; 0,500 Dinar (etwa 3,75 DM) für Traktorfahrer und Facharbeiter und feste Gehälter an den Genossenschaftsdirektor und andere Angestellte (Buchhalter u. ä.) von etwa 300 Dinar jährlich.

Schon die ersten Jahre der Planrealisierung zeigen also Differenzierungen der Lohnzahlungen. Sollen die Einkommensziele der Zehn-Jahres-Perspektiven (durchschnittlich 50 Dinar jährlich pro Kopf der Bevölkerung Mindesteinkommen) erfüllt werden, dann können die Planansätze der Projektpläne auf Grund ihrer statischen Annahmen nicht eingehalten werden.

3. In der Planung für einzelne Projekte wird als kalkulatorischer Sicherheitsfaktor nur ein pauschaler Aufschlag zu den laufenden Sachkosten von 10% berücksichtigt. In einer so unsicheren Situation, wie sie in Tunesien gegeben ist, erscheint dieser Faktor als zu schematisch und unzureichend.

Qualität der Planung

Das gesamte Planungssystem ist darauf zugeschnitten, in kurzer Zeit möglichst viele Projekte zu planen. Bei der beschränkten Kapazität an qualifiziertem Personal geht der quantitätsmäßig hohe Ausstoß auf Kosten der Qualität der Planung. Projektpläne werden deshalb zu schematisch ausgearbeitet und es fehlt in der Regel die Zeit, solche Studien noch einmal zu überprüfen. Hinzu tritt, daß die verwendeten Daten offenbar nicht die Gültigkeit besitzen, die von der Planung unterstellt wird.

1. Die technischen Daten

Die tunesische Agrarplanung verwendet eine Fülle von Informationen, die teilweise sehr spezifischen Charakter besitzen. Sie geht davon aus, daß diese Unterlagen vollständig und richtig sind, um die zentrale Planung von Einzelprojekten zu erlauben.

Die vorliegende Untersuchung zeigt hingegen, daß alle untersuchten Kriterien der Planerfüllung mehr oder weniger starke Streuungen aufweisen, d. h. nur

55 Langfristig konstante Löhne verlangen die Neutralität des Geldes und damit ein sinkendes Preisniveau bei Eintritt technischer Fortschritte (im weitesten Sinne). Vgl. dazu u. a. J. M. KEYNES: Allgemeine Theorie der Beschäftigung, des Zinses und des Geldes. Übersetzt von F. Waeger. Berlin 1952, S. 229.

einige Projekte wurden in ihren spezifischen Eigenarten richtig erfaßt. Die Ursachen der Abweichungen vom Plan im Einzelfall liegen hauptsächlich in

- den besonderen Klimabedingungen des geplanten Projektes (Mikroklima),
- den besonderen Bodenverhältnissen des geplanten Projektes (Qualitätsunterschiede auf engem Raum),
- den menschlichen Verhaltensweisen im geplanten Projekt.

2. Die arbeitswirtschaftlichen Daten

Als besonders problematisch in diesem Zusammenhang erscheint die Planung der Arbeitswirtschaft. Die arbeitswirtschaftlichen Normen der Planung basieren in erster Linie auf Erfahrungswerten der früheren Großbetriebe (hauptsächlich der Colon-Betriebe). Sie wurden auf die Produktionsgenossenschaft übertragen. Es erweist sich, daß dieses Verfahren offenbar nur bei unbewässertem Getreidebau zulässig ist, daß es in dem Maße ungeeigneter wird, indem Arbeitskosten innerhalb der Gesamtkosten stärker in den Vordergrund rükken. Vor allem bei Bewässerungskulturen beanspruchen die einzelnen Arbeitsvorgänge längere Zeit als der Plan ansetzt, d. h. die vorgesehenen Arbeitsnormen sind zu optimistisch geschätzt. Bei unbewässertem Getreidebau ist dagegen der im Plan angesetzte Zeitbedarf für die einzelnen Arbeitsvorgänge eher zu hoch veranschlagt. Die Fehler bei der Schätzung der Arbeitsnormen sind damit um so geringer, je einfacher die Bodennutzung organisiert ist bzw. je höher der Mechanisierungsgrad ist.

3. Die finanzwirtschaftlichen Daten

Die Existenz von Streuungen bei einzelnen Kriterien der Planerfüllung ist in einer sektoralen oder multisektoralen Planung von nur sekundärer Bedeutung. Hier ist nur die durchschnittliche Planerfüllung ausschlaggebend. Die Plannichterfüllung einzelner wird durch eine entsprechend bessere Planerfüllung anderer kompensiert, d. h. gesamtwirtschaftlich bleiben die Auswirkungen der unterschiedlichen Planerfüllungen von Einzelprojekten begrenzt, Extremfälle stellen einzig verteilungspolitische Probleme dar. Bei einem Vergleich von Einzelprojektplanungen dagegen deuten die ermittelten Streuungen der Werte der Planerfüllung auf Fehlplanungen im Einzelfall. Wenn im schlechtesten Falle nur 36% der geplanten Einkommen gezahlt werden oder anstatt eines Gewinnes von über 94 000 Dinar ein Verlust von fast 17 500 Dinar ausgewiesen wird, dann ist in diesen Fällen die Planung von irrigen Annahmen ausgegangen. Besondere Bedeutung erhalten solche Planabweichungen im Einzelfall, wenn die Betriebe über Kreditaufnahmen mit anderen Bereichen der Volkswirtschaft eng verbunden sind. Einzelne Betriebe können nicht ihre Verpflichtungen erfüllen und die Kreditgeber sind nicht in der Lage, neue Kredite im vorgesehenen Umfang zu geben [56].

---

56 Dies gilt allerdings nur, wenn Betriebe mit überdurchschnittlichen Ergebnissen keine Liquiditätsreserven auf Konten bei den Kreditgebern halten.

Intensität der Bodennutzung

Die Unterschiede der Planerfüllung in den vier Regionen, besonders auch die Abweichung der fünf Betriebe mit einem geplanten Bewässerungsperimeter, deuten einen Zusammenhang zwischen dem Grad der Planerfüllung bei der Wirtschaftlichkeit und der Intensität der Bodennutzung an. Ein solcher Zusammenhang wäre ein grundsätzlicher, systematischer Planungsfehler.

Die Prüfung dieser Hypothese erfolgt über die Korrelation zwischen der Ertrags-Aufwands-Relation (der Wirtschaftlichkeit der Bodennutzung) und der Anzahl der Genossenschaftler je 100 Hektar (der Intensität der Bodennutzung). Die jeweiligen Planwerte für alle 24 untersuchten Genossenschaften sind in die obere graphische Darstellung des Schaubildes 6 eingegangen[57]. Es zeigt sich, daß *bei steigender Planzahl für den Arbeitskräftebesatz eine steigende Ertrags-Aufwands-Relation geplant wurde.*

Die entsprechenden Realzahlen für alle 24 untersuchten Genossenschaften sind in der unteren Darstellung des Schaubildes 6 wiedergegeben. Es erweist sich, daß genau der umgekehrte Bezug gilt: *mit steigendem Arbeitskräftebesatz sinkt die Ertrags-Aufwands-Relation.*

Damit stellt sich folgende Situation für alle 24 untersuchten Produktionsgenossenschaften dar:

- Die Planung erwartet, daß der Überschuß (die Differenz zwischen Ertrag und Aufwand) je Hektar landwirtschaftlicher Nutzfläche steigt, je mehr Arbeitskräfte je ha LN zur Verfügung stehen.
- In der Realität erweist sich, daß dieser Überschuß je ha LN sinkt, je mehr Arbeitskräfte je ha LN eingesetzt werden.

Die Erhöhung des Arbeitskräftebesatzes führt also zu einem überproportionalen Anstieg der Aufwendungen gegenüber den Erträgen. Der Irrtum der Planung wird um so größer, je höher die Arbeitsintensität des einzelnen Betriebes ist.

Die Arbeitseffizienz, die Arbeitsleistung je Zeiteinheit, ist in hohem Maße subjektiv bedingt. Die Planung ist davon ausgegangen, daß die Genossenschaftsidee wenigstens den gleichen subjektiven Arbeitsanreiz schafft wie privatwirtschaftlicher Anreiz oder Druck. Diese Voraussetzung war in Tunesien während der Untersuchungszeit nicht gegeben.

Zentralismus der Planung

Bei der tunesischen Agrarplanung werden nahezu alle Entscheidungen zentral gefällt. Die Entscheidungsbefugnisse werden nicht auf mehrere Ebenen verteilt. Die zentral in der Landeshauptstadt durchgeführte Planung des Einzel-

---

57 In der graphischen Darstellung sind aus technischen Gründen nur 23 Punkte eingezeichnet, gerechnet wurde mit den Werten aller 24 Genossenschaften.

Schaubild 6. **Korrelation von Genossenschaftler/100 ha und Ertrags-Aufwands-Relation**

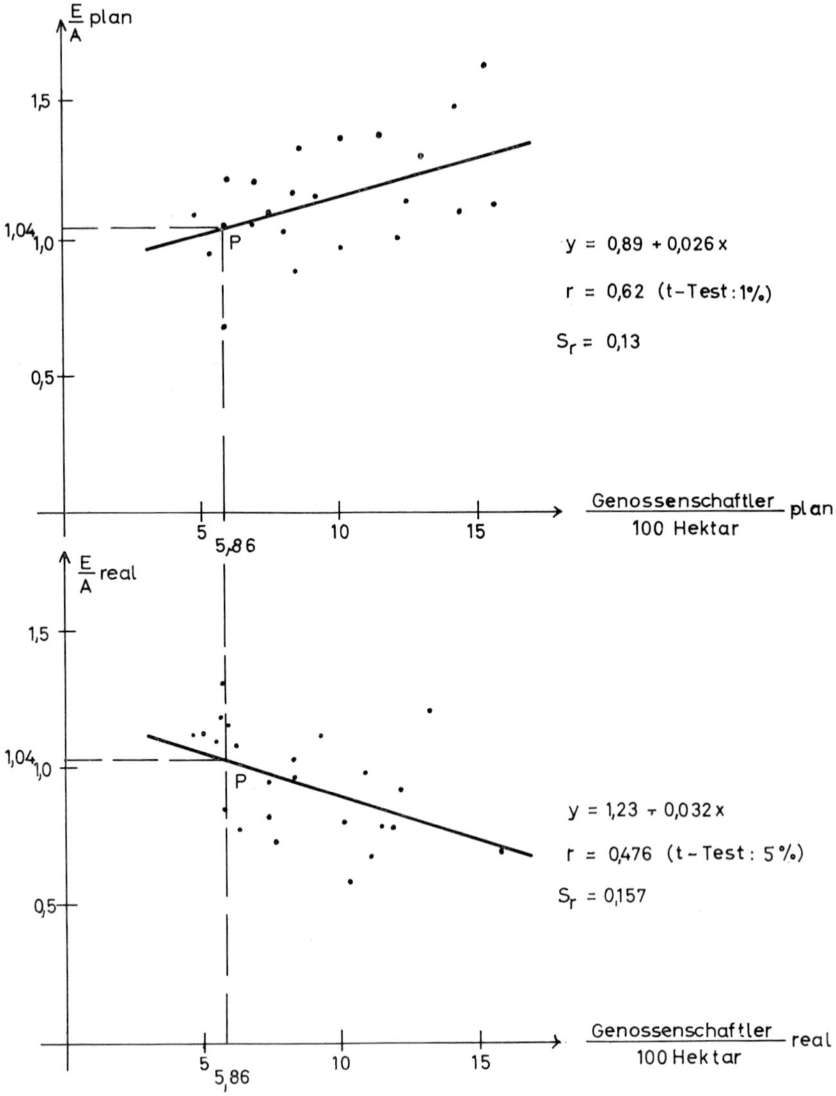

r = Korrelationskoeffizient

S_r = Standardabweichung von r

Quelle: vom Verfasser errechnet

betriebes strebt an, genaue Arbeitsanweisungen zu geben, um den Mangel an qualifiziertem Personal im Betrieb zu kompensieren.

Würde die zentrale Entscheidungsstelle über absolut richtige Informationen verfügen, hätte sie die Verhaltensweisen der Bevölkerung richtig prognostiziert, würde sie flexibel genug reagieren, dann würden die zentralen Entscheidungen den Bedürfnissen des Einzelfalles gerecht. Diese Voraussetzungen sind jedoch nicht gegeben.

Aus der Untersuchung ergibt sich, daß man sich allerdings in Einzelfällen nicht immer an den Plan gehalten hat. Das kann drei Gründe haben:

Abweichungen vom Plan

- geschahen auf Anweisung übergeordneter Stellen,
- ergaben sich zwangsläufig aus dem Arbeitsablauf im Betrieb oder
- sind auf Eigenmächtigkeiten untergeordneter Stellen zurückzuführen.

1. Inwieweit Anweisungen übergeordneter Stellen Planabweichungen hervorrufen, konnte nicht festgestellt werden. Sie sind jedoch unwahrscheinlich, da höhere Beamte mit den entsprechenden Entscheidungsbefugnissen in der Regel in Tunesien stark überlastet sind[58].

2. Abweichungen, die sich zwangsläufig aus dem Arbeitsablauf im Betrieb ergeben, können z. B. die Ursache für die im Vergleich zur Planung überhöhten Arbeitsaufwendungen in den Betrieben mit Bewässerung sein. Wird ein notwendiger Arbeitsvorgang begonnen (z. B. die Unkrauthacke), dann muß diese Arbeit zwangsläufig zu Ende geführt werden, auch wenn mehr Arbeitszeit benötigt wird, als ursprünglich vorgesehen war.

3. Eigenmächtigkeiten untergeordneter Stellen können vorliegen, wenn z. B. weniger aktive Genossenschaftler[59] in einen Betrieb aufgenommen werden als vorgesehen und der Betrieb arbeitsextensiver als geplant wirtschaftet (vgl. Tabelle 15, Region III). Vom Betriebsstandpunkt können solche Entscheidungen sinnvoll sein, allerdings widersprechen sie dem Planungssystem.

Wenn in der Region III die Planabweichungen auf eigenmächtige Entscheidungen der Betriebsleiter zurückzuführen sind, dann läßt sich aus den Betriebsergebnissen entnehmen, daß diese untergeordneten Stellen in Tunesien durchaus in der Lage sind, sinnvolle Entscheidungen zu treffen. Das tunesische Planungssystem, das alle Entscheidungen „von oben" fällen will, vergibt sich damit die Chance, solche Entscheidungen untergeordneter Stellen zu nutzen.

58 GERMANN: a.a.O., S. 57 f.

59 *Aktive* Genossenschaftler stellen neben ihrem Landbesitz ihre Arbeitskraft dem Betrieb zur Verfügung, demgegenüber haben *inaktive* Genossenschaftler nur ihr Land in den Betrieb eingebracht. Sie erhalten dafür einen Pachtzins. Der Wechsel von der einen Form in die andere ist ohne Schwierigkeiten möglich.

c) Grundsätzliche Probleme der Planung

Unrealistische Einschätzung der Planmöglichkeiten

Eng verbunden mit dem Zentralismus der Planung ist die in Tunesien weit verbreitete Ansicht, daß allein eine Planung genügt, anstehende Probleme zu lösen. Tunesien hat dazu französische Planungstechniken übernommen und somit Verfahren, die für ein entwickeltes Land erarbeitet wurden. Viele Voraussetzungen, die in Frankreich gegeben sind, fehlen jedoch in Tunesien.

Häufig entsteht z. B. der Eindruck, daß allein der Umfang und die Größe einer Investition ausschlaggebend sind, ein Ziel zu erreichen. Von sekundärer Bedeutung erscheint dann, inwieweit entsprechende Organisationsformen und eine zweckmäßige Politik vorhanden sind. In Tunesien sind jedoch gerade diese Fragen von besonders großer Bedeutung.

Die Verwendung statistischer Angaben in der Planung ist ebenfalls problematisch. Die zentrale Planung verläßt sich auf Angaben statistischer Büros, in denen die Aufarbeitung statistischen Grundmaterials in der Regel sachgerecht geschieht. Das Grundmaterial selbst ist jedoch häufig unvollständig (vgl. S. 150). Die Planer schließen offenbar aus der Arbeitsweise der statistischen Büros auf ebenfalls sachgerechte Erhebungen, so daß Informationen als richtig angesehen werden, die vielfach unzuverlässig sind. Auf diese Weise werden Pläne entworfen, die nicht immer den realen Gegebenheiten gerecht werden (vgl. S. 183).

Planung als Ersatz des Betriebsleiters

Ein Betrieb – und sei er noch so gut geplant – bedarf einer flexiblen Betriebsführung, die auf Augenblickssituationen reagiert. Die tunesische Planung geht davon aus, daß solche Betriebsleiter nicht bzw. nicht in genügender Anzahl vorhanden sind, sie versucht deshalb, den Betriebsleiter zu ersetzen. Die mangelnde Flexibilität und das Fehlen ausreichender Informationen gestalten die Erfüllung dieser Planaufgaben problematisch. Ein Betriebsleiter muß z. B. sofort auf technische Störungen (Ausfall einer Maschine) oder kurzfristige Marktgegebenheiten reagieren können. Wenn erst übergeordnete Dienststellen Genehmigungen erteilen müssen, können dem Betrieb vermeidbare Schäden entstehen. Solange nicht eine genügend schnelle Reaktion auf Augenblickssituationen der Betriebe möglich ist, stellt der Ersatz des Betriebsleiters durch den Plan und seine Ausführungsorgane keine optimale Lösung dar.

Planung und Administration

Die Durchführung geplanter Projekte wird in Tunesien der staatlichen Administration übertragen. Begründet wird dies damit, daß privatwirtschaftliche Motive des Handelns im Gegensatz stehen zu den gesamtwirtschaftlichen

Zielen. Problematisch für die Planrealisierung ist, daß ungenaue Kompetenzabgrenzungen, politische Rivalitäten und ein relativ geringes Interesse des einzelnen Beamten am Ergebnis diese Verwaltung lähmen. Die tunesische Verwaltung, die noch keine 15 Jahre Zeit hatte, sich zu formieren, ist einer solchen Aufgabe nicht gewachsen. GERMANN stellt fest[60]: „Die tunesische Verwaltung beschäftigt sich mit umfassender Wirtschafts- und Sozialplanung, behauptet, der eigentliche Motor einer geplanten Entwicklung zu sein, ist aber paradoxerweise in ihrer Struktur und in ihrem Funktionieren kaum oder gar nicht durchgeplant." Die Folge dieser unbefriedigenden Administration ist, daß Verwaltungsvorgänge besonders stark schematisiert und zentral entschieden werden. Im Planungsbereich wirkt sich das so aus, daß Erfahrungswerte, die unter bestimmten Verhältnissen gelten (z. B. für großbetriebliche, mechanisierte Bewirtschaftung), auf andere Verhältnisse (z. B. intensive Bewässerungslandwirtschaft) übertragen werden. Dabei wird oft nicht berücksichtigt, daß gerade bei intensiver Bodennutzung mit hohem Handarbeitsaufwand der Erfolg in besonderem Maße von dem Anreiz zu Arbeitsfreude, Sorgfalt und Fleiß abhängt.

d) Spezielle Problematik der Organisationsform „Produktionsgenossenschaft"[61]

Die Unternehmensform für landwirtschaftliche Großbetriebe in Tunesien ist die Produktionsgenossenschaft. Sie gilt als eine „der fortschrittlichsten Formen gemeinwirtschaftlicher Bewirtschaftung"[62]. Als Vorteile werden die des Großbetriebes allgemein und die der genossenschaftlichen Arbeitsweise herausgestellt. Folgende Vorteile des Großbetriebes und damit auch der Produktionsgenossenschaften werden genannt:

- Landwirtschaftliche Großbetriebe erlauben einen optimalen Kapitaleinsatz. Beim Trockenfeldbau in Tunesien gilt dies vor allem für den Maschineneinsatz, da hier die Ertragshöhe weitgehend von der zeitgerechten Durchführung und der Qualität der Bodenbearbeitung abhängig ist; hierzu sind in Tunesien schwere Schlepper notwendig.
- Die großbetriebliche Produktion ermöglicht die optimale Kombination bei der Nutzung unterschiedlicher Flächen (Bodenqualität, Hanglagen usw.). Vorhandene Kapazitäten an Arbeit und Kapital können dabei gleichmäßig

60 GERMANN: a.a.O., S. 80.

61 Vgl. dazu u. a. H. RUTHENBERG: Die Rolle der Genossenschaften bei der landwirtschaftlichen Produktionssteigerung in Entwicklungsländern. Unveröffentlichtes Manuskript; W. HESSELBACH: Die gemeinwirtschaftlichen Unternehmen, Versuch einer Typologie der nicht-kapitalistischen Unternehmungsformen. Vortrag am 31. 5. 67 vor der Steyler-Mission.

62 A. BEN SALAH: Die Schwierigkeiten sind überwindbar. In: Welternährung 2, 1969, S. 15 f.

ausgelastet werden. In den untersuchten Betrieben ist auf die Kombination von Ackerbau in ebenen Tallagen, Bewässerungslandwirtschaft, Baumkulturen (Oliven) in Hanglagen und die Nutzung von Hutungen auf marginalen Böden zu verweisen. Eine solche Kombination ist großbetrieblich leichter möglich als in Kleinbetrieben.

- Der Großbetrieb gestattet die Arbeitsteilung im Hinblick auf die Durchführung bestimmter Arbeiten (Viehhaltung, Schlepperfahren usw.) je nach Neigung und Fähigkeit des Mitarbeiters. Die Betriebsleitung kann von besonders befähigten Mitarbeitern übernommen werden.
- Eng damit verbunden ist die rasche Ausbreitung technischer Fortschritte. Es ist einfacher, einige hundert Großbetriebsleiter zu beraten als Tausende von Kleinbauern. Gerade diesem Aspekt wird in Tunesien (aus Mangel an qualifiziertem Personal) eine große Bedeutung zugemessen, aber auch, weil die staatlichen Beamten von der Auffassung ausgehen, daß die Mehrzahl der Bauern weder bereit noch in der Lage ist, unternehmerisch aktiv zu werden.
- Die tunesische Globalplanung sieht in erheblichen Investitionen im Agrarsektor eine Grundlage für die Entwicklung des Landes. Solche Investitionen sind – so glauben die Planer – in Großbetrieben effizienter als in Kleinbetrieben. Kredite sind leichter einzusetzen und zu überwachen.
- Großbetriebliche Agrarproduktion ist mit Marktvorteilen verbunden. Im Absatz ist das Angebot einheitlicher. Im Betriebsmittelbezug, besonders bei Maschinen, genügt eine geringere Anzahl von Typen. Außerdem ist die Wartung solcher Maschinen einfacher.
- Eine großbetriebliche Agrarstruktur ist wegen der leichteren Anleitung und Überwachung systemkonform bei einer vollständigen Planung der landwirtschaftlichen Produktion.

Darüber hinaus sieht man in Tunesien spezifische Vorteile in der genossenschaftlichen Arbeitsweise. Gegenüber dem privaten oder staatlichen Großbetrieb wird besonders hervorgehoben:

- Im genossenschaftlichen Großbetrieb arbeiten die Mitglieder für sich und erhalten Überschüsse direkt ausgezahlt. Sie sind somit am wirtschaftlichen Erfolg der Betriebe materiell interessiert.
- Diese Unternehmensform erlaubt die Erreichung der agrarpolitischen Ziele hinsichtlich der Einkommensverteilung. Dies gilt sowohl für die Einkommensunterschiede auf Grund unterschiedlicher Betriebsgrößen als auch auf Grund von Qualitätsunterschieden der Standorte. Die Zusammenfassung von fruchtbaren und unfruchtbaren Flächen erlaubt eine gleichmäßige Einkommensverteilung, Differenzierungen sind nur entsprechend unterschiedlicher Leistungen innerhalb der Betriebe möglich. Der genossenschaftliche Großbetrieb bietet die Möglichkeit, daß kein Mitglied ausgebeutet und jeder nach seiner Leistung bezahlt wird.

- Zusätzlich ist in der Produktionsgenossenschaft ein höheres Maß an Sicherheit gegeben. Das wirtschaftliche Risiko wird verringert, indem größere Flächen mit unterschiedlicher Ertragssicherheit bewirtschaftet werden, in einem Großbetrieb leichter Rücklagen gebildet werden und indem der Zugang zum Kredit erleichtert ist, so daß schlechte Ernten leichter überwunden werden. In Tunesien wird diese Funktion der Produktionsgenossenschaften verstärkt, da die Mitglieder wie Lohnarbeiter bezahlt werden, d. h. das wirtschaftliche Risiko wird allein vom Großbetrieb getragen.

Dieser Aufzählung an Vorteilen der tunesischen Produktionsgenossenschaft gegenüber Kleinbetrieben und privaten oder staatlichen Großbetrieben steht der empirische Befund gegenüber, daß in den Untersuchungsjahren die Planziele nicht erreicht wurden. Die realisierte Produktion erfüllt nicht einmal, trotz hoher Investitionen, das Ertragsniveau der früheren Großbetriebe. Damit erhebt sich die Frage, ob die Diskrepanz zwischen Planung und Planrealisierung auch auf die gewählte Institution zurückzuführen ist, ob also die in Tunesien gewählte Form der Produktionsgenossenschaft das geeignete Instrument für die gewünschte landwirtschaftliche Entwicklung ist.

Die Untersuchung erweist, daß mit Hilfe der Produktionsgenossenschaften tatsächlich einige Planziele realisiert wurden. Die Durchführung der Betriebsplanungen auf vergleichbarer Fläche wäre bei Kleinbetrieben und dem vorhandenen Planungspersonal nicht möglich gewesen. Es wurden die Voraussetzungen für erhebliche Investitionen in der Landwirtschaft geschaffen. Soweit Kleinbetriebsareale erfaßt wurden, kam es zur Beseitigung der Flurzersplitterung, zur Verdrängung der Zugtiere durch Schlepper und damit zur Erhöhung der Flächenerträge. Allerdings ist einschränkend zu berücksichtigen, daß die früheren Großbetriebe einen Teil des Kleinbesitzes gepachtet hatten und modern bewirtschafteten. Die tatsächlich erzielten Änderungen in der Agrarstruktur, die sich aus der Gründung der Produktionsgenossenschaften ergeben, werden deshalb leicht überbewertet.

In wichtigen anderen Bereichen der Produktion kann dagegen ein Zusammenhang zwischen der gewählten institutionellen Lösung und der Diskrepanz zum Plan festgestellt werden.

Geringe Arbeitseffizienz

Das in der Konzeption vorgesehene materielle Interesse der Mitglieder am Ablauf der Produktion wurde nicht realisiert; vielmehr wurde eine institutionelle Regelung getroffen, die einen Widerspruch zwischen dem materiellen Interesse der Mitglieder und der Planerfüllung entstehen läßt. Dafür gelten hauptsächlich zwei Gründe:

- Nahezu alle Betriebe beginnen ihre Produktion ohne ausreichende Ausstattung mit Umlaufkapital. Hinzu treten in den ersten Wirtschaftsjahren zusätzliche Belastungen, insbesondere durch die Anlage von Baumkulturen, die erst nach einigen Jahren Erträge bringen. In der Anlaufzeit der Betriebe entsteht so ein großer Kreditbedarf. Das einzelne Mitglied hat auf diese Planungen keinen Einfluß. Selbst wenn die Betriebe plangemäße Erträge erwirtschafteten, ergäben sich für die Genossenschaftler in den ersten Jahren kaum verteilbare Überschüsse (Amortisation und Verzinsung der Kredite). Die Genossenschaftler sehen deshalb allein in der Ableistung möglichst vieler Arbeitstage eine Chance, ihre Einkommen zu erhöhen. Ihr materielles Interesse liegt somit nicht in der Erzielung eines Überschusses des Betriebes; vielmehr liegt es darin, langsamer zu arbeiten als vorgesehen, denn damit erhöht sich die Anzahl der Arbeitstage, die mit einem fixen Betrag entlohnt werden.

- Verschärft wird diese Tendenz dadurch, daß die Planung den Arbeitskräftebesatz allein nach der geschätzten Einkommenskapazität der Betriebe ausrichtet. Ein Großteil der Betriebe verfügt deshalb über mehr Arbeitskräfte, als bei der festgelegten Lohnhöhe ökonomisch sinnvoll beschäftigt werden können. Damit verringern sich die Chancen eines Überschusses, und bei den Genossenschaftlern verstärkt sich die Tendenz zur Maximierung der geleisteten Arbeitstage.

Ein entsprechender Widerspruch ist bei dem leitenden Personal gegeben. Die Vorarbeiter werden von den Mitgliedern gewählt und genießen materielle Vorzüge in Gestalt eines höheren Einkommens. Ähnliches gilt für die Mitglieder des Verwaltungsrates, die von der Feldarbeit freigestellt sind. Setzt sich dieses Personal für eine planmäßige Durchführung der Arbeitsgänge ein, so stößt es auf den Widerspruch der Genossenschaftler und läuft Gefahr, abgewählt zu werden. Deshalb liegt eine effiziente Durchführung der Arbeitsgänge weder im Interesse der Mitglieder noch in dem der Betriebsleitung. Je höher der Handarbeitsaufwand im Betrieb ist, um so stärker wirkt sich dieser Zusammenhang auf den Betrieb aus.

Geringe Mobilität der Arbeitskräfte

Unter den in Tunesien gegebenen Verhältnissen hemmen die Produktionsgenossenschaften die Wanderung der Arbeitskräfte zu Standorten mit dem größten gesamtwirtschaftlichen Nutzen. Die bisherigen Landarbeiter und Kleinbauern mit marginalen Böden erhalten durch die Eingliederung in eine Genossenschaft ein ungewöhnlich hohes Maß an Sicherheit geboten. Eine bestimmte Anzahl Arbeitstage, mit festem Lohn vergütet und unabhängig vom Ernteausgang, sind mit Sicherheit zu erwarten. Die Arbeitsplätze sind auch unabhängig von der Leistung gesichert, denn kein Mitglied kann gegen seinen Willen ausgeschlossen werden. Es ist somit weder eine Bemessung der Zahl der Arbeitskräfte an der Grenzproduktivität der Arbeit möglich, noch ist eine Entlassung von Arbeitskräften mit geringer Leistung durchsetzbar.

Die Tatsache, daß ein ausscheidendes Mitglied nur einen Pachtzins für seine Landeinbringung erhält, trägt zusätzlich dazu bei, Arbeitskräfte an den Betrieb zu binden. Andererseits ist damit zu rechnen, daß einzelne unternehmerische Mitglieder abwandern, sobald sich außerhalb der Genossenschaft günstige Arbeitsbedingungen bieten. Ein solches inaktives Mitglied geht kein Risiko ein, da es jederzeit wieder als aktives Mitglied von der Genossenschaft aufgenommen wird.

Hemmung der Produktion

Mit der Festlegung eines Mindestlohnes, der je Arbeitstag gezahlt wird, ist ein produktionshemmender Faktor gegeben. Im Bauernbetrieb ist nicht die Lohnhöhe, sondern die Nutzenschätzung des Ertrages der Arbeit im Vergleich zur Mühe der Arbeit maßgebend für die Bemessung des Arbeitseinsatzes. Regelmäßig führen deshalb familieneigene Arbeitskräfte Arbeiten durch, deren Ertrag weit unter einem ortsüblichen Lohn liegt. Ein Beispiel dafür ist in Tunesien der Getreidebau auf steinigen Hängen und in Berglagen.

Werden jedoch von den Genossenschaften fixe Löhne gezahlt, dann können diejenigen Flächen nicht mehr bewirtschaftet werden, deren Ertrag unter dem Aufwand (einschließlich des Lohnaufwandes) liegt. Der Übergang von bäuerlicher Bewirtschaftung in großbetriebliche, der auf den schlepperfähigen Böden eine Ertragssteigerung bringt, führt also auf marginalem Land zu einem Rückgang der Anbauflächen und damit der Produktion.

Entsprechendes gilt für Intensivkulturen. Insbesondere die Gemüseproduktion auf kleinen Bewässerungsparzellen ist oft lohnend, solange keine Lohnkosten in Rechnung gestellt werden, d. h. solange nach Art eines bäuerlichen Betriebes gewirtschaftet wird. Bei der tunesischen Produktionsgenossenschaft erweisen sich solche Produktionen aus der Sicht der Betriebsleitung oft als unzweckmäßig.

Die Einführung der großbetrieblichen Bewirtschaftung, die bei dem Getreidebau und der Viehhaltung – dank technischer Fortschritte – ertragsteigernden Charakter hat, verliert diesen mit zunehmendem Anteil marginalen Landes an der Gesamtfläche.

Mangelnde Kompetenzabgrenzung

Nach den gesetzlichen Vorschriften (vgl. S. 132) sollen die Produktionsgenossenschaften durch die Mitglieder selbst geführt werden. Damit jedoch die Betriebsführung die technischen, betriebswirtschaftlichen und finanziellen Entscheidungen entsprechend den Plänen trifft, setzt die staatliche Administration die Direktoren ein. Deren Stellung ist unklar, sie unterstehen einerseits den Verwaltungsorganen des Staates und sind weisungsgebunden, andererseits sind sie für den technischen Betriebsablauf verantwortlich. Wie die Untersuchung zeigt, kann die zentrale staatliche Administration Einzelfragen betrieblicher Entscheidungen nicht mit genügender Verläßlichkeit abschätzen. Es fehlt deshalb an einem Betriebsleiter, der die Verantwortung für die täglichen Entscheidungen im Betrieb trägt. Hinzu tritt, daß häufig zwischen dem gewählten Präsidenten und dem ernannten Direktor Reibungen entstehen. Ein tatkräftiger Direktor muß damit rechnen, daß der Präsident und der Verwaltungsrat ihn auf die Grenzen seiner Befugnisse hinweisen. Demgegenüber muß ein aktiver Präsident damit rechnen, daß der Direktor über die Administration ihm den Zugang zum Kredit und damit zu den Produktionsmitteln erschwert.

In Tunesien wurde somit eine institutionelle Regelung gewählt, die eine unternehmerische Betriebsleitung nahezu ausschließt. Ungenaue Kompetenzabgrenzungen innerhalb der Betriebe und eine vielseitige ständige Kontrolle und Überwachung durch betriebsfremde staatliche Stellen führen dazu, daß sich die Betriebsleitungen bestenfalls auf die Ausführung der Planung beschränken.

Hemmung der Kapitalbildung

Aus der Untersuchung geht hervor, daß die Produktionsgenossenschaften nur etwa 25% der geplanten Gewinne erwirtschafteten, d. h. sie erreichen nur eine geringe Rentabilität. Makhlouf berichtet, daß in den von Europäern geleiteten früheren Großbetrieben ein Nettoüberschuß je Hektar landwirtschaftlicher Nutzfläche zwischen 5 und 10 Dinar üblich war[63]. Die Ertrags-Aufwands-Relation je ha LN der Produktionsgenossenschaften erreicht im Durchschnitt der untersuchten Betriebe den absoluten Wert von 0,95, d. h. nur 95% der Aufwendungen werden durch die Wirtschaftserträge gedeckt. Der ausgewiesene Gewinn ist demnach allein auf die Subventionszahlungen des Staates zurückzuführen. Die 24 untersuchten Betriebe erhielten in der Beobachtungszeit (von der Gründung bis zum 31. 8. 1967) insgesamt über 116 000 Dinar solcher Zahlungen. In der gleichen Zeit weisen ihre Bilanzen einen Gewinn von insgesamt knapp 72 000 Dinar aus. Im Vergleich zu den früheren Großbetrieben der Colons ist somit eine schlechtere Rentabilität der Produktionsgenossenschaften gegeben. Bei einer solchen Situation sind die Genossenschaften nicht in der Lage, Kapitalreserven anzusammeln, um Belastungen aus kurzfristigen Kreditaufnahmen zu vermeiden. Auch wenn eine bessere Rentabilität erwirtschaftet würde, ist eine Reservebildung über die in den Statuten vorgesehenen Mindestvorschriften hinaus nicht anzunehmen. Über eine solche Kapitalverwendung hätten die Genossenschaftler zu befinden, die auf Grund ihres eigenen geringen Einkommensniveaus die Gewinnausschüttung einer Reservebildung vorziehen würden. Allerdings berichtet Haraguhi, daß in der von ihm untersuchten Genossenschaft zwar Gewinne

63 Makhlouf: a.a.O., S. 68.

verteilt werden sollten, diese aber tatsächlich nicht ausgezahlt wurden [64]. Auf diese Weise könnte eine Kapitalreserve in der Genossenschaft gebildet werden, die die Mindestvorschriften der Statuten überschreitet.

Geringe Autonomie der Betriebe

Die tunesische Administration bemüht sich, durch Kontrolle und Beratung die Produktionsgenossenschaften zu den Planvorstellungen zu lenken. Dabei erweist sich ihre dualistische Organisationsstruktur als Hemmnis. Hinzu kommt, daß für eine intensive Beratung nicht genügend qualifiziertes Personal zur Verfügung steht.

Das System der tunesischen Produktionsgenossenschaften verlangt jedoch eine besondere Effizienz der Verwaltung und Beratung, um ihren Aufgaben gerecht zu werden. Diese Diskrepanz führt dazu, daß Anweisungen in der Form von Dekreten, Verordnungen oder ähnlichen hoheitlichen Akten gegeben werden müssen, die für den Einzelfall nicht immer sinnvoll sind. Haraguhi stellt in diesem Zusammenhang fest [65], daß „die Genossenschaft vollständig von staatlichen und halbstaatlichen Organen umgeben ist“ und sie „nicht im Sinne einer administrativen Autonomie unabhängig ist“. Aus dieser strengen Kontrolle ergibt sich die Problematik, daß den Genossenschaftlern einerseits gesagt wird, sie seien frei und hätten als gleichberechtigte Mitglieder zu bestimmen, sie jedoch andererseits gezwungen werden, bestimmte Anordnungen durchzuführen.

Hemmung der Initiative des einzelnen

Für den einzelnen Genossenschaftler ist dieses Problem unverständlich. „Die große Mehrzahl der Bevölkerung (in Tunesien) ist geneigt, obrigkeitliche Entscheidungen als unabänderliche Fügung des Schicksals hinzunehmen. Unzufriedene greifen zur uralten Waffe der Apathie und Resignation.“ [66] Es ist verständlich, daß unter solchen Verhältnissen die Genossenschaftsidee die Mentalität der Bevölkerung nicht verändert hat. Haraguhi beschreibt zwar einige Vorfälle, in denen Mitglieder der Genossenschaft deutlich dagegen protestierten, daß sie nicht die „wirkliche Rolle von Genossenschaftlern“ spielen dürften [67] (z. B. protestierte ein Mitglied dagegen, daß die Wahl des Verwaltungsrates keine wirkliche Wahl war, sondern der Verwaltungsrat vom Gouvernorat eingesetzt wurde); zwar wurde in einigen Genossenschaften im

---

64 T. Haraguhi: Réforme agraire en Tunisie, quelques aspects socio-économiques de l'unité de production. In: Revue Tunisienne de Sciences Sociales, No. 12, 1968, S. 89–120.

65 —: S. 98 (übers. v. Verfasser).

66 Germann: a.a.O., S. 115.

67 Haraguhi: a.a.O., S. 107.

Gouvernorat von Le Kef freiwillige, unbezahlte Arbeit geleistet[68], dies sind jedoch Ausnahmefälle. In der Regel wird MAKHLOUF zuzustimmen sein, wenn er schreibt[69]: „Der Genossenschaftler arbeitet nicht, solange er nicht bezahlt wird, und kein Beobachter kann umhin, bei einer solchen Situation die Widerstandskraft der *Arbeitnehmermentalität* zu bewundern."

Zusammenfassend läßt sich feststellen, daß die Diskrepanz zwischen Planung und Planrealisierung nicht nur darauf zurückzuführen ist, daß technisch und betriebswirtschaftlich kaum Erreichbares geplant wurde. Dies war zum Teil gar nicht zu vermeiden. Die Problematik liegt vielmehr auch darin, daß die Möglichkeiten der Entwicklung landwirtschaftlicher Betriebe mit Hilfe einer zentralistischen Planung und Administration überschätzt wurden und eine ungeeignete Institution – die Produktionsgenossenschaft – als Instrument der Planrealisierung gewählt wurde.

68 Mündliche Auskunft des tunesischen Landwirtschaftsministeriums.
69 MAKHLOUF: a.a.O., S. 228 (übers. v. Verf.; Hervorhebung im Original).

D. FOLGERUNGEN AUS DER EMPIRISCHEN UNTERSUCHUNG

Die tunesische Planung zieht schwerwiegende Fehlentscheidungen nach sich, indem sie den Anspruch erhebt, ihre Planungsaufgabe vollständig bis hin zu betrieblichen Einzelfragen zu bewältigen, und die Produktionsgenossenschaft als das einzig wirksame Instrument der Planrealisierung ansieht. Der Systematik von VENTE folgend wird festgestellt[1]:

- „Die dem Modell zugrunde liegenden Hypothesen, ausgedrückt durch die Funktionen des Systems, sind falsch;
- die errechneten Koeffizienten dieser Funktionen weichen von den wirklichen Werten ab;
- die Annahme der Konstanz der Koeffizienten und anderer Größen ist unrealistisch;
- die Ausgangswerte enthalten bereits Fehler;
- die Werte der exogenen Variablen sind ungenau geschätzt."

Anderseits ist die Planung der landwirtschaftlichen Betriebe in Tunesien notwendig. Damit erhebt sich die Frage, welche Art der Planung und welches Maß an Planung in einer Entwicklungssituation, wie sie in den untersuchten Betrieben vorliegt, angemessen ist. Die nachfolgenden Ausführungen enthalten einige Aspekte hierzu, die sich aus der empirischen Untersuchung ergeben.

Grundsätzlich ist die Realisierbarkeit einer Planung eine Funktion der zur Verfügung stehenden Daten und der Vereinbarkeit mit den jeweiligen menschlichen Gewohnheiten. Die Qualität der verwendeten Daten ist abhängig von ihrem Inhalt. Daten, die das Sein darstellen, d. h. ex post-Daten, ist in der Regel ein relativ hoher Aussagewert zuzurechnen; ihre Qualität schwankt nur mit der Exaktheit der Ermittlung. Daten, die das Sollen darstellen, d. h. ex ante-Daten, sind immer mit der Unsicherheit ihres prognostischen Charakters behaftet; ihre Qualität sinkt mit zunehmender Entfernung von der Gegenwart. Je weiter ein Plan in die Zukunft reicht, je ausgeprägter also sein prognostischer Charakter ist, um so größer wird die Unsicherheit der verwendeten Daten.

Auch bei Verwendung bester Daten ist jedoch eine Planung nur realisierbar, wenn sie die Verhaltensweisen der Menschen in Rechnung stellt; je mehr also

1 R. E. VENTE: Planung wozu? Baden-Baden 1969, S. 174.

eine Planung die menschlichen Gewohnheiten berücksichtigt und entsprechende institutionelle Regelungen trifft, um so leichter wird sie zu realisieren sein.

Die Realisierbarkeit einer Planung ist weiterhin abhängig von dem zu planenden Bereich. Ein nationaler Entwicklungsplan muß zwangsläufig über einen höheren Abstraktionsgrad verfügen als eine spezifische Projektplanung. Mit dem Grad der Abstraktion verändert sich die Sicherheit der Aussagen; sie ist um so größer, je spezifischer eine Planung ist und vice versa. Je besser es gelingt, den Abstraktionsgrad zu senken, je konkreter also ein Plan ist, um so leichter ist er zu realisieren.

Diese drei Grundtatsachen müssen bei jeder Planung berücksichtigt werden. Sie stehen gleichwertig nebeneinander. Sobald ein Plan auch nur eine vernachlässigt, ist seine Realisierbarkeit beeinträchtigt. Darüber hinaus ergeben sich aus diesen Grundtatsachen Forderungen an eine Planung, soll sie kein bloßer Selbstzweck sein:

1. Ein Plan muß eine genaue Zielbeschreibung enthalten. Je spezifischer die angestrebten Ziele genannt werden, um so leichter sind Fehler in der Planung zu vermeiden. Eine genaue Zielbeschreibung erleichtert auch das Erkennen von Zielkonflikten, wenn mehrere Ziele angestrebt werden.
   Wird z. B. in den Zehn-Jahres-Perspektiven ein autonomes Wachstum in Tunesien angestrebt, so beinhaltet dieses Ziel eine entsprechende Steigerung der Sparrate.

2. In einer Planung sollten neben den Endzielen auch Zwischenziele angegeben werden. Auf diese Weise ist eine ständige Kontrolle der Planrealisierung möglich. Bei diesen Zwischenzielen wird in bezug auf das Endziel zu unterscheiden sein zwischen solchen, die unbedingt erreicht werden müssen und solchen, deren Nichterfüllung das Gesamtziel nicht gefährdet.
   Aus der Konzeption der Genossenschaftspläne in Tunesien ergibt sich ein Jahreseinkommen von 250 Dinar je Mitglied bei der geplanten Anzahl von Genossenschaftlern (vgl. Bestimmung der Anzahl der Genossenschaftler im Beispiel, S. 136). In den Einzelplänen fehlt aber der Hinweis, daß dieses Endziel nur erreicht werden kann, wenn die langjährigen durchschnittlichen Flächenerträge den geplanten Wert erreichen. Andererseits ist das vorgegebene Endziel immer noch erreichbar, wenn z. B. ein bestimmter Maschinentyp fehlt, die Erträge aber trotzdem den Planansätzen entsprechen.

3. Die beiden ersten Forderungen lassen es angebracht erscheinen, in einer Planung nicht nur Ziele und Zwischenziele anzugeben, sondern auch deren erreichbaren Bereich. Werden Ziele mit dem sicher erreichbaren Minimalwert *und* dem unter günstigen Bedingungen erreichbaren Maximalwert genannt, dann ist jederzeit überprüfbar, inwieweit realisierte

Ergebnisse noch mit der Planung vereinbar sind. Ein solches Verfahren hat darüber hinaus den Vorteil, die auf diesen Zielen basierenden Kalkulationen exakter zu gestalten.

Wären z. B. in den tunesischen Genossenschaftsplänen die Spannen angegeben, in denen die Flächenerträge wahrscheinlich schwanken werden, so würden Planabweichungen deutlicher, und bei Geldstromrechnungen wäre erkannt worden, daß in schlechten Erntejahren Liquiditätsprobleme möglich sind. Die Angabe des erreichbaren Bereiches fehlt bei den Flächenerträgen, Betriebsleiter können sich deshalb bei schlechten Ergebnissen immer auf „ein besonders schlechtes Erntejahr" berufen.

4. Neben einer genauen Beschreibung des Zieles muß eine Planung den Weg aufzeigen, der zu diesem Planziel führt.
   Eine solche Beschreibung wird in den tunesischen Projektplänen versucht. Geldstromrechnungen und spezifische Hinweise auf Zwischenkulturen in jungen Olivenpflanzungen sind vorhanden, jedoch häufig zu schematisch.

5. Eine Planung sollte bei ihrer Beschreibung des Weges zum Ziel so aufgebaut sein, daß in allen Phasen der Realisierung eine Überprüfung möglich ist. Auf diese Weise können Abweichungen rechtzeitig erkannt und entsprechende Maßnahmen eingeleitet werden. Die Planung muß dabei so flexibel gestaltet sein, daß bei Abweichungen zusätzliche Maßnahmen möglich sind. Ständige Kommunikation zwischen den Planern und den plandurchführenden Institutionen muß notfalls eine Änderung des Planes gestatten.
   In der tunesischen Planungspraxis werden zwar Versuche gemacht, neue Informationen zu erhalten, eine Änderung der einmal aufgestellten Projektpläne konnte jedoch nicht festgestellt werden.

6. Eine Planung muß im Rahmen der Beschreibung des Weges zum Planziel genaue organisatorische Hinweise geben. Die beste Planung ist wirkungslos, wenn ein falscher Weg der Verwirklichung beschritten wird.
   In den tunesischen Globalplänen wird z. B. breiter Raum der Diskussion einer Verwaltungsreform gewidmet. Bereits in den Zehn-Jahres-Perspektiven wird die genossenschaftliche Organisation des Agrarsektors eingehend erörtert.

7. Organisatorische Hinweise eines Planes sollten Wert darauf legen, daß ein Aufbau gewählt wird, der auf allen Ebenen verantwortliche Entscheidungen zuläßt. Auf diese Weise wird die Reaktion im Projekt auf Augenblickssituationen beschleunigt. Eine Organisationsstruktur, die alle Entscheidungsbefugnisse in einem Punkt konzentriert, wirkt sich hemmend auf die Planerfüllung aus.
   In der tunesischen Administration werden Entscheidungen zentral gefällt. Die Folge sind verspätete und zu schematische Anweisungen, die selten den Erfordernissen des Einzelfalles gerecht werden.

8. Ein Plan kann sich bei Vorliegen eines breiten Planungsbereiches auf organisatorische Hinweise beschränken. Es ist wenig sinnvoll, in Globalplänen ausgefeilte Organisationsschemata auszuarbeiten, der Planer wäre überfordert. Dagegen ist es in einem spezifischen Projektplan unter bestimmten Umständen notwendig, ein genaues Organisationsschema auszuarbeiten und zu beschreiben.
   Die tunesischen Genossenschaftspläne können darauf verzichten, die Organisation dieser Betriebe liegt fest.
9. Darüber hinaus sollte ein Plan ehrlich sein. Die Grenzen des Planes sollten klar aufgezeigt werden. Solche Grenzen ergeben sich z. B. aus der Qualität der verwendeten Daten. Der Planer, der die Quellen seiner Unterlagen kennt, kann am ehesten deren Aussagekraft abschätzen. Im Falle eines Zweifels muß vom Planer gefordert werden, daß er auf die Grenzen der Aussagekraft im Plan hinweist, damit unsichere Angaben entsprechend gewertet werden. Dabei muß der Planer berücksichtigen, daß die Qualität der Daten um so besser sein muß, je spezifischer eine Planung ist.
   Die Untersuchung zeigt, daß ein Großteil der Planabweichungen auf ungerechtfertigte Voraussetzungen der Planung zurückzuführen ist. Viele Genossenschaftspläne wurden angefertigt, ohne daß sich die Planer am Ort des zukünftigen Betriebes informiert hätten; die Pläne erwecken jedoch den Eindruck, als wäre jeder Einzelfall genau erfaßt. Hätten die Planer mit genügendem Nachdruck auf die Unsicherheit ihrer Unterlagen hingewiesen, wären Fehlentscheidungen vermeidbar gewesen.
10. Wird ein Plan von projektfremden (politischen) Interessen beeinflußt, dann muß der Plan die Konsequenzen dieses Einflusses in Betracht ziehen. Eine weitverbreitete Praxis ist es, solche Konsequenzen nicht entsprechend zu berücksichtigen, Fehlurteile sind dann die unausweichliche Folge.

Das in der Untersuchung beschriebene Planungssystem wird diesen zehn Punkten nicht gerecht. Die tunesische Planung stellt dennoch einen beachtenswerten Versuch dar, die Entwicklungsaufgaben des Landes zu lösen. Sie ist als Entscheidungshilfe durchaus geeignet, beispielhaft für andere Entwicklungsländer ist sie in der vorliegenden Form nicht. Die in der Untersuchung aufgezeigten Irrtümer gestatten jedoch, von dem Planungssystem Tunesiens ausgehend eine bessere Planung zu konzipieren.

Neuere politische Entwicklungen in Tunesien (vgl. Süddeutsche Zeitung vom 10. 9. 1969) deuten auf einen Wandel in der Einstellung zur Gesamtkollektivierung der tunesischen Landwirtschaft und damit zur tunesischen Produktionsgenossenschaft hin. Eine solche Entwicklung ließe einige getroffene Aussagen für die Zukunft als gegenstandslos erscheinen.

Die vorliegende Untersuchung, deren Hauptaufgabe die Beschreibung ist, verliert damit keineswegs an Bedeutung, weil die Frage, inwieweit das tunesische Beispiel auch in anderen Ländern anwendbar ist, unberührt bleibt. Der Weg, der in Tunesien gewählt wurde, entsprang hauptsächlich politischen Überzeugungen, die man rational zu erklären suchte. Eine Änderung der Ansichten wäre folglich nur eine Bestätigung der Untersuchung, daß nicht der optimale Weg gewählt wurde.

E. LITERATURVERZEICHNIS

I. Allgemeine Literatur

ACHENBACH, H.: Die Halbinsel Cap Bon, Strukturanalyse einer mediterranen Kulturlandschaft in Tunesien. Jahrbuch der Geographischen Gesellschaft zu Hannover für 1963. Hannover 1964.

ANTOINE, J.: Possibilités de développement de l'Est Algérien dans le cadre du Plan de Constantine. In: Bassin Méditerranéen et Proche-Orient. „Tiers – Monde" – Problèmes des Pays Sous-Développés. Paris 1961, S. 51–72.

ATTIA, H.: L'évolution des structures agraires en Tunisie depuis 1962. In: Revue Tunisienne de Sciences Sociales, No. 7, 1966, S. 33–58.

BAHROUN, S.: La planification tunisienne. Tunis 1968.

BELKHODJA, H.: Les conditions de l'agriculture et le développement du crédit agricole en Tunisie. Réunion internationale d'études sur le crédit agricole dans les pays d'Afrique. Tunis 1965.

BEN SALAH, A.: Die Schwierigkeiten sind überwindbar. In: Welternährung 2, 1969, S. 10–16.

BODENSTEDT, A. Andreas: Das Problem der Anwendbarkeit von Grundbegriffen der Innovations- und Kooperationsforschung in landwirtschaftlichen Entwicklungsprojekten. In: Zeitschrift f. ausländ. Landwirtschaft, Jg. 9, H. 4, Dez. 1970, S. 333–347.

—: Integration of motivations, of project approach and of evaluation research in developing countries. In: Law and State. A biannual collection of recent german contributions to these fields, Vol. 2, 1971, p. 48–65.

BERNARD, Y.: L'expérience tunisienne de planification. In: Le développement économique tunisien. Ecole Nationale d'Administration. Tunis 1967, S. 15–54.

BOURGUIBA, H.: Production Units, first stage of a revolution in agriculture. Tunis 1962.

CALLENS, M.: Développement des structures coopératives. In: IBLA, Revue de l'Institut des Belles Lettres Arabes à Tunis, No. 116, 1966, S. 371–396.

DUWAJI, G.: Economic development in Tunisia, the impact and course of government planning. New York–Washington–London 1967.

EL AOUANI, M.: Les vieilles „forêts" d'oliviers de la région de Tunis. In: Cahiers du C.E.R.E.S., Série Géographique 2, 1968, S. 125–178.

GARA, A.: Agricultural education at the intermediate level in Tunisia. In: FAO, Agricultural education and training, Annual Review of Selected Developments. Rome 1968, S. 23–29.

GERMANN, R. E.: Verwaltung und Einheitspartei in Tunesien. Zürich 1968.

GIESSNER, K.: Naturgeographische Landschaftsanalyse der tunesischen Dorsale (Gebirgsrücken). Jahrbuch der Geographischen Gesellschaft zu Hannover für 1964. Hannover 1964.

Götz, E.: Siedlerbetriebe im Bewässerungsgebiet des unteren Medjerdatales, Tunesien. In Vorbereitung.

Haraguhi, T.: Réforme agraire en Tunisie, quelques aspects socio-économiques de l'unité de production. In: Revue Tunisienne de Sciences Sociales, No. 12, 1968, S. 89–120.

Hesselbach, W.: Die gemeinwirtschaftlichen Unternehmen, Versuch einer Typologie der nicht-kapitalistischen Unternehmungsformen. Vortrag am 31. 5. 1967 vor der Steyler-Mission (mimeo).

Keynes, J. M.: Allgemeine Theorie der Beschäftigung, des Zinses und des Geldes. Übersetzt von F. Waeger. Berlin 1952.

Kobelt, V.: Anbauergebnisse mit mexikanischem Weizen in Tunesien. In: Zeitschrift für ausländische Landwirtschaft 3, 1969, S. 273–280.

—: La planification d'un périmètre irrigué en Tunisie et la réalisation du plan. Vortrag am 16. 5. 1969 bei der Deutschen Stiftung für Entwicklungsländer (mimeo).

Kool, R. G. A.: L'agriculture tunisienne, analyse d'une économie en voie de modernisation. Wageningen 1963.

Lenoir, R.: Restructuration et mise au travail du monde rural. In: Le développement économique tunisien. Ecole Nationale d'Administration. Tunis 1967, S. 165–246.

Mackenroth, G.: Methodenlehre der Statistik. Göttingen 1949.

Makhlouf, E.: Structures agraires et modernisation de l'agriculture dans les plaines du Kef, les unités coopératives de production. Cahiers du C.E.R.E.S., Série Géographique 1, 1968.

Mohsen, C.: Evolution of land tenure in Tunisia in relation to agricultural development programs. In: FAO, Land Policy in the Near East. Rome 1967, S. 189–204.

Naccache, G.: Les coopératives de production du Nord, commentaire d'une enquête statistique. In: Revue Tunisienne de Sciences Sociales, No. 12, 1968, S. 141–160.

Neurath, P.: Statistik für Sozialwissenschaftler. Stuttgart 1966.

Ochs, H.: Untersuchungen über die Leistungseigenschaften schwarzbunter Rinder deutsch-holländischer Abstammung im unteren Medjerdatal (Tunesien). Dissertation, Göttingen 1968.

Parey, P.: Landwirtschaftslexikon. 7. Aufl. Hamburg–Berlin 1956.

Rossmann, W.: Tierzucht in Tunesien. In: Der Tierzüchter, Sonderdruck aus Heft 18 und 19 vom 5. Okt. 1964.

Ruthenberg, H.: Die Rolle der Genossenschaften bei der landwirtschaftlichen Produktionssteigerung in Entwicklungsländern. Unveröffentlichtes Manuskript.

Sethom, H.: La vieille forêt d'oliviers de la presqu' île du Cap Bon et sa reconversion. In: Cahiers du C.E.R.E.S., Série Géographique 2, 1968, S. 13–93.

Smaoui, A.: La „Ghaba" de Soliman. In: Cahiers du C.E.R.E.S., Série Géographique 2, 1968, S. 95–123.

Summers, R.: Cost estimates as predictors of actual costs. A statistical study of military development. In: Marschak, Glennan, Summers: Strategy for R and D. Berlin–Heidelberg–New York 1967, S. 140–189.

Vallin, J.: Planning familial et perspective de population en Tunisie 1966–1975. In: Revue Tunisienne de Sciences Sociales, No. 12, 1968, S. 71–88.

Vente, R. E.: Planung wozu? Baden-Baden 1969.

Wiener, A.: The planning of irrigation programmes. Tel Aviv 1966.

Zanker, K.: Deutsche Beregnungsanlagen als Technische Hilfe für Tunesien. In: Landwirt im Ausland 2, 1968, S. 1–2.

Zgahl, A.: Cadres agricoles et ouvriers qualifiés dans le nouveau système agricole. In: Revue Tunisienne de Sciences Sociales, No. 7, 1966, S. 137–152.
—: Changement de systèmes politiques et réformes des structures agraires en Tunisie. In: Revue Tunisienne de Sciences Sociales, No. 12, 1968, S. 9–32.

II. Offizielle Unterlagen

Banque Centrale de Tunisie: Rapport annuel 1966. Tunis 1967.
Banque Centrale de Tunisie: Rapport annuel 1967. Tunis 1968.
Berichte der Projektleitung über das Beregnungsprojekt FE 384 in Tunesien (El Haouaria) von Juni 1965 bis Dezember 1967.
Berichte der Projektleitung über das Beregnungsprojekt FE 118 in Tunesien (Bordj Toum) von März 1966 bis Mai 1968.
Bundesministerium für Wirtschaftliche Zusammenarbeit, Bundesamt für Gewerbliche Wirtschaft und République Tunisienne, Secrétariat d'Etat au Plan et à l'Economie Nationale, Sous-Secrétariat d'Etat à l'Agriculture: Studie über die wirtschaftliche Entwicklung der U.R.D. Jendouba–Bou Salem–Bou Heurtma–Kasseb. Zusammenfassung. Agrar- und Hydrotechnik GmbH. Essen 1967.
International Bank for Reconstruction and Development (IBRD), International Development Association (IDA): Memorandum on review of agricultural projects and programs, Tunisia. Raport No. TO–618., o. O. 1967.
Les unités coopératives de production du Nord, réalisation 1962. Tunis 1963 (mimeo).
Note sur les principes d'une orientation des cultures dans les régions soumises à un grand aménagement agricole. SCET – Mission Gaucher. Paris 1960.
Plan comptable coopératif à l'usage des coopératives agricoles de production. O. O., o. J.
Principes de base et modalités pratiques pour la constitution de coopératives de production, de polyculture et d'élevage. O. O., o. J. (mimeo).
République Tunisienne: Loi No. 63–19 du 27 Mai 1963 (4 Moharem 1383), rélative à la coopération dans le secteur agricole (1). Tunis 1963.
République Tunisienne, O.M.V.V.M., Bureau technique: Normes de travail – travaux mécaniques, au mulet et manuels. Calendrier cultural de céréales et légumineuses, cultures maraîchères et cultures arbustives. Tunis 1967.
Rôle de l'unité de production dans la promotion économique et sociale. O. O., o. J. (mimeo).
Secretariat of state for cultural affairs and information: Tunisian Development 1962–1971. Tunis 1962.
Statut Type No. 1 d'une coopérative de production du Nord. O. O., o. J.
Statut Type No. 2 d'une coopérative de production animale. O. O., o. J.
Statut Type No. 3 d'une coopérative de mise en valeur et de polyculture. O. O., o. J.
Statut Type No. 4 d'une coopérative de service. O. O., o. J.
Statut Type No. 5 d'une coopérative de service à prédominance arboricole. O. O., o. J.
Unités coopératives de production: Rendements unitaires moyens 1962 à 1967 et 1968. Tunis o. J.
Unités de production du Nord, coopératives créées de 1962 à 1966. Tunis 1967.

* * *

Folgende offizielle Unterlagen wurden unter der Leitung des Secrétariat d'état au plan et aux finances, bzw. heute: Secrétariat d'état au plan et à l'économie nationale in den verschiedenen Unterstaatssekretariaten, Divisionen, Sektionen usw. zusammengestellt. Sie sind systematisch geordnet.

1. Pläne, Ausführungsberichte und Statistiken

Perspectives décennales de développement 1962–1971. Tunis o. J.
Plan triennal 1962–1964. Tunis o. J.
Plan quadriennal 1965–1968. 3 Bde. Tunis o. J.
Rapport d'exécution du plan triennal 1962–1964. Tunis o. J.
Rapport d'exécution du plan pour l'année 1965. Tunis o. J.
Rapport d'exécution du plan pour l'année 1966. Tunis o. J.
Rapport sur le budget économique de l'année 1967. Tunis o. J.
Annuaire statistique de la Tunisie. Vol. 14, 1963. Tunis o. J.
Annuaire statistique de la Tunisie. Vol. 15, 1964 et 1965. Tunis o. J.
L'économie de la Tunisie en chiffres, 1966. Tunis o. J.
Enquête sur les coopératives agricoles de production, exercice 1963–1964. Tunis 1966.
Les coopératives agricoles de production (résultats de l'enquête sur l'exercice 1964–1965). Tunis 1967.
Informations sur les coopératives agricoles de production (campagne agricole 1965–1966). Tunis 1967.
Transformations fruits, légumes, poissons en 1964. Tunis o. J.
Transformations des produits agricoles et de la pêche au cours de l'année 1965. Tunis 1967.
Transformations des produits de l'agriculture et de la pêche au cours de l'année 1966. Tunis 1967.
Informations sur la commercialisation intérieur des produits de l'agriculture et de la pêche, année 1965. Tunis 1967.
Statistique agricole mensuelle. Bull. Nos. 4–5–6, Avril, Mai, Juin 1967. Tunis o. J.
Informations mensuelles. Nos. 7–8–9, Juillet, Août, Septembre 1967. Tunis o. J.
Informations mensuelles. Nos. 10–11–12, Octobre, Novembre, Décembre 1967. Tunis 1968.
Situation économique des unités coopératives de production au 31. 8. 1965. Ungeheftete Einzelblätter. Tunis 1967.
Situation économique des unités coopératives de production du Nord au 31. 8. 1966. Ungeheftete Einzelblätter. Tunis 1967.

2. Angaben zur Agrarstruktur

Structure agraire du gouvernorat de Béjà 1961–1962. Tunis o. J.
Structure agraire du gouvernorat de Bizerte 1961–1962. Tunis o. J.
Structure agricole du Cap Bon en 1960. Tunis 1961.
Structure agraire du gouvernorat de Souk-El-Arba 1961–1962. Tunis o. J.
Structure agraire du gouvernorat de Sousse 1961–1962. Tunis o. J.
Structure agraire du gouvernorat de Tunis 1961–1962. Tunis o. J.
Unités coopératives de production, projet, caractéristiques foncières, occupation du sol, crédits, pour les coopératives 1962–1963. SCET. Tunis o. J.
Unités coopératives de production, projet, caractéristique économique, occupation du sol, prêts 1964. SCET. Tunis 1964 (MVA 123).
Région du Nord, occupation actuelle du sol des précoopératives, Mai 1968. Tunis o. J.
Région du Nord, occupation actuelle du sol des U.C.P., Mai 1968. Tunis o. J.

3. Basisstudien

Estimation des coûts de production et des revenues dans la Tunisie du Nord. S.E.D.E.S. Paris 1963.

Etudes des critères de priorité des investissements dans l'agriculture, secteur arboriculture fruitière. 5 Bde. SCET–SEDES, Tunis 1965.

Unités coopératives de production, projet, unités coopératives de production du Nord, normes d'établissement du programme agricole 1963. SCET. Tunis 1963.

Unités régionales de développement du gouvernorat de Béjà. SCET. O. O., 1963.

Unités régionales de développement du gouvernorat de Grombalia. SCET. O. O., 1963.

Unités régionales de développement du gouvernorat de Souk-El-Arba. SCET. O. O, 1963.

4. Sonstige offizielle Unterlagen

Aide-Mémoire: Grandes cultures. Tunis 1968.

Planification de la Tunisie Centrale. Les problèmes de commercialisation. Programme de développement des Nations Unies. Fonds spécial et F.A.O. O. O., 1966.

Planification de la Tunisie Centrale. Le rôle de la coopération dans le développement. Programme de développement des Nations Unies. Fonds spécial et F.A.O. O. O., 1966.

Note: Bilan et perspectives du mouvement coopératif. Tunis o. J. (mimeo).

Organisation de l'administration régionale. Tunis o. J.

III. Projektpläne

1. Pläne der 24 untersuchten Genossenschaften

Nr. 1. Unités coopératives de production, projet, Es-Saada, ex ferme Savalli, gouvernorat de Souk-El-Arba. SCET. O. O., 1964 (MVA 110).

Nr. 2. Unités coopératives d'exploitation, projet, Cheikhat de Ben Béchir, gouvernorat de Souk-El-Arba, Unité I, El Amal. SOGETHA. Tunis 1963 (Pava 22).

Nr. 3a Unités coopératives d'exploitation, projet, Mellala, Unité III, ex ferme Brocardi. SCET. O. O., 1963 (MVA 68).

Nr. 3b Unités coopératives d'exploitation, projet, Mellala, Unité IV, Henchir el Bey (El Ihjia). SCET. O. O., 1963 (MVA 69).

Nr. 4. Unités coopératives d'exploitation, projet, Cheikhat de Ben Béchir, gouvernorat de Souk-El-Arba, Unité IV, ex ferme Renault – Doumergue. SOGETHA. Tunis 1963 (PAVA 22).

Nr. 5. Unités coopératives d'exploitation, projet, Chouichia, ex fermes Mares – Fritch – Corieze, gouvernorat de Souk-El-Arba, Unité II. SOGETHA. Tunis 1964 (PAVA 31).

Nr. 6. Unités coopératives d'exploitation, projet, Ouled el Abid, ex ferme Mares, gouvernorat de Souk-El-Arba, délégation de Souk-el-Khemis. SOGETHA. Tunis 1964 (PAVA 31).

Nr. 7. Unités coopératives d'exploitation, avant-projet, Baysse, Le Kef. SOGETHA. Tunis 1962 (PAVA 50 216).

Nr. 8. Unités coopératives d'exploitation, avant-projet, Schutz – Lavis, Le Kef. SOGETHA. Tunis 1962 (PAVA 50 216).

Nr. 9. Unités coopératives d'exploitation, projet, Unité A, ex ferme Cappieux, gouvernorat du Kef. SCET. O. O., o. J. (MVA 60).

Nr. 10. Unités coopératives d'exploitation, projet, ex ferme Tisserant, Unité I, gouvernorat du Kef. SCET. O. O., 1963 (MVA 74).

Nr. 11. Unités coopératives d'exploitation, projet, Henchir Moreau, gouvernorat du Kef. SOGETHA. Tunis 1964 (PAVA 31).

Nr. 12. Unités coopératives de production, projet, Ellès – Bou – Slia, gouvernorat du Kef, Unité V. SCET. O. O., 1964 (MVA 87).

Nr. 13. Unités coopératives de production, projet, Ennouhoud, ex ferme Dancet, gouvernorat du Kef. SCET. O. O., 1964 (MVA 111).

Nr. 14. Unités coopératives d'exploitation, projet, Es Saada, ex ferme Besson, gouvernorat du Kef. SCET. O. O., 1962 (MVA 15).

Nr. 15. Unités coopératives d'exploitation, projet, Sidi Bou Rouis, Unité I, gouvernorat du Kef. SCET. O. O., 1963 (MVA 28).

Nr. 16. Unités coopératives d'exploitation, projet, ex ferme Pinelli Laurant, Unités I et II, gouvernorat du Kef. SCET. O. O., 1963 (MVA 77).

Nr. 17. Unités coopératives de production, projet, Sidi Bou Rouis, Unité IV. SCET. O. O., 1964 (MVA 96).

Nr. 18. Unités coopératives de production, projet, El Menchari. SCET. O. O., 1964 (MVA 94).

Nr. 19. Unités coopératives d'exploitation, projet, Sidi Mediane, gouvernorat de Béjà, El Azimah. SOGETHA. Tunis 1963 (PAVA 22).

Nr. 20. Unités coopératives d'exploitation, projet, Sidi Mediane, gouvernorat de Béjà, Er Rajah. SOGETHA. Tunis 1963 (PAVA 22).

Nr. 21. Unités coopératives d'exploitation, projet, Sidi Abd En Nour, gouvernorat de Béjà, Unité I. SOGETHA. Tunis 1963 (PAVA 22).

Nr. 22. Unités coopératives d'exploitation, projet, ex ferme Raffin, délégation de Testour, gouvernorat de Béjà. SOGETHA. Tunis 1963 (PAVA 22).

Nr. 23. Unités coopératives de production, projet, plaine de Goubellat, gouvernorat de Béjà, Groupe C, El Oudiane Sud, Unité III. SCET. O. O., 1964 (MVA 104).

Nr. 24. Unités coopératives de production, projet, plaine de Goubellat, gouvernorat de Béjà, Groupe F, Ghammarti, Unité I. SCET. O. O., 1964 (MVA 104).

2. Sonstige Projektpläne

Note sur le périmètre d'El Haouaria. O. O., o. J.

Unités coopératives d'exploitation, projet, Malbette, Coop. I, gouvernorat du Kef. SCET. O. O., 1963 (MVA 58).

Unités coopératives d'exploitation, projet, Sidi Ayed, gouvernorat de Béjà, délégation de Gafour, dossier générale et Unités I–V. SOGETHA. Tunis 1965 (PAVA 33.6).

Coopératives de production du Nord, U.R.D. de Béjà, Cheikhat Ouled Moussa, note de présentation et Unités I–II. O. O., 1966 (PAV 82 et 83).

Coopératives de production du Nord, U.R.D. de Béjà, Cheikhat de Béjà et Azra, note de présentation et Unités I–II. O. O., 1967 (PAV 215 et 216).

Coopérative de polyculture. U.R.D. de Djilma, Cheikhat d'Ouled Asker, coopérative No. 20, gouvernorat de Kasserine. O. O., 1967.

F. FRANZÖSISCHE ZUSAMMENFASSUNG VON TEIL I UND II

Coopératives de production en Tunisie

Introduction

Pendant presque dix ans la Tunisie a essayé de réorganiser et de développer tous les secteurs de son économie à l'aide d'organisations collectives et coopératives. Cette expérience fut introduite et répandue avec tous les moyens de persuasion et même de force politique, surtout dans l'agriculture.

Les événements politiques récents ont néanmoins montré que le pays était amené à réviser ce système entièrement. Le protagoniste du mouvement coopératif fut *Ahmed Ben Salah,* secrétaire général des syndicats tunisiens et plustard ministre. Maintenant ses idées ainsi que le mouvement même ont été déclarées étant contraire aux intérêts du développement tunisien. Pourtant il semble qu'il mérite d'être étudié comme un modèle unique de développement et de la planification du développement.

La planification tunisienne

Les Perspectives Décennales 1962–1971 sont la base de la planification en Tunisie. Les buts de développement sont la décolonisation, la promotion de l'homme, la réforme des structures, l'autodéveloppement.

Dans la décennie de la planification 890 millions de dinars sont prévus comme investissement net. En dehors de l'infrastructure c'est dans l'agriculture que l'on a concentré les efforts avec 26% de la totalité des investissements nets.

Pour réaliser ces investissements une planification de développement a été élaborée touchant systématiquement tous les secteurs. Avec ce système la Tunisie dispose d'une vaste collection de données et d'informations. Dans l'agriculture trois domaines de planification sont différenciés:

- les grandes cultures du Nord
- les polycultures du Centre-Sud, et
- les cultures irriguées.

Dans ces trois domaines des coopératives ont été choisies pour la réalisation. C'est des coopératives de production qu'on a espéré les meilleurs résultats. Jusqu'en 1969 on a aspiré d'organiser toute l'agriculture, l'artisanat et le commerce en coopératives de production.

Les Unités Coopératives de Production du Nord

Les premiers essais ont été les Unités Coopératives de Production du Nord (U.C.P.). On les a créées dans les régions du Nord de climat relativement favorable, où avec une pluviométrie entre 350 et 500 mm par an, les cultures de blé et d'oliviers sont prédominantes.

Les U.C.P. résultent d'une concentration du noyau domanial, du noyau «melk» (la terre des coopérateurs) et des terres en location. L'inclusion des petites exploitations – jusqu'à 40 ha – dans les coopératives était obligatoire. En 1965/66 la répartition de la terre des coopératives était comme suit:

noyau domanial:	60%
noyau «melk»:	31%
location:	9%

Il semble avoir eu trois groupements principaux de buts pour ces créations:

1. Buts économiques:

Augmentation de la production totale agricole par intensification et diversification des cultures; réduction de la monoculture du blé; abolissement du morcellement des terres; création de grandes exploitations économiques entièrement mecanisées; introduction des progrès techniques (engrais minéraux, semences sélectionnées, culture de légumineuses); installation d'une structure agraire pour absorber les grands investissements.

2. Buts d'ordre social:

Création et entretien d'emplois surs dans les campagnes pour enrayer le chômage; garantie de salaires stables et intégration des exploitations (sub) marginales dans le secteur moderne de l'agriculture; amélioration des conditions d'hygiène et de logement ainsi que des possibilités d'éducation.

3. Buts sociaux-psychologiques et politiques:

Changement de la façon de penser traditionnelle et de la notion des valeurs considérés comme «freins du développement». Abolition des contraintes familiales traditionnelles au profit du libre développement de chaque individu dans le mariage et la famille nucléaire; développement de l'esprit de coopération, de sacrifice pour le bien commun, c'est-à-dire de la Nation, et démocratisation des décisions.

De 1962 jusqu'en 1968 333 (341)[1] U.C.P. ont été formées dans les cinq gouvernorats du Nord (Béjà, Jendouba, Le Kef, Bizerte et Nabeul) ayant en tout 356.176 ha (357.314 ha) et 21.781 (28.256) coopérateurs, c'est-à-dire une superficie de 1.070 ha et 65 coopérateurs par coopérative.

Méthode de recherche

Dans les pages suivantes on a récapitulé les résultats de deux études faites dans les années 1967 et 1968, c'est-à-dire

1. Planification et réalisation des plans dans les Unités Coopératives de Production du Nord de la Tunisie (V. Kobelt, Institut pour l'agriculture étrangère, Université Hohenheim),
2. Situation socio-économique au point de départ de la création des coopératives de production en Tunisie. L'exemple des Unités Coopératives de Production du Nord (A. A. Bodenstedt et T. H. Zeuner, Centre de Recherches de la Structure Agraire et des Coopératives Agricoles, Heidelberg).

Pendant les premières années de fondation (1962–1964) 147 U.C.P. ont été créées:

1962: 15
1963: 82
1964: 50

De chacune de ces années de fondation, 8 coopératives ont été choisies pour l'étude de planification, dans chaque région suivante 2 ont été choisies, plus exactement: en superficie la plus grande et la plus petite.

- Région 1: La haute vallée de la Medjerda
- Région 2: Les vallées Mellègue, Rmel, et Tessa
- Région 3: La plaine de Siliana
- Région 4: La plaine de Goubellat

Ainsi 24 coopératives ont été trouvées qui sont représentatives pour toutes les 147 en ce qui concerne la superficie, l'utilisation du sol, et nombre d'hectares par coopérateurs.

En plus de cela les coopératives choisies sont aussi représentatives pour les critères suivants:

- les six d'une région, pour toutes les U.C.P. de la région
- les huit d'une année de fondation, pour toutes les U.C.P. de l'année
- les cinq U.C.P. avec un périmètre irrigué prévu, pour toutes les U.C.P. qui sont créées entre 1962 et 1964 avec un périmètre irrigué.

1 Les chiffres officielles qu'on avait données aux chercheurs, étaient différentes.

Tableau 1. **Les 26 coopératives choisies**

No.	Région	Nom	Année de fondat.	Gouvernorat	Subd. spéciale	Superficie totale plan.
1	I	ES SAADA[b]	1962	Jendouba	Jendouba	400
2	I	EL AMAL[b]	1962	Jendouba	Bou Salem I	510
3	I	TOUIREF[a]	1963	Le Kef	Nebeur	396 (1627)
4	I	EN NOUMOU	1963	Jendouba	Bou Salem I	1421
5	I	EL OUAYE	1964	Jendouba	Jendouba	579
6	I	HEDI KHELIL	1964	Jendouba	Bou Salem II	1151
7	II	EL KADRA	1962	Le Kef	Le Sers	445
8	II	ET TAKADOUM	1962	Le Kef	Le Kef	1174
9	II	EN NAIMA	1963	Le Kef	Tadjerouine	285
10	II	EL ALIA	1963	Le Kef	Le Sers	997
11	II	EL MERDJA	1964	Le Kef	Nebeur	419
12	II	EL MZIRA	1964	Le Kef	Le Sers	1307
13	III	EN NOUHOUD	1962	Le Kef	Siliana	415
14	III	ES SAADA	1962	Le Kef	Siliana	326
15	III	EL HAYET	1963	Le Kef	Le Sers	1354
16	III	EL KARAMA	1963	Le Kef	Siliana	541
17	III	ENNCHEM[b]	1964	Le Kef	Le Sers	1087
18	III	BIR SABEG	1964	Le Kef	Siliana	560
19	IV	EL AZIMA	1962	Béjà	Medjez-el-Bab	788
20	IV	ER RAJAA	1962	Béjà	Medjez-el-Bab	1087
21	IV	EN NOUR	1963	Béjà	Bou Arada	2695
22	IV	ER RAOUDHA	1963	Béjà	Testour	605
23	IV	EL OUDIANE	1964	Béjà	Goubellat	458
24	IV	EL KHAROUBA[b]	1964	Béjà	Goubellat	1093
25	IV	ER RHIAD[c]	1964	Béjà	Medjez-el-Bab	
26	IV	ED DAKHLIA[c]	1964	Béjà	Testour	

[a] La coopérative TOUIREF fusionnait avec la coopérative IHYA en année d'exploitation 1966/67, entre paranthèses la superficie planifiée des deux exploitations.
[b] Coopératives traitées dans les deux études.
[c] Coopératives traitées seulement dans l'étude socio-économique.

Pour l'étude socio-économique on a pris 6 coopératives dont 4 du sondage mentionné ci-dessus et 2 créées plus récemment.

Le tableau 1 montre toutes les 26 coopératives choisies, leurs régions, le nom, l'année de fondation, le gouvernorat, la subdivision spéciale et la superficie totale prévue. Pour l'étude de sociologie rurale on a interrogé 150 coopérateurs anciennement exploitants indépendants. Ce qui donne pour ce groupe de coopérateurs un sondage moyen de 51⁰/₀.

Les problèmes d'ordre sociologique

Ce qui est unique et nouveau dans le modèle des U.C.P. tunisiennes est la façon d'ouvrir de petites exploitations du secteur traditionnel de l'agriculture à la modernisation en les incorporant aux grandes exploitations modernes et fortement mécanisées. Le résultat était des unités de production de grande superficie.

Le mot «secteur traditionnel de l'agriculture» doit être compris comme une notion fondamentale spécifique de la politique agraire tunisienne. Il s'oppose au «secteur moderne». Sous cette expression on comprend une forme de production agricole très précise née en Tunisie dans des conditions historiques très particulières; c'est-à-dire les grandes exploitations créées par les colons Français et Italiens, avec monoculture extensive de blé ou monoculture viticole et oléiculture.

Les agriculteurs qui sous le régime colonial, ne voulaient pas ou n'étaient pas aptes d'adopter ce système sont appelés traditionnels sans que ce terme ait une teneur précise. Dans le groupe appelé traditionnel il y a des agriculteurs et des agricultures très différents au point de vue régional et technique.

C'est seulement récemment que des géographes, des sociologues et des économistes ont essayé de définir le secteur traditionnel d'un point de vue économique et sociologique.

L'étude sociologique s'appuie sur ces travaux pour analyser la situation socio-économique de la population rurale comprise dans les U.C.P. ainsi que leurs conditions de motivation en face du mouvement national coopératif.

La structure de la propriété foncière

La connaissance de la situation foncière a une importance fondamentale pour l'analyse de la situation des paysans au temps pré-coopératif et de leurs attitudes envers la création de coopératives de production.

Il faut – dans une énumération de différentes idées sur le droit foncier et des modes de leur application dans un cas concrèt – distinguer trois périodes:

a) l'époque du droit traditionnel et islamique et ses idées prépondérantes.

Celles-ci émanent du concept de la «vivification» du sol; un concept qui est soumis à des interprétations bien différenciées. De terres cédées à l'usage privé d'après le concept de la vivification peuvent être converties en possession collective au moment que personne ne les exploite plus. Une autre complication de la situation foncière résulte du droit d'héritage islamique. Souvent les droits de propriété des héritiers sur leur part de sol sont reconnus seulement d'une manière juridique. En réalité les terres divisées sont exploitées en commun et à l'indivis par un ou plusieurs membres du groupe des héritiers (ce qu'on appelle indivision familiale). Finalement il faut considérer le fait que la plupart des transactions de biens propres est effectuée sans documents écrits. On comprend que les immigrants européens trouvaient cette situation très déconcertante et en même temps savaient en tirer leur profit par l'introduction du droit privé de provenance européenne.

b) l'introduction du droit foncier européen/colonial.

Ainsi débute un procès d'individualiser et d'enrégistrer la propriété foncière qui est une des conditions essentielles pour le développement du secteur «moderne» de l'agriculture tunisienne. Ce procès fit tort aux propriétaires de parcelles qui ne pouvaient pas présenter de titre de possession écrit. Par conséquence les ventes de terres paysannes aux colons étrangers augmentaient sans cesse, et toujours plus de bonnes parcelles furent acquises par les colons. L'agriculture des fellahs fut poussée aux flancs des collines sur les terres pierreuses et sans valeur. Cependant ces terres-là ne furent pas enrégistrées d'une façon écrite.

c) la réforme post-coloniale de la structure foncière.

Deux conceptions sur la propriété foncière coexistaient: la privée et la collective. Il en résultait après 1956 la notion juridique de la fonction sociale de la propriété foncière. D'un côté l'état propageait la protection de la propriété privée en poussant les enrégistrements; de l'autre côté il développait – surtout dans la phase de la planification intensive à partir de 1961 – la formule coopérative. C'est un programme volumineux résumant la situation alors: La grande propriété doit être maintenue pour des raisons économiques; les propriétés moyennes et petites doivent être collectivées ou juste laissées de côté.

L'utilisation du sol

Le système précolonial de l'utilisation du sol au Nord de la Tunisie se basait d'abord sur le sémi-nomadisme, plus tard sur la transhumance avec exploitation non-irriguée (monoculture du blé, pâturages naturels et peu de cultures maraîchères). Dès l'immigration des colons les grandes exploitations se repandirent énormement. Le résultat en fut que les pâturages devenaient rares et les terres d'altitude plus élevée furent dégradées. Les fellahs s'appauvrirent de plus en plus et la densité de la population dans la région du Nord devient très faible.

En même temps on constate un changement dans l'agriculture des fellahs par l'imitation des méthodes des colons: monoculture du blé comme dans les grandes exploitations, jachère morte ou jachère labourée, relativement peu de journées de travail et par conséquence quête de sources de revenus en dehors de l'agriculture. Ce revirement dans d'activités non-agricoles fut possible à cause de la grande mobilité des terres en location: Cet accroissement permanent des terres en location était accéléré par le manque de pâturages pour des animaux de trait. En 1962 dans les gouvernorats de Béjà, Jendouba, Le Kef, les surfaces en location comportaient 30% des terres en cultivation. Ainsi, beaucoup de petits fellahs donnaient une partie de leurs propriétés en exploitation mécanisée, ce qui peut être considéré comme un avantage car ils étaient intéressés et enclins à user eux-mêmes de machines soit en location soit en coopérative de service ou même en possession propre.

Cet empiétement de l'exploitation moderne sur l'exploitation traditionnelle était pourtant limité aux terrains favorisés des plaines.

Structure sociale

L'unité sociale qui perçoit tous les revenus provenant du travail agricole, du bien propre ou d'autres recettes est la famille. Le groupe familial est comparable dans sa structure, à un cône ou à une pyramide. L'unité de la famille est soulignée par la communauté d'habitation et parfois aussi des unités foncières lui sont coordonnées.

A la base des relations familiales est l'idée de l'unité des intérêts économiques. Ces intérêts sont couverts par les biens propres familiaux et les revenus des membres de la famille. Le gouvernement tunisien a pris des mesures qui attaque ce collectivisme, plus exactement: cet individualisme familial. La balance des revenus dans le groupe familial est nécessaire pour couvrir les besoins communs essentiels des familles rurales. C'est pourquoi assez souvent elles n'ont pas besoin de culture de subsistance. Or, le procès de dissolution des unités familiales continue et le système est de moins en moins capable d'accomplir ses fonctions.

Il y a des familles nucléaires et même des groupes familiaux qui possèdent si peu de terres (propriétés minuscules) que même les sources de revenus non-agricoles ne suffisent plus à garantir le minimum vital.

La petite propriété foncière (5–20 ha) au contraire peut déjà garantir la base des revenus familiaux par son exploitation quoique cette base soit très réduite et douteuse.

Parfois les propriétaires peuvent déjà donner des parcelles en location, par contre il y en a aussi qui arrondissent leur unité d'exploitation à l'aide de terrains loués. La moyenne propriété (20–100 ha) a tendance à prendre en fermage des parcelles provenant de propriétés plus petites. De cette façon ils dépassent le seuil d'un revenu suffisant par l'exploitation agricole. C'est à ce niveau que la mécanisation devient nécessaire et le propriétaire peut se faire remplacer par un gérant, mener une vie urbaine et gagner sa vie en ville.

La grande propriété (plus de 100 ha) est toujours suffisante pour garantir les revenus familiaux. Elle aussi a tendance à s'agrandir par la location de parcelles. Un attribut de la grande propriété est le fermage en bloc, le propriétaire ne vivant que des revenus de location. Le fermier à l'occasion peut même prendre en location plusieurs grandes exploitations.

Catégorisation des familles agricoles

Il est indiqué par nos études sur les sociétés coopératives et par d'autres auteurs aussi, que la plus grande partie du groupe statistique des «familles qui tirent tous ou la plupart de leurs revenus des activités agricoles indépendantes» se compose des familles sans garantie de revenus et d'un minimum vital. La propriété foncière minimale qui garantit un revenu suffisant est de 20 ha.

Un deuxième groupe comprend les familles qui possèdent assez de terres pour en louer une partie et cultiver le reste. La situation de ce groupe est beaucoup plus stable que celle du premier. On y trouve des familles mieux situées avec des exploitations de taille moyenne.

Dans le troisième groupe se trouvent des familles qui, en vue des récoltes oscillantes, stabilisent leurs revenus familiaux par des activités non-agricoles. Dans ce groupe aussi prévalent les exploitations de 0–20 ha. L'échelle de revenus familiaux assurés tombe du salaire fixe aux revenus libres et finalement aux salaires d'occasion et recettes de métayage.

Enfin on trouve un quatrième groupe qui gagne sa vie des revenus de locations et des activités non-agricoles. Il y a même de propriétaires de parcelles petites ou minuscules qui préfèrent les donner en métayage pour de dédier à une autre activité.

Dans le gouvernorat de Béjà plus de 65% de tous les exploiteurs font partie des deux premiers groupes (vivant d'exploitation directe) et 40% environ dans le gouvernorat de Jendouba. Le troisième groupe compte environ 32% des exploiteurs à Béjà et 40% à Jendouba.

Les réponses des coopérateurs

30% environ des interviewés prétendaient avoir cultivé eux-mêmes la parcelle apportée à la coopérative. La moitié parlait de l'exploitation directe de toute la propriété familiale par un ou plusieurs membres de la famille.

L'énoncé de leurs réponses sur la capacité de travail agricole dans les exploitations indique qu'il y avait seulement 41% des interviewés qui pouvaient couvrir les besoins familiaux par l'exploitation de leurs parcelles, 59% par contre passaient moins que la moitié de leur temps de travail dans l'exploitation directe. En outre on constate que la mise en œuvre de la capacité de travail était considérablement plus élevée sur les surfaces exploitées en indivision.

Quand même il est douteux que ces exploitations arrivaient à pourvoir à la subsistance de leurs familles. Dans les exploitations quils prenaient en location, la relation entre travail extérieur et travail intérieur est encore renforcée au profit du travail intérieur.

La concentration de la capacité de travail dans l'exploitation directe est d'autant plus grande que le nombre des hommes gagnant leur vie est plus faible; et vice-versa: plus le nombre des hommes gagnant leur vie est haut plus le travail non-agricole est fréquent.

Si l'on emploie les caractéristiques des quatre groupes élaborés plus haut à propos du sondage fait dans les coopératives on trouve les statistiques suivantes:

1. exploitation directe par le coopérateur ou à l'indivis (une part des parcelles donnée ou prise en location), la mise en œuvre de capacité de travail des hommes prévalant dans l'exploitation: 57%.
2. exploitation directe, une grande partie des parcelles donnée en location, la mise en œuvre de capacité de travail dans l'exploitation étant plus faible: 1%.
3. exploitation directe comme au 1. mais la mise en œuvre de la capacité de travail étant plus faible; les revenus provenants des activités non-agricoles prévalants: 37%.
4. exploitation indirecte, c'est-à-dire revenus de location et activités autres que l'exploitation directe: 5%.

La distribution de ces pourcentages est similaire à celle dans la population rurale. Mais parmi les coopératives on trouve des différences de structure foncière et d'exploitation. Ces différences ont une importance pour l'analyse des attitudes des coopérateurs.

La taille moyenne de la propriété familiale est plus grande à El Amal et Ennchem que dans les autres coopératives. A Ennchem la concentration des exploitations moyennes est très évidente.

A Ennchem, Dakhlia et Kharouba il y a beaucoup plus de coopérateurs qu'à Saada et Amal, qui étaient ayantdroits de leur apport. Cela veut dire qu'à Saada et à Amal les coopérateurs ont essayé de retenir plus de parcelles pour l'exploitation privée ou qu'on pratiquait l'exploitation à l'indivis plus fortement que dans les quatre autres coopératives où la division des terres était déjà plus avancée.

Dakhlia a eu le pourcentage le plus élevé des terres données en location au temps pré-coopératif; ce pourcentage a été assez haut à Saada et Amal et presque null à Kharouba, Rhiad et Ennchem. Quant au nombre d'exploitations où la capacité de travail était mise en œuvre seulement dans les propres cultures, il est le plus élevé à Ennchem.

A Ennchem comme à Rhiad il n'y avait pas d'exploitation où les activités non-agricoles des hommes étaient déjà prépondérantes. Ennchem, Rhiad et Kharouba ne se composaient que de petites exploitations familiales tandis qu'à Saada, Amal et Dakhlia les familles étaient plus nombreuses. C'est pourquoi à Ennchem il y avait presque la moitié des exploitations avec seulement un homme gagnant la vie. Dans les autres coopératives ce pourcentage est 30 à 40%.

On peut en déduire qu'à Ennchem et Kharouba plus que 90% des exploitations étaient capables d'approvisionner leurs propriétaires suffisamment, dans les autres coopératives seulement 20 à 40%. Le pourcentage le plus bas est toujours dans les U.C.P. de Dakhlia et Saada.

En résumé on constate que dans les régions d'Ennchem la structure paysanne était très prononcée: la propriété foncière familiale très grande, les familles plus nombreuses, peu d'invision, pas de location, capacité de travail absorbée par l'exploitation directe. Dans la catégorie des exploiteurs «qui tirent tous ou la plupart de leurs revenus de l'exploitation agricole» on trouve 71% des familles.

La structure des régions de Rhiad et de Kharouba était assez semblable, mais la base foncière était déjà diminuée à cause de la division des terres. Seulement 43% et 59% des exploiteurs étaient capables d'approvisionner leurs familles suffisamment. L'émigration et revenus supplémentaires y étaient assez importants.

A Saada et Amal, par contre, la diversité des tailles d'exploitations était plus prononcée, l'indivision prévalait et la densité des hommes par parcelle était assez haute. Par conséquence beaucoup d'exploitations de petite taille ne donnaient pas assez de recettes, et des revenus supplémentaires étaient indispensables. On s'étonne du haut degré de mécanisation dans ces régions, qui était favorable au procès d'émigration de la capacité de travail dans d'autres activités, mais de l'autre côté la mécanisation ne suffisait pas pour rendre les exploitations économiques.

Motivation et attitudes envers l'U.C.P.

Une grande partie des petits exploiteurs tunisiens ne savaient pas garantir le minimum vital de leur famille. Ils cherchaient d'autres sources de revenus ou essayaient d'améliorer l'économie de leur exploitation par la cultivation à l'indivis. Cette situation donnait naissance à une ambivalence de leurs motivations. Il y a des éléments compatibles: l'idée de fixer les besoins familiaux au niveau de subsistance, l'estime de la balance des revenus et de l'assurance sociale dans la famille ainsi que l'obéissance à l'autorité paternel. Mais ces principes sont en contradiction avec le besoin réel de progrès et de profit individuel.

Cette ambivalence peut être considérée comme la base d'une méfiance mutuelle. En résumé: n'importe quel moyen est employé pour couvrir les besoins familiaux, on évite les difficultés ou on s'en accomode.

Les éléments de motivation prépondérants sont:

1. On tient les droits fonciers en haute estime comme étant une garantie de revenus, mais pas dans le sens d'une relation émotionnelle à la glèbe.
2. Les paysans tunisiens estiment la possession de bétail qui est toujours propriété individuelle et une source essentielle de profit.
3. Le système prévalant de la monoculture du blé amène une façon de vivre qui est au fond peu paysanne (travail et chômage saisonnier).
4. Le travail est considéré comme un moyen d'exploitation des possibilités données pour garantir les revenus, mais pas comme un moyen de création de nouvelles possibilités pour augmenter les revenus. C'est pourquoi un salaire fixe ou des revenus de locations sont toujours préférés.
5. Ces caractéristiques se réunissent dans ce que le Président Bourguiba a qualifié comme «l'individualisme méditerranéen extrème et défavorable au développement».
6. Les formes traditionnelles de location ont contribué à sceller les relations typiques entre père et fils, patron et client.
7. En principe les fellahs ne refusent pas la modernisation et la mécanisation.
8. De même ils ne refusent pas en principe l'éducation et l'hygiène qui sont des changements modernes de leur façon de vivre, mais ils comparent assez sévèrement les avantages et les inconvénients.
9. L'assistance mutuelle est un fait social là où elle est exigée par la situation des groupes fixés au sol. Mais au Nord de la Tunisie elle était plutôt exceptionnelle. Le plan du gouvernement pour la création de sociétés coopératives de production était donc reçu avec un intérêt nuancé portant d'un consentement plein d'espoir jusqu'au refus méfiant. Le changement proposé était attractif pour ceux qui ne savaient pas gagner leur vie dans l'agriculture. Les exploiteurs de 40 ha, et plus par contre ne voyaient aucun avantage dans la coopérative. Pour le groupe du milieu, c'est-à-dire ceux qui avaient juste assez pour vivre (taille moyenne d'exploitation ou assez de revenus non-agricoles) leur attitude était déterminée par les «risques sociaux».

Le membre de la famille qui devenait coopérateur a maintenant à partager sa recette fixe et plus élevée avec le groupe familial. De l'autre côté il a moins d'influence sur les opérations d'exploitation, les décisions de production et le partage des profits que dans la famille.

Tableau 2. **Réponses des coopérateurs sur leur entrée dans la coopérative**

	consentement %	refus %	total %
1 Consentement manifeste	*15,3*		*15,3*
2 Consentement tacite et	*35,4*		
3 réponses neutres		*33,3*	*68,7* (2+3)
4 Refus catégorique		*16,0*	*16,0*
Total	*50,7* (1+2)	*49,3* (3+4)	*100,0*

Sources: Réponses aux questionnaires.

Le consentement (direct et indirect) se trouve plus souvent chez les petits exploitants. Les propriétaires de 10 ha et plus donnaient pour la plupart des réponses négatives ou neutres. Le nombre des consentements décroit et celui des refus accroit à mesure que l'âge. Les réponses affirmatives sont le plus souvent celles des moins de 30 ans (39% des réponses positives). La plupart des rétissants se trouve dans le groupe de 31 à 45 ans. Il s'en suit que le degré de résistance psychologique contre les coopératives de production n'est pas seulement un corrélatif de l'âge avec son manque de flexibilité et son attitude conservatrice de petit paysan. Il y a plutôt des motivations qui émanent des éléments de réflexion socio-économiques, ce qui se montre dans la répartition des réponses par U.C.P. Ennchem possède le plus haut pourcentage de refus catégoriques avec une répartition moyenne des réponses affirmatives et négatives. De même Rhiad, où on constate en même temps le plus haut degré de consentement. Peu d'affirmation et beaucoup de réponses neutres sont à observer à Saada et Amal, tandis que Kharouba et Dakhlia ont le plus haut degré de réponses positives.

La supposition est donc confirmée que la résistance contre les U.C.P. est plus visible dans la région paysanne d'Ennchem. La différenciation des exploitations de petite et moyenne taille est plus remarquable à Rhiad et on y trouve une distribution correspondante des réponses affirmatives et négatives. Dans les régions défavorisées de Kharouba et Dakhlia le haut pourcentage de consentements s'explique par l'espoir d'avoir des revenus familiaux garantis dans l'U.C.P.

Il semble qu'à Saada et Amal la pression extérieure pour l'entrée dans la coopérative était particulièrement forte. Car en parlant de la structure économique, on trouvait dans cette région tout un nombre d'exploitations profitables à côté des familles qui avaient besoin de recettes non-agricoles.

En plus l'attitude des fellahs était influencée par le déménagement pour les villages centraux coopératifs propagés par le gouvernement. On considère cela comme un moyen de rééducation en vue d'obtenir la mentalité coopérative.

47% des interviewés vivaient dans un village coopératif, 50% dans un douar et 3% dans un autre village. Parmi les habitants des villages coopératifs 49% désiraient déménager, deux tiers au douar; tandis que seulement 23% des habitants de douar préféraient changer de place, 59% de ceux-ci aspiraient vivre dans un village coopératif. Les motifs pour changer aussi bien que pour rester sont d'abord le prestige d'une maison coopérative, l'éloignement de la famille et de la place de travail ainsi que les frais de vie en relation au type d'habitation. Il est évident que ces coûtumes de vie au douar ont une influence sur la façon de penser des vieux et des jeunes qui est plus forte que celle des idéologies politiques et coopératives.

Finalement, la motivation pour ou contre l'entrée dans la coopérative dépend de la situation de travail. Le nombre de coopérateurs est trop élevé, ainsi qu'en général les membres doivent donc s'attendre à un chômage de six mois par an. Un coopérateur qui ne se présente pas au début du travail quotidien, n'a pas le droit de travailler ce jour-là. Ce chômage structurel a souvent un effet négatif sur la qualité du travail. La plupart des U.C.P. sont déficitaires, donc incapables de distribuer des profits en relation à l'apport foncier. C'est-à-dire que cet apport n'entre pas en ligne de compte mais seulement le travail. Le système des U.C.P. n'est donc pas à considérer comme une réforme agraire mais comme une réforme partielle seulement, qui touche le système de travail.

Résultats de l'étude socio-économique

Le but des U.C.P. du Nord était un changement fondamental de la structure agricole. Une réforme foncière n'a pas été envisagée et donc non plus réalisée. Mais à l'heure actuelle elle joue le rôle d'alternative en face du modèle coopératif. Or, une réforme du système d'utilisation du sol se prépare. En effet les U.C.P. ne pouvaient pas remplir l'espoir de substituer la monoculture du blé – qui donnait tant de profits – à un assolement plus favorable à la fécondité du sol. Cette tâche qui necessite l'adoption d'autres innovations économiques, aurait du être rempli par un groupe social coopératif seulement si on la regarde comme une organisation gouvernementale de petits paysans – elle ne peut pas être rempli, si on regarde la coopérative comme une institution d'entr'aide pour l'augmentation et l'amélioration de production.

L'organisation rigide des coopératives, associée à un salaire minimale mais fixe était avantageuse pour le grand nombre d'existences marginales rurales: ils étaient établis dans le système de gouvernement et partie unitaire sans être aliénées à la façon de vivre rurale. En plus, l'organisation coopérative se montre apte à dissimuler les directives et les buts centraux. Voilà les raisons qui font regarder les coopératives comme soutien de la politique gouvernementale.

Mais il est impossible de séparer dans une société coopérative les mesures organisatrices et sociales, plutôt toutes ces mesures dépendent dans l'ensemble des directives opérationelles de l'exploitation. Sous cette perspective on remarque bien le désavantage du manque de moniteurs agricoles capables et influents. On constate toujours que les autorités n'avaient pas compris la relation entre l'intérêt des paysans et les capacités de leurs moniteurs.

En outre, on peut observer une faute structurelle: la politique de développement était bien differenciée au point de vue des régions, mais pas de celui des groupes socio-économiques: Quand la situation économique du groupe familial satisfait l'approvisionnement intégrale de tous ses membres, pour les paysans il n'y avait pas d'avantage à l'U.C.P. Au contraire, la double obligation envers la famille et l'U.C.P. leur donnait moins de liberté qu'avant.

Pour l'économie des U.C.P. le groupe des paysans rétissants était plus importante que les jeunes et les micro-fellahs à la marge de l'agriculture, qui avaient plus d'espoir pour un salaire fixe que dans le développement économique de la coopérative. En augmentant le nombre de coopérateurs par des chômeurs on a encore réduit la chance d'intégrer des paysans expériencés dans la direction des U.C.P. Ces derniers étaient les seuls qui auraient eu un intérêt «egoiste» pour l'amélioration de la production agricole.

L'attitude des coopérateurs envers les villages coopératifs montre, que la mentalité paysanne était déterminée par d'autres éléments de penser que ceux prévus par l'état. Il est évident que les coopératives ne sont pas un *moyen* d'éducation, s'il n'y a pas une mentalité coopérative. Ce qu'on croyait être un instrument, se révèlait un empêchement.

Si les conditions pour une coopération effective manquent, on ne peut pas les remplacer par une idéologie – même pas dans le modèle tunisien de coopératives de production.

La réalisation des plans

Pour la détermination de la réalisation des plans les chiffres des préplans ont été pris et confrontés avec la réalité. Les valeurs réelles sont des renseignements du Sous-Secrétariat d'Etat à l'Agriculture Tunisien, et des coopératives même pour la période depuis leurs fondations jusqu'en 1967.

Les chiffres prévus ont été pris comme cent p.c., et les chiffres réels on été exprimé en p.c. de la planification. Chaque coopérative a été comptée équivalente à l'autre.

Tableau 3. **La réalisation des plans d'équipment avec les facteurs de production**

	réalisation en p. c.
Superficie totale	*149*
Oliviers (plantations)	*96*
Tracteurs	*98*
Moissonneuses batteuses	*104*
Ovins	*113*
Bovins	*107*
Nombre de coopérateurs par 100 ha S.A.U.	*90*

Cette méthode a été appliquée pour les différents critères et pour toutes les 24 coopératives, les 6 d'une région, et les 8 d'une année de création.

Au total le plan est exécuté. On a accepté moins de coopérateurs qu'en comparaison des autres chiffres de plans.

En effet on constate de grands écarts dans des cas isolés. C'est une indication au sujet de réaliser la planification trop schématiquement.

Tableau 4. **La réalisation des plans des dépenses, moyenne des 24 coopératives**

	réalisation en p. c.
Total des dépenses par ha S.A.U.	*92*
Salaires par ha S.A.U.	*86*
Dépenses sans salaires/ha S.A.U.	*96*
Achats d'engrais et traitements par ha S.A.U.	*73*

Comme pour les facteurs de production on ne constate que de petits écarts du plan. Mais la structure des dépenses est différente du plan. Les salaires et les achats d'engrais et des produits de traitement s'écartent plus du plan. Il est évident qu'on travaille plus avec des machines que prévu dans les plans.

Ici aussi, dans les cas isolés, il y a de grands écarts en comparaison avec la moyenne. Au niveau régional on constate que dans des régions qui disposent des conditions favorables (les régions 1 et 4) on a sous-estimé les dépenses; en cas de conditions défavorables, c'est-à-dire de culture plus expensive, les dépenses ont été sur-estimées.

La réalisation du plan des rendements par hectare

Le tableau 5 nous instruit de la réalisation des rendements des cultures les plus importantes. Ici on tient compte des rendements jusqu'en 1968.

Tableau 5. **La réalisation du plan des rendements par hectare, moyenne des 24 coopératives**

culture	réalisation en p. c.	rendement en chiffre réel en qt. par ha
Blé dur	*65*	9,1
Blé tendre	*67*	8,0
Orge	*66*	8,3
Fêves	*37*	3,4

Les céréales ne suffisent le plan que de deux tiers, les fêves de 37 p.c. On n'a pas réussi à augmenter les rendements au niveau prévu avec de grands investissements. En cas isolé on trouve de grands écarts sur la moyenne.

Régionalement on constate la tendance de la planification, d'avoir de différents rendements dans des régions. Mais l'inégalité est plus grande que prévue.

La culture des fêves remplace la jachère. En ce cas on n'a eu que des expériences peu importantes. Evidemment les gros écarts ont deux raisons:

- la planification était basée sur les rendements des stations d'expérimentation sans tenir compte des écarts entre l'expérience et la pratique,
- les coopératives ne connaissent pas à fond les besoins de cette culture «nouvelle».

Le tableau 6 montre la dimension de la différence entre la planification et la réalité. Ici les rendements des différentes systèmes agricoles sont opposés.

Tableau 6. **Les rendements régionaux de céréales sous des systèmes agricoles différents en qt. par hectare**

	ancienne exploitations des colons	petits agriculteurs	moyenne	U.C.P. planifié	réalisé
Blé dur					
Région I	12,3	5	7,8	16,0	11,0
Région II	9,1	4	5,6	13,8	8,3
Région III	13,2	4	9,1	13,1	9,2
Région IV	7,9	3	4,4	13,1	8,1
Blé tendre					
Région I	12,9	6	8,2	13,7	9,8
Région II	6,2	4	4,6	12,5	7,5
Région III	14,9	4	10,0	11,8	7,7
Région IV	6,8	4	4,7	11,0	7,2
Orge					
Région I	13,1	5	8,4	14,5	8,2
Région II	9,4	3	4,6	13,2	9,2
Région III	15,0	3	10,4	11,0	8,4
Région IV	5,0	3	4,1	12,8	7,4

On voit que les coopératives ne sont guère capables d'arriver au niveau des rendements des anciennes exploitations des colons.

La réalisation des ventes, de la productivité du sol, et de la productivité du travail

Dans la moyenne des 24 coopératives la totalité des ventes réalisent le plan en 64 p.c. C'est la même réalisation que pour les rendements par hectare. Ainsi, on peut conclure que les superficies prévues ont été ensemeceées. En cas isolé la réalisation du plan varie entre 24 p.c. et 110 p.c.

Si les variations des stocks et des travaux faits par les coopératives ellesmême sont prises en considération, la réalisation du plan est de 76 p.c., par coopérateur elle arrive à 89 p.c., 90 p.c. des coopérateurs acquièrent 76 p.c. du produit brut prévu. Par coopérateur, c'est-à-dire pour la rentabilité du travail, le résultat est meilleur. En comparaison des régions, on trouve que la région avec la pluviosité la plus basse (la région 3) a mieux réalisé le plan.

La réalisation des bénéfices

Avec un accomplissement des plans des facteurs de production, et des dépenses, et une réalisation de 64 p.c. des ventes, les bénéfices ne peuvent pas atteindre le plan (voir tableau 7).

Seulement 25 p.c. des bénéfices prévus sont arrivés. Il est remarquable que ces coopératives pour qui on a prévu des pertes arrivent à un bénéfice pendant le temps d'observation.

Entre les régions il y a de grandes différences. Dans les régions 1, 2, et 4, la réalisation varie de 10 p.c. à 22 p.c. Dans la région 3 on trouve un bénéfice qui représente 92 p.c. du plan.

Tableau 7. **Bénéfices et pertes des 24 coopératives en Dinars**

No.	Bénéfice prévu	Bénéfice réalisé	No.	Bénéfice prévu	Bénéfice réalisé
1	+17.881	— 6.694	13	+ 1.201	+11.845
2	+20.062	— 982	14	—22.040	+ 3.214
3	+ 7.212	—13.541	15	+ 8.190	+11.165
4	+30.672	+ 517	16	+ 6.800	— 6.946
5	+ 160	— 8.933	17	+ 1.970	+13.023
6	+49.646	+42.882	18	— 830	+ 6.305
7	+ 9.737	—14.796	19	+34.213	+12.995
8	—12.434	+21.662	20	+12.634	+22.557
9	+ 7.721	— 7.769	21	—18.957	+ 4.776
10	+ 4.389	+ 6.059	22	+94.220	—17.356
11	+ 6.274	+ 7.853	23	+ 5.040	— 4.128
12	+14.250	— 6.560	24	+ 9.395	— 5.311

Total des bénéfices et pertes	Bénéfice prévu	Bénéfice réalisé
des 24 coopératives	+287.406	+71.837
de la région 1	+125.633	+13.249
de la région 2	+ 29.937	+ 6.449
de la région 3	— 4.709	+38.606
de la région 4	+136.545	+13.533
de l'année 1962	+ 61.254	+49.801
de l'année 1963	+140.247	—23.095
de l'année 1964	+ 85.905	+45.131

Rentabilité par hectare

La bénéfit-cost-ratio est un rassemblement de différents critères de la réalisation des plans. Le produit brut par ha S.A.U. est divisé par des dépenses totales par ha S.A.U. En total pour les 24 coopératives on trouve une réalisation du plan de 85 p.c.

De cet écart de 15 p.c. résulte une réalisation des bénéfices de 25 p.c. Ici aussi, on trouve de grandes différences dans les cas isolés. La réalisation varie entre 46 et 140 p.c.

La réalisation des revenus des coopérateurs

En moyenne on a prévu un revenu de 103 Dinars par an et par coopérateur. En réalité ce sont 77 Dinars. Pour les détails voir le tableau 8.

Tableau 8. **Les revenus des coopérateurs par coopérateur des exploitations coopératives**

	revenus en Dinars		réalisation du plan
	plan	réalité	en p. c.[a]
moyenne des 24 coopératives	103,4	76,7	*76,2*
déviation standardisée	25,4	28,1	*27,8*
valeur minimale	45,1	34,0	*35,8*
valeur maximale	159,4	144,4	*149,3*
∅ de la région 1	110,4	76,7	*70,2*
∅ de la région 2	100,0	76,8	*77,5*
∅ de la région 3	88,9	67,3	*81,8*
∅ de la région 4	114,2	86,1	*75,5*
∅ de l'année de création 1962	106,3	97,5	*95,8*
∅ de l'année de création 1963	100,5	68,1	*69,3*
∅ de l'année de création 1964	103,4	64,5	*63,6*

[a] Calcul des cas isolés.

Quoiqu'il y ait moins de coopérateurs que prévu, on arrive à une réalisation du plan de 76 p.c. seulement. La réalisation des plans en comparaison des trois années de création.

Une comparaison des trois années montre que les coopératives de la première année (1962) sont les meilleures. Les coopératives de la deuxième année (1963) sont les pires.

La réalisation devient pire plus il y a de coopératives créées par année. Apparemment les raisons sont:

- avec une augmentation des créations le manque de personnel formé se met en évidence,
- moins de coopératives sont créées par an, mieux est l'exactitude du choix des superficies et des coopérateurs.

La réalisation des plans en comparaison des quatre régions

Les différences dans la réalisation des plans en comparaison des quatre régions, montrent que les dépenses sont plus hautes que prévues là où on a prévu une exploitation intensive. Là, où on a prévu une exploitation extensive, les dépenses sont moindres que prévues.

Principalement la bénéfit-cost-ratio montre cette tendance:

région 1, intensive: 66% du plan
région 2, extensive: 88% du plan
région 3, extensive: 112% du plan
région 4, intensive: 76% du plan.

Dans la planification il y a différents rendements prévus pour les quatre régions, c'est-à-dire elle tient compte des différences naturelles. Il est évident que ces différences ne sont pas estimées correctement.

La réalisation des cultures irriguées

Entre les 24 coopératives il y a cinq avec un périmètre irrigué prévu. Une comparaison de ces cinq avec les 19 autres montre qu'en dehors de l'élevage, les cinq sont sous-équipées avec des facteurs de production.

La réalisation des dépenses est malgré cela meilleure que dans les 19 autres. Cela vient d'une réalisation des salaires surproportionnelle de 115 p.c., malgré l'équipement avec de coopérateurs atteint 68 p.c. du plan seulement.

Les ventes dans les périmètres irrigués (ventes des produits maraîchers) n'arrivent qu'à 22 p.c. des chiffres prévus.

Un surhaussement des dépenses et de basses ventes sont les raisons pour une mauvaise réalisation des plans des recettes des cinq coopératives comparé avec les autres.

Récapitulation des résultats obtenus de la comparaison entre la planification et la réalisation des plans des 24 coopératives étudiées

- L'équipement des exploitations avec le cheptel vif, et le cheptel mort correspondent aux plans.
- En moyenne les exploitations ne disposent que d'environ 90 p.c. des coopérateurs prévus par unité de la superficie, tandis que les exploitations prévues intensives du travail ne suffisent le plan qu'avec 68 p.c.
- Les dépenses totales correspondent à peu près à la planification.
- Dans la structure des dépenses une tendance d'intensité de capital augmentée est remarquable; cela est exacte seulement dans les régions extensives en Tunisie du Nord, des exploitations avec un périmètre irrigué tendent à une intensité de travail en comparaison avec des plans.
- La mise d'engrais et des produits de traitements arrive à peu près à trois quarts du volume prévu. Dans des exploitations intensives la mise est un peu plus haute que dans des coopératives extensives.
- Les rendements par hectare des cultures céréales arrivent en moyenne à 65 p.c. du plan.
- La réalisation est pire dans les cultures de travail intensif que pour les céréales (fêves: 37%, ventes des produits maraichers des périmètres irrigués: 22%).
- Les ventes totales n'arrivent qu'à 64 p.c. des plans.
- Les produits bruts par hectare restent à 76 p.c. des chiffres prévus (productivité du sol).
- La productivité de travail (produit brut par coopérateur) est située auprès de 89 p.c. du plan. C'est arrivé parce que le nombre de coopérateurs est baissé et quelques fois le temps de travail est augmenté en comparaison avec la planification (effet sur les salaires), c'est-à-dire la productivité de travail par unité de temps est baissée là, où la planification prévoit une intensité de travail augmentée.
- De la combinaison de ces réalisations partielles résulte la réalisation de la bénéfit-cost-ratio avec 85 p.c. (en chiffre réel: 0,95). Cet écart de la planification est la raison pour la réalisation de 25 p.c. des bénéfices prévus.
- La mauvaise rentabilité est la raison du grand endettement des exploitations, et des maigres revenus des coopérateurs. Pendant que le plan a prévu un revenu annuel d'environ 100 Dinars pour les premières années, tout juste 77 Dinars furent payés.
- L'administration tunisienne ne peut se charger suffisamment que d'un nombre limité des nouvelles créations d'exploitations. Plus il y a d'exploitations créés pendant une année, moins les plans sont réalisés.

Analyse de la planification et la réalisation des plans des Unités Coopératives de Production du Nord

Le Système de la planification agricole tunisienne touche toute l'agriculture. Presque toute la production agricole est rendue dépendante des conclusions de la planification. Ce système n'aligne pas des projets, mais on a essayé de lier des projets agricoles à un cadre régional et national.

Il était possible avec cette planification de créer jusqu'en mai 1968, seulement dans les cinq gouvernorats du Nord de la Tunisie, 333 coopératives de production et 236 coopératives.

Certaines grandes plaines qui étaient exploitées par de petits agriculteurs avant, étaient intégrées dans les coopératives.

De cela leurs niveaux de rendements sont augmentés, le but prévu n'était pas attaint sans doute. Au contraire on trouvait des écarts plus ou moins grands pour tous les critères examinés. Il se pose la question, qu'elles en sont les raisons?

La planification tunisienne était trop statique. On a calculé avec une pluviométrie moyenne. On n'a pas fait attention aux grandes différences d'un an à l'autre de la pluviométrie, et à cause de cela des rendements. C'est pour cette raison que beaucoup de coopératives ont des difficultés de liquidité qui ne peuvent pas être surmontées de leurs propres forces.

La planification désire avoir saisie chaque cas isolé. Les dispersions des résultats de la réalisation des plans indiquent le contraire. En particulier l'économie de travail est problématique, parce qu'elle était planifiée trop schématiquement.

La planification a cru, que plus de coopérateurs sont employés par hectare S.A.U. plus le bénéfice par hectare S.A.U. augmente. Une comparaison avec la réalité montre que cette relation n'était pas donnée. Plus une exploitation doit être intensive, plus grands sont les écarts du plan. C'est-à-dire: plus il y a de mains-d'œuvre employées par hectare S.A.U. moins il y a de bénéfice. C'est une signe que l'efficience de travail est particulièrement petite là, où dans la planification l'efficience est calculée exceptionellement haute.

Dans ce système de la planification tunisienne presque toutes les décisions sont prises centralement. Beaucoup de fonctionnaires se bornaient à suivre les instructions de Tunis. Le résultat était un retard de beaucoup d'activités, et des pertes évitables. La planification a essayée de remplacer le chef d'exploitation, dans cette tâche elle a mal réussie.

Il s'ajoute la décision d'organiser chaque activité agricole en coopératives.

Les avantages d'une grande exploitation coopérative sont bien connus:

- mise optimale de capital,
- bonne utilisation des différentes qualités du sol,

- utilisation meilleure de facteurs de production,
- implantation facile de nouvelles techniques,
- renforcement d'offre de l'agriculture,
- distribution équitable des revenus,
- plus grande sécurité sociale par individu.

Mais il y a dans cette forme de coopérative aussi des désavantages évidents. Il était prévu que les coopérateurs doivent recevoir des intérêts de coopératives, ce qui n'est pas le cas. Il y a deux raisons:

- Presque toutes les exploitations n'ont pas eu un capital circulant suffisamment. On a voulu obtenir des prêts de campagne à court terme. En plus, on a eu besoin de grands crédits pour des plantations d'oliviers. Pour les coopérateurs il ne reste plus de bénéfices distribuables. Le coopérateur qui veut augmenter son revenu, cherche à travailler autant de jours que possible, pour augmenter ses revenus journaliers.
- Cette tendance est aggravée du fait que le nombre de main-d'œuvre n'est pas fixé d'après des critères économiques, mais d'après le solde possible à distribuer. Ainsi pour la plupart des cas, il y a plus de coopérateurs que nécessaire. Les chances d'un solde distribuable diminuent et les coopérateurs veulent augmenter le nombre de jours de travail.

Les caporaux et la direction de l'exploitation ne sont pas intéressés à finir les travaux aussi vite que possible. Ils sont choisis par des coopérateurs, et c'est pourquoi ils sont obligés de tenir compte d'eux. Plus on a de dépense de travail dans une coopérative, plus cette tendance est forcée.

Les coopératives de production en Tunisie sont une institution de la prévoyance sociale. Chaque coopérateur peut compter sur un nombre de jours de travail par an, sans dépendre de la récolte. Les postes de travail sont assurés indépendamment de la qualité de travail, car aucun coopérateur peut être exclu de la coopérative contre son gré. C'est pourquoi les coopérateurs les plus actifs cherchent du travail en dehors de la coopérative et les coopérateurs moins actifs restent dans l'exploitation.

Le système d'un salaire fixe par jour de travail mène au fait qu'on n'ensemence plus des sols marginaux. Dans les coopératives la superficie agricole utile se diminue, parce qu'il n'est plus rentable de cultiver des sols marginaux.

Les U.C.P. sont entourées d'un contrôle d'état. Elles sont obligées d'exécuter des instructions de la centrale, même si celles-ci ne sont pas adéquates aux besoins de l'exploitation. Les coopérateurs y trouvent une contradiction: une fois on leur dit qu'ils soient indépendants, une autre fois ils sont obligés de réaliser les instructions des fonctionnaires.

Cette contradiction mène à un ralentissement de l'initiative des coopérateurs, il n'y a même pas de place pour une telle initiative dans le système de coopératives de production en Tunisie. Les U.C.P. avec le système des salaires fixes ont activé le contraire, la «mentalité de salaire».

En conclusion on peut dire que la contradiction entre la planification et la réalisation des plans n'est pas causée seulement par des erreurs techniques de la planification. Ils étaient partiellement presque inévitable. Le caractère problématique réside dans la surestimation des possibilités de la planification, et dans le choix d'une institution impropre – l'Unité Coopérative de Production.

Arbeiten aus dem Afrika-Forschungsprogramm des Ifo-Instituts für Wirtschaftsforschung, München

(Stand: Anfang Januar 1971)

A. In der Reihe „Afrika-Studien"

Bereits erschienen:

(Nr. 1–18 im Springer-Verlag, Berlin – Heidelberg – New York; Nr. 19 ff. im Weltforum-Verlag, München)

Nr. 1 **Entwicklungsbanken und -gesellschaften in Tropisch-Afrika**
Von Naseem Ahmad und Ernst Becher, 1964, 86 Seiten, DM 12,–

Nr. 2 **Agricultural Development in Tanganyika**
Von Hans Ruthenberg, 1964, 212 Seiten, DM 28,–

Nr. 3 **Volkswirtschaftliche Gesamtrechnung in Tropisch-Afrika**
Von Rolf Güsten und Helmut Helmschrott, 1965, 69 Seiten, DM 11,40

Nr. 4 **Beiträge zur Binnenwanderung und Bevölkerungsentwicklung in Liberia**
Von Hans W. Jürgens, 1965, 104 Seiten, DM 13,50

Nr. 5 **Die sozialwissenschaftliche Erforschung Ostafrikas 1954–1963**
Von Angela von Molnos, 1965, 304 Seiten, DM 43,–

Nr. 6 **Die politische und wirtschaftliche Rolle der asiatischen Minderheit in Ostafrika**
Von Indira Rothermund, 1965, 75 Seiten, DM 11,20

Nr. 7 **Die Bodenrechtsreform in Kenya**
Von Hanfried Fliedner, 1965, 136 Seiten, DM 18,–

Nr. 8 **Besteuerung und wirtschaftliche Entwicklung in Ostafrika**
Von Lübbe Schnittger, 1966, 216 Seiten, DM 31,–

Nr. 9 **Problems of Economic Growth and Planning: The Sudan Example**
Von Rolf Güsten, 1966, 74 Seiten, DM 13,50

Nr. 10 **African Agricultural Production Development Policy in Kenya 1952–1965**
Von Hans Ruthenberg, 1966, 180 Seiten, DM 27,–

Nr. 11 **Bodennutzung und Viehhaltung im Sukumaland/Tanzania**
Von Dietrich von Rotenhan, 1966, 131 Seiten, DM 24,–

Nr. 12 **Die moderne Bodengesetzgebung in Kamerun 1884–1964**
Von Heinrich Krauss, 1966, 156 Seiten, DM 24,–

Nr. 13 **Sisal in Ostafrika – Untersuchungen zur Produktivität und Rentabilität in der bäuerlichen Wirtschaft**
Von Hermann Pössinger, 1967, 172 Seiten, DM 28,80

Nr. 14 **Probleme der Auftrags-Rinderhaltung durch Fulbe-Hirten (Peul) in Westafrika**
Von Julius O. Müller, 1967, 124 Seiten, DM 19,50

Nr. 15 **Das Genossenschaftswesen in Tanganyika und Uganda – Möglichkeiten und Aufgaben**
Von Margarete Paulus, 1967, 156 Seiten, DM 26,–

Nr. 16 **Gabun – Geschichte, Struktur und Probleme der Ausfuhrwirtschaft eines Entwicklungslandes**
Von Hans-Otto Neuhoff, 1967, 273 Seiten, DM 39,–

Nr. 17 **Kontinuität und Wandel in der Arbeitsteilung bei den Baganda**
Von Jürgen Jensen, 1967, 297 Seiten, DM 39,–

Nr. 18 **Der Handel in Tanzania**
Von Werner Kainzbauer, 1968, 239 Seiten, DM 40,–

Nr. 19 **Probleme der landwirtschaftlichen Entwicklung im Küstengebiet Ostafrikas**
Von Sigmar Groeneveld, 1967, 124 Seiten, DM 18,–

Nr. 20 **Die Geld- und Banksysteme der Staaten Westafrikas**
Von Heinz-Günter Geis, 1967, 428 Seiten, DM 54,–

Nr. 21 **Der Verkehrssektor in der Entwicklungspolitik – unter besonderer Berücksichtigung des afrikanischen Raumes**
Von G. Wolfgang Heinze, 1967, 324 Seiten, DM 42,–

Nr. 22 **Ukara – Ein Sonderfall tropischer Bodennutzung im Raum des Victoria-Sees. Eine wirtschaftsgeographische Studie**
Von Heinz Dieter Ludwig, 1967, 251 Seiten, DM 42,–

Nr. 23 **Angewandte Bildungsökonomik – Das Beispiel des Senegal**
Von Werner Clement, 1967, 224 Seiten, DM 32,–

Nr. 24 **Smallholder Farming and Smallholder Development in Tanzania — Ten Case Studies —**
Sammelband, herausgegeben von Hans Ruthenberg, 1968, 360 Seiten, DM 38,–

Nr. 25 **Bauernbetriebe in tropischen Höhenlagen Ostafrikas. Die Usambara-Berge im Übergang von der Subsistenz- zur Marktwirtschaft**
Von Manfred Attems, 1968, 168 Seiten, DM 18,–

Nr. 26 **Attitudes towards Family Planning in East Africa**
Von Angela Molnos, 1968, 414 Seiten, DM 48,–

Nr. 27 **Bäuerliche Produktion unter Aufsicht am Beispiel des Tabakanbaus in Tanzania. Eine sozialökonomische Studie**
Von Walter Scheffler, 1968, 184 Seiten, DM 26,–

Nr. 28 **The Kilombero Valley/Tanzania: Characteristic Features of the Economic Geography of a Semihumid East African Flood Plain and its Margins**
Von Ralph Jätzold und Eckhard Baum, 1968, 147 Seiten, DM 30,–

Nr. 29 **Untersuchungen zur Binnenwanderung in Tanzania**
Von Hans W. Jürgens, 1968, 166 Seiten, DM 22,–

Nr. 30 **Studies in the Staple Food Economy of Western Nigeria**
Von Rolf Güsten, 1968, 311 Seiten, DM 38,–

Nr. 31 **Landwirtschaftliche Entwicklung in Angola und Moçambique**
Von Hermann Pössinger, 1968, 284 Seiten, DM 40,–

Nr. 32 **Rural Economic Development in Zambia, 1890—1964**
Von J. A. Hellen, 1969, 328 Seiten, DM 44,–

Nr. 33 **Small Farm Credit and Development — Some Experiences in East Africa —**
Von Joseph Vasthoff, 1969, 144 Seiten, DM 24,–

Nr. 34 **Crafts, Small-Scale Industries and Industrial Education in Tanzania**
Von K. Schädler, 1969, 265 Seiten, DM 38,–

Nr. 35 **Das Bankwesen in Ostafrika**
Von E.-J. Pauw, 1969, 278 Seiten, DM 44,–

Nr. 36 **Neuordnung der Bodennutzung in Ägypten** (drei Fallstudien)
Von El-Shagi El-Shagi, 1969, 175 Seiten, DM 30,–

Nr. 37 **Energy Supply and Economic Development in East Africa**
Von H. Amann, 1969, 254 Seiten, DM 38,–

Nr. 38 **Die afrikanischen Siedler im Projekt Urambo/Tanzania: Probleme der Lebensgestaltung**
Von Axel von Gagern, 1969, 150 Seiten, DM 24,–

Nr. 39 **Bewässerungslandwirtschaft in Kenya — Darstellung grundsätzlicher Zusammenhänge an Hand einer Fallstudie: das Mwea Irrigation Settlement**
Von R. Golkowsky, 1969, 149 Seiten, DM 28,–

Nr. 40 **Wirtschaftsstatistik in Entwicklungsländern, dargestellt am Beispiel Ugandas**
Von H. Hieber, 1969, 244 Seiten, DM 38,–

Nr. 41 **Die Entwicklungsbedingungen Ugandas. Ein Beispiel für die Probleme afrikanischer Binnenstaaten**
Von W. Fischer, 1969, 274 Seiten, DM 46,–

Nr. 42 **Investigations into Health and Nutrition in East Africa**
Von H. Kraut/H.-D. Cremer und Mitarb., 1969, 342 Seiten, DM ca. 52,–

Nr. 43 **Der ostafrikanische Industriearbeiter zwischen Shamba und Maschine**
Untersuchungen über den personalen und sozialen Wandel in Ostafrika
Von O. Neuloh u. Mitarb., 1969, 440 Seiten, DM 68,–

Nr. 44 **Die Reiskultur in Westafrika. Verbreitung und Anbauformen**
Von B. Mohr, 1969, 163 Seiten, DM 34,–

Nr. 45 **Struktur und Wachstum der Textil- und Bekleidungsindustrie in Ostafrika**
Von H. Helmschrott, 1969, 130 Seiten, DM 26,–

Nr. 46 **Sozialer Wandel in Kiteezi/Buganda, einem Dorf im Einflußbereich der Stadt Kampala** (Uganda)
Von E. C. Klein, 1969, 160 Seiten, DM 34,–

Nr. 47 **Balance of Payments Problems in a Developing Country: Tanzania**
Von M. Yaffey, 1970, 290 Seiten, DM 48,–

Nr. 48 **Futterpflanzen der Sahel-Zone Afrikas**
Fodder Plants in the Sahel Zone of Africa
Plantes Fourragères de la Zone Sahélienne d'Afrique
(getrennte Ausgaben in deutscher, englischer und französischer Sprache)
Von R. Bartha, 1970, 306 Seiten, DM 74,–

Nr. 49 **Status and Use of African Lingua Francas**
Von B. Heine, 1970, 206 Seiten, DM 34,–

Nr. 50 **Kulturwandel und Angstentwicklung bei den Yoruba Westafrikas**
Von Staewen/Schönberg, 1970, 434 Seiten, DM 68,–

Nr. 51 **Production and Distribution in East Africa (Sammelband)**
Hrsg. P. Zajadacz, 1970, 441 Seiten, DM 68,–

Nr. 52 **Planning Processes. The East African Case**
Von R. Vente, 1970, 233 Seiten, DM 42,–

Nr. 53 **Financial Aspects of Development in East Africa (Sammelband)**
Hrsg. P. v. Marlin, 1970, 396 Seiten, DM 70,–

Nr. 54 **Deutsch-Ostafrika 1900—1914 — eine Studie über Verwaltung, Interessengruppen und wirtschaftliche Erschließung**
Von D. Bald, 1970, 238 Seiten, DM 44,–

Nr. 55 **Public Administration in Tanzania**
Von K. v. Sperber, 1970, 120 Seiten, DM 26,–

Nr. 56 **Rechtspluralismus in Malawi**
Von F. v. Benda-Beckmann, 1970, 216 Seiten, DM 40,–

Nr. 57 **Deficit Financing, Inflation and Capital Formation: The Ghanaian Experience**
Von N. Ahmad, 1970, 164 Seiten, DM 38,–

Nr. 58 **Organisational Aspects of Agro-Industrial Development Agencies — 9 Case Studies in Africa (Tea — Cotton — Oil-Palm)**
Von H. Blume, 1971, 239 Seiten, DM 46,–

Nr. 59 **Studien in Fragen der Zebu-Rinderzucht in den Tropen**
Von R. Bartha, 1971, 172 Seiten, DM 42,–

Nr. 63 **Staatlich geplante Produktionsgenossenschaften. Das tunesische Modell**
Von A. Bodenstedt, T. Zeuner und V. Kobelt, 1971, 240 Seiten

Nr. 64 **Agrarlandschaftliche Veränderungen in Tanzania: Ursachen, Formen und Problematik landwirtschaftlicher Entwicklung am Beispiel des Iraqw-Hochlandes und seiner Randlandschaften**
Von J. Schultz, 1971, 294 Seiten, DM 64,–

Im Druck:

Nrn. 60, 61, 62 **Die Sahara und ihre Randgebiete. Darstellung eines Naturgroßraumes**
Von H. Schiffers

Nr. 65 **Development Banking in Africa — Seven Case Studies**
Von H. Harlander / D. Mezger

Nr. 66 **Farm Settlements for Socio-Economic Development: The Western Nigerian Case**
Von W. Roider

Nr. 67 **Bergbau und regionale Entwicklung in Ostafrika**
Von T. Möller

Nr. 68 **UHURU — Tanzanias Weg in die Unabhängigkeit**
Von G. A. Maguire

Nr. 69 **Population Trends in Kenya and their Implications for Social Services in Rural and Urban Areas**
Von M. Meck

Nr. 70 **Applied Research and its Influence on Economic Development. The East African Case**
Von M. Bohnet / H. Reichelt

Nr. 71 **Problems of Socio-Economic Change in Dual Economies — The Zambian Example**
Von H. u. U. E. Simonis (Hrsg.)

Nr. 72 **Some Experiences with Smallholder Settlement in Kenya, 1963/64—1966/67**
Von H.-W. von Haugwitz unter Mitarbeit von H. Thorwart

B. In der Sonderreihe „Information und Dokumentation" der „Afrika-Studien"

Bereits erschienen:

Nr. 1 **Afrika-Vademecum (Grunddaten zur Wirtschaftsstruktur und Wirtschaftsentwicklung Afrikas)**
(Inhaltsverzeichnis und Tabellenüberschriften in deutscher, englischer und französischer Sprache)
Bearb. von Fritz Betz, 1968, 163 Seiten, 81 Tabellen, 12 Schaubilder, 8 Karten, DM 16,–

Nr. 2 **Entwicklungsbanken und -gesellschaften in Afrika**
(Grunddaten zu 95 afrikanischen Finanzierungs-Institutionen)
Bearb. von H. Harlander / D. Mezger, 1969, 211 Seiten, DM 26,–

Nr. 3 **Entwicklungshilfe an Afrika**
(Ein statistisches Kompendium mit Karten, Schaubildern und erläuterndem Text)
Bearb. von F. Betz, 1970, 120 Seiten, DM 16,–

C. Afrika-Forschungsberichte (als Manuskript vervielfältigt)

Bereits erschienen:

(direkt zu beziehen über die Afrika-Studienstelle des Ifo-Instituts für Wirtschaftsforschung München, Ausgaben ab 1968 über den Weltforum-Verlag, München).

Wirtschaftsplanung und Entwicklungspolitik in Tropisch-Afrika
Von N. Ahmad/E. Becher/E. Harder, 1965, 283 Seiten (vergriffen)

The Human Factor in the Development of the Kilombero Valley
Von O. Raum, 1965, 56 Seiten (vergriffen)

Die EWG-Marktordnungen für Agrarprodukte und die Entwicklungsländer
Von H. Klemm und P. v. Marlin, 1965, 97 Seiten (vergriffen)

Der Ackerbau auf der Insel Madagaskar unter besonderer Berücksichtigung der Reiskultur
Von Alfred H. Rabe, 1965, 346 Seiten

The Impact of External Economic Relations on the Economic Development of East Africa
Von P. v. Marlin, 1966, 110 Seiten (vergriffen)

Wirtschaftsforschung in Tropisch-Afrika. Ergebnisse einer Informationsreise im April und Mai 1966 nach Ägypten, Äthiopien, Kenya, Uganda, Tanzania, Malawi, Zambia, Kongo (Kinshasa), Nigeria, Ghana und Senegal
Von Hildegard Harlander, 1966, 193 Seiten

Studie zur Entwicklungshilfe des Staates Israel an Entwicklungsländer. Unter besonderer Berücksichtigung Ost-Afrikas
Von F. Goll, 1967, 189 Seiten

Die Wirtschaft Südwestafrikas, eine wirtschaftsgeographische Studie
Von Axel J. Halbach, 1967, 210 Seiten (vergriffen)

Co-operative Farming in Kenya and Tanzania
Von Nikolaus Newiger, 1967, 157 Seiten (vergriffen)

Wildschutz und Wildtiernutzung in Rhodesien und im übrigen südlichen Afrika
Von Wolfgang Erz, 1967, 97 Seiten (vergriffen)

Zoologische Studien im Kivu-Gebiet (Kongo-Kinshasa)
Von Fritz Dieterlen und Peter Kunkel, 1967, 138 Seiten

Wirtschaftswissenschaftliche Veröffentlichungen über Ostafrika in englischer Sprache. Eine Bibliographie des neueren englischsprachigen Schrifttums mit Inhaltsangaben
Von Dorothea Mezger und Eleonore Littich, 1967, 383 Seiten (vergriffen)

Problèmes de l'élevage contractuel des bovins par les pasteurs Foulbe (Peulh) en Afrique occidentale
Von J. O. Müller, 1967, 187 Seiten

Examination of the Physical Development of Tanzanian Youth
Von H. W. Jürgens, 1967, 152 Seiten (vergriffen)

The Chemical and Allied Industries in Kenya
Von Hans Reichelt, 1967, 182 Seiten (vergriffen)

Die Organisation der Bodennutzung im Kilombero-Tal/Tanzania
Von Eckhard Baum, 1967, 150 Seiten

Die Organisation der Milchmärkte Ostafrikas
Von Helmut Klemm, 1967, 164 Seiten

Pflanzenökologische Untersuchungen im Masai-Land Tanzanias
Von H. Leippert, 1968, 184 Seiten, DM 18,–

Manufacturing and Processing Industries in Tanzania
Von Karl Schädler, 1969, 55 Seiten, DM 12,– (vergriffen)

Luftbildauswertung in Ostafrika (Versuch einer Bestandsaufnahme)
Von K. Gerresheim, 1968, 225 Seiten, DM 18,–

Agricultural Development in Malawi
Von H. Dequin, 1969, 248 Seiten, DM 24,–

Die Entwicklungshilfe an Afrika – unter besonderer Berücksichtigung Ostafrikas
Von K. Erdmann, 1969, 185 Seiten (vergriffen)

Vegetable Cultivation in Tropical Highlands: The Kigezi Example (Uganda)
Von F. Scherer, 1969, 217 Seiten, DM 20,–

Volkswirtschaftliche Bedeutung, Umfang, Formen und Entwicklungsmöglichkeiten des privaten Sparens in Ostafrika
Von G. Hübner, 1970, 343 Seiten, DM 24,–

Operationale Konzepte der Infrastruktur im wirtschaftlichen Entwicklungsprozeß
Von H. Amann, 1970, 203 Seiten, DM 18,–

Entwicklung der Landwirtschaft in den Bantu-Gebieten Süd- und Süd-West-Afrikas
Von W. Magura, 1971, 211 Seiten, DM 20,–

Aspekte der Industrialisierung in Tropisch-Afrika. Eine kommentierte Aufsatzbibliographie
Von A. Halbach, 1971, 292 Seiten, DM 24,–

Stand und Probleme der Industrialisierung in Tropisch-Afrika
Von W. Roider, 1971, etwa 70 Seiten, DM 12,–

Wissenschaft und Entwicklungspolitik zur Frage der Anwendung von Forschungsergebnissen
Von M. Bohnet, 1969, 35 Seiten

Der Beitrag des Verkehrswesens für die wirtschaftliche Entwicklung Tanzanias — unter besonderer Berücksichtigung des Straßenverkehrs
Von R. Hofmeier, 1970, 467 Seiten, DM 28,–

Beef Production in East Africa
Von K. Meyn, 1970, 227 Seiten, DM 20,–

The Distribution of Income and Education in Kenya: Causes and Potential Political Consequences
Von D. Berg-Schlosser, 1970, 80 Seiten, DM 12,–

D. In Vorbereitung:

Stand der Rechtsetzung in Ostafrika
Von G. Spreen

Entwicklungsmöglichkeiten der Schweine- und Geflügelhaltung in Ostafrika
Von H. Späth

Vergleichende Untersuchungen über die Leistungsfähigkeit der nutzbaren Wiederkäuer Kenyas
Von Walter/Dennig

Der Einfluß der Urbanisierung auf die Entwicklung ländlicher Gebiete – am Beispiel von Jinja und Umgebung (Uganda)
Von Gerken/Schubert/Brandt

Natur, Mensch und Wirtschaft in ihren Wechselbeziehungen am Beispiel Madagaskars
Von W. Marquardt

Das Genossenschaftswesen im Sudan — seine Kennzeichen, Funktionen und Eignung im Rahmen des sozio-ökonomischen Entwicklungsprozesses
Von M. Bardeleben

Wirtschaftsräumliche Gliederung Ostafrikas
Von K. Engelhard

The Mau-Mau Movement: Its Socio-Economic and Political Causes and Implications upon British Colonial Policy in Kenya and Africa
Von J. Muriuki

Methoden und Probleme betriebswirtschaftlicher Erhebungen in landwirtschaftlichen Kleinbetrieben Afrikas südlich der Sahara
Von H. Thorwart

Bevölkerungsentwicklung und Bevölkerungsbewegungen in Malawi unter besonderer Berücksichtigung der zentralen Uferregion des Malawi Sees
Von U. Weyl

Die Anforderungen an die Verkehrsträger in Kenya, Tanzania und Uganda unter Berücksichtigung der wirtschaftlichen Expansion dieser Länder
Von H. Milbers

Der Beitrag des Bildungswesens zur wirtschaftlichen Entwicklung eines tropischen Agrarlandes – dargestellt am Beispiel Tanzanias
Von H. Desselberger

Agrarstrukturen in Äthiopien und ihre Implikationen für ökonomisches Wachstum
Von V. Janssen

Trypanosomiasis bei Mensch und Tier in Afrika — die Bekämpfungsmaßnahmen aus ökonomischer Sicht
Von H. Jahnke / A. Matteucci